FLENSBURGER HEFTE

Ende oder Neubeginn?

Die Menschheit am Scheideweg

Lizenzangaben für die Bilder in diesem Buch:

FH: FLENSBURGER HEFTE VERLAG
OAS: Photographs of official events are available through OAS website and can be used, free of charge, as long as the source is acknowledged.
OTRS: Open-source Ticket Request System (Rechte freigegeben)
CC-BY-SA: Creative Commons Attribution ShareAlike 1.2 License oder höher
gemeinfrei: Rechte abgelaufen
GFDL: GNU Free Documentation License
http://de.wikipedia.org/wiki/GNU-Lizenz_für_freie_Dokumentation
PD: public domain: Rechte vom Autor/Fotograf/Zeichner freigegeben
® Symbol für eingetragene Marke

Die Quelle der Bilder ist www.wikipedia.de oder http://commons. wikipedia.org mit Ausnahme der Bilder mit eigener Quellenangabe!

Zu den Steiner-Zitatangaben in den FLENSBURGER HEFTEN: Die GA-Nummern beziehen sich auf die jeweilige Bibliographie-Nummer der Rudolf Steiner Gesamtausgabe im Rudolf Steiner Verlag, Dornach/Schweiz. Danach sind in der Regel das Erscheinungsjahr der benutzten Ausgabe, das Vortragsdatum bzw. Kapitel und die Seitenzahl angegeben, von der Autor-, Titel- und Ortsnennung wird abgesehen. Nach Bibliographie-Nummern geordnet ist die Rudolf Steiner Gesamtausgabe im Katalog des Rudolf Steiner Verlags aufgeführt. Der Katalog ist durch den Buchhandel erhältlich.

Aus dem Inhalt

Ende oder Neubeginn?

von Wolfgang Weirauch

Liebe Leserinnen und Leser!

Wir haben dieses Buch „Ende oder Neubeginn?“ genannt, weil beide Bewegungsrichtungen – das Zusammenbrechende und das neu Aufbrechende – in diesem Jahr 2011 besonders drastisch zu beobachten waren. Das die gegenwärtige und zukünftige Politik beobachtende Institut LEAP aus Frankreich, welches monatlich das GEAB (das GlobalEurope Antizipations-Bulletin) herausgibt, betitelte dieses Jahr zu Jahresbeginn „2011 – das Jahr, das keine Gnade kennt“ und traf damit voll ins Schwarze.

Kein Mensch hatte Anfang 2011 damit gerechnet, daß sich in vielen arabischen Staaten das Volk erfolgreich gegen seine diktatorisch-technokratischen Machthaber erhebt. Wegen der Selbstverbrennung eines Gemüsehändlers am 17.12.2010 begannen am 09.01.2011 in verschiedenen tunesischen Städten erste Proteste, die man fortan als Arabischen Frühling bezeichnete. Die Proteste führten bereits nach fünf Tagen zur Flucht des tunesischen Staatschefs Ben Ali. Und was ebenfalls niemand für möglich gehalten hatte: Der Freiheitsdrang der Araber setzte sich verstärkt in Ägypten, Libyen und anderen arabischen Staaten fort und kulminierte in einem ersten Etappensieg mit dem Sturz Mubaraks am 11.02.2011. In Libyen verlief der Protest überaus gewaltsam, vor allem weil die Anhänger des alten Gaddafi-Regimes ihr eigenes Volk beschossen. Aber auch Gaddafi wurde am 23.10.2011 gefangengenommen und vermutlich umgebracht.

Der Freiheitsdrang und die Wut der Menschen auf die eigenen Herrscher entlud sich auch im Jemen, in Bahrain und Syrien, wird dort aber noch immer mit unbeschreiblicher Grausamkeit seitens der jeweiligen Machthaber – in Bahrain sogar durch saudische Truppen – bekämpft.

Das Jahr 2011 zeigte, wie alte Regime fast plötzlich zusammenbrachen, wie andererseits Neues entsteht, wenn auch noch mit ungewissem Ausgang. Wie die Zukunft der einzelnen arabischen Staaten aussehen wird, ist kaum vorhersehbar und ändert sich fast täglich. Schon morgen kann alles wieder ganz anders sein.

Am 11.03. gab es vor der Küste Japans auf dem Pazifischen Feuerring ein unerwartet starkes Seebeben, welches zur Kernschmelze in drei Reaktoren in Fukushima führte – mit katastrophalen Folgen für Mensch und Natur. Dies war ein Warnschuß an die Menschheit, daß der Weg der einseitigen Technologiegläubigkeit, der egoistischen Ausbeutung und der Belastung der Erde in eine Sackgasse geraten ist; ein Weg, der den überhitzten Topf des Wohlstands des kleineren Teils der Menschheit auf Kosten des größeren und ärmeren zum Platzen gebracht hat.

Auch hier zeichnet sich einerseits ein Ende ab, auch wenn die meisten Regierungen in bezug auf die Atomenergie noch keinen anderen Weg eingeschlagen haben. Andererseits sehen wir ein immer stärkeres Umdenken von immer mehr Menschen und wenigstens einigen Ländern dieser Erde, ein Bewußtsein dafür, daß die Atomenergie eine unerträgliche Belastung für die Erde und zukünftige Generationen bedeutet, daß man neue Wege suchen und finden kann, um Natur und Mensch nachhaltiger in einen Zusammenklang zu bringen.

Die immensen Schulden der Länder und Privathaushalte wurden 2011 zunehmend zum beherrschenden Thema. Auf einem EU-Gipfel am 20.03. wurde die Aufstockung des sogenannten Rettungsfonds EFSF auf 700 Milliarden Euro beschlossen, und am 27.10. wurde ein noch umfassenderes Rettungspaket verabschiedet. Griechenland bekam im Juni und Juli milliardenschwere Hilfspakete, bis endlich das im Klartext ausgesprochen wurde, was längst jeder ahnte oder wußte: daß Griechenland seine Schulden niemals zurückzahlen kann. Und ob der 50 %ige Schuldenschnitt eine Lösung bringen wird, dürfte sehr fraglich bleiben.

Die vermutlich höchste und brisanteste Staatsverschuldung schlummert aber – neben der in Ländern wie Japan und Großbritannien – in den USA. Am 06.08., dem Jahrestag des Abwurfs der Atombombe auf Hiroshima, verloren die USA erstmals in ihrer Geschichte ihre Bestnote AAA; und weitere Abstufungen werden bald folgen. Die amerikanische Bundesbank begegnete dem Haushaltsdefizit und der negativen Handelsbilanz schon seit langem mit dem massiven Ankauf eigener Anleihen, was letztendlich bedeutet, daß man ungeheure Mengen Dollars druckt. Dadurch heizt man die Inflation an, der Dollar verliert zunehmend an Wert, und diese Talfahrt wird vermutlich beschleunigt weitergehen und Billionen Dollar Scheinvermögen in Luft auflösen und die Weltkonjunktur auf Talfahrt schicken.

Wie geht es weiter?

Vermutlich werden in den nächsten Jahren nicht nur die griechischen Anleihen wertberichtigt werden, sondern die der meisten westlichen

Staaten, so daß sich weitere Scheinvermögen in Luft auflösen werden, mit der Folge, daß viele Banken zahlungsunfähig werden, wenn sie nicht wie bisher üblich von der Allgemeinheit – ohne Rücksprache – gestützt werden.

Das sogenannte Superkomitee aus Republikanern und Demokraten in den USA konnte sich nicht bis zum 23.11. einigen, Einsparungen des Bundeshaushalts in Höhe von 1,5 Billionen Dollar (auf 10 Jahre verteilt) zu vereinbaren, was zur Folge haben wird, daß die Hälfte dieser Summe beim Militär, die andere Hälfte automatisch bei den Sozial- und Gesundheitskosten eingespart werden wird. Hintergrund dieses Scheiterns ist vor allem die Weigerung der Republikaner, die niedrigen Steuern für die Millionäre leicht anzuheben. Diese 1,5 Billionen Dollar (auf 10 Jahre verteilt) entsprechen übrigens nicht einmal 10 % der Neuverschuldung der USA – die Altschulden des Staates, die Verschuldung der Privathaushalte und die notwendigen Garantieleistungen des Staates an die jetzt lebende Bevölkerung (Renten und Sozialleistungen) nicht mitgerechnet.

Glaubt eigentlich irgendwer allen Ernstes, daß diese ca. 45 Billionen Dollar jemals gezahlt werden können? Wir werden in den nächsten Monaten und Jahren mit erheblichen Turbulenzen an den Finanzmärkten rechnen müssen, und hier sollte man alles – bis hin zu Währungsreformen und totalen Zusammenbrüchen – für möglich halten. Ferner werden wir eine Zunahme der sozialen Spannungen, vor allem auch in den USA, erleben, denn die Schere zwischen Arm und Reich ist unerträglich weit geöffnet.

China steht als kommende Welt- und Wirtschaftsmacht Nr.1 und Bank vieler Länder abwartend im Hintergrund. Die Summe der Devisen im chinesischen Besitz beläuft sich auf 3,2 Billionen Dollar. Aber auch die chinesischen Banken haben ein erhebliches Kreditproblem, was zum Zusammenbruch vieler chinesischer Banken führen kann.

Ob die Länder der Eurozone es noch schaffen werden, sich zusammenzuraufen und ihre Streitigkeiten zu überwinden, wird man sehen. Über die Diagnose ist man sich weitgehend einig – sie lautet: runter von den zu hohen Staatsverschuldungen und Kreditzinsen! Auf dem Weg dahin gibt es bisher nur Uneinigkeit: Soll die EZB (Europäische Zentralbank) als letztes Bollwerk gegen die Verschuldung Anleihen von Pleite-Ländern aufkaufen und Geld drucken, wird es eine Transferunion mit unentwegten Zahlungen der reicheren an die armen Länder geben, oder kommen die Eurobonds? Oder fliegt der Euro auseinander, oder gibt es gar eine Währungsreform? Man sollte auch das Undenkbare und Unerwartete denken. Andererseits hätte Europa aber das Potential für Veränderungen. Diese werden aber vermutlich auf Kosten der Souveränität der einzelnen Länder durchgeführt werden und wieder einmal ohne die Legitimation durch die Bevölkerung vonstatten gehen.

Die finanziellen Probleme der USA werden diesen Staat zwingen, seinen Militärhaushalt auf Jahre massiv herunterzufahren, so daß die USA vermutlich in den nächsten Jahren ihre Truppen aus Europa abziehen werden. Man wird sich auf den pazifischen Raum und den Hauptgegner China konzentrieren. Ein Krieg gegen den Iran wird – zumindest finanziell – nicht möglich sein. Ob Israel diesen Weltenbrand eröffnet, wird man sehen.

Die Regierungen in Italien, Griechenland und Spanien und bald in der Slowakei haben gewechselt. In 2012 stehen in den USA und in vielen weiteren Ländern Regierungswechsel an. Veränderungen sind vorprogrammiert. Die Umwälzungen in den arabischen Staaten werden die Welt noch lange in Atem halten. Mit etwas Phantasie könnte man sich z.B. Aufstände in Saudi-Arabien und den Sturz des Königshauses vorstellen, die vorübergehende Schließung der Ölfelder und die Wirkung auf die westliche Welt. Die Folgen wird dann jeder spüren.

Nach diesem Jahr 2011 halte ich sehr vieles für möglich. Und die großen Probleme bleiben: Die Weltbevölkerung hat die 7 Milliarden überschritten und steigt weiter, noch immer sterben täglich 100.000 Menschen an Hunger und den damit zusammenhängenden Krankheiten, die Klimaerwärmung und die Zerstörung unseres Planeten schreiten kontinuierlich voran.

Neubeginn

Auf der anderen Seite erlebt man überall, wie die Menschen aufwachen, wie sie sich nicht mehr gefallen lassen, was ihnen allerorten geboten wird. Wer sich umschaut, entdeckt vielfältigste Initiativen mit neuen Ideen und phantasievollstem Engagement – sei es mit spirituellem, ökologischem, sozialem, ökonomischem oder politischem Hintergrund und Inhalten. Diese sogenannte Graswurzelbewegung macht nicht mehr mit bei der alten Ordnung. Ob diese zahlreichen und weltweiten Initiativen ausreichen, die Welt vor dem Untergang zu retten, wird man sehen, darf man aber stark hoffen. Denn wie stark die Wirkung von Menschen sein kann, die sich phantasievoll mit einem gemeinsamen Ziel zusammentun, hat man in den arabischen

Ländern gesehen. Wenn jeder Mensch irgendwo in seinem Umkreis mit anpackt, mit dem Ziel, die Welt ein Stückweit zu verbessern, wird sich diese Erde und das Zusammenleben der Menschen untereinander und mit der Natur und der geistigen Welt verwandeln.

Die alte Welt und die alte Ordnung wanken und brechen vielerorts zusammen – hier langsam, dort atemberaubend schnell. Eine neue und bessere Welt, aufkeimend aus vielen Ideen und Initiativen und Krisen, ist möglich und deutet sich an. Mit diesem Buch werfen wir einen vielseitigen Blick auf die Bewegungen und Umbrüche unserer spannenden Jahre.

Ein Ruf aus der Zukunft

Politik und die Generation der jungen Erwachsenen

Artikel von Tina Weber

Wie soll ich das Gefühl beschreiben, zu einer Generation zu gehören, die in eine kaputte Welt geboren wird? In einer Zeit zu leben, in der man als junger Mensch aufwacht und alles, was man sieht, die eigene Ohnmacht angesichts dieses riesigen Trümmerhaufens Erde ist? Wie soll ich die Angst in Worte fassen, die mich beschleicht, wenn ich mir wieder einmal kurz ganz und gar bewußtmache, wie weit die Zerstörung des Planeten fortgeschritten ist, wie falsch, korrupt, egoistisch und kurzsichtig unsere Gesellschaften funktionieren, wie die Mächtigen pokern und auf Kosten der gesamten Menschheit an alten Machtstrukturen festhalten? Wie ist der Gedanke zu denken, daß auch ich irgendwann meinen Kindern erklären muß, für was alles es schon zu spät ist? Für den Leser, der es noch nicht auswendig weiß, hier etwas zur Lage der Welt:

> Ein Großteil aller Urwälder der Erde ist unwiderruflich abgeholzt. Der heute produzierte Atommüll wird auch in 100.000 Jahren noch Lebewesen und deren Erbgut nachhaltig vergiften. Die Menschheit führt Kriege um Rohstoffe unter dem Deckmantel des Demokratieexports. Dürre, Tsunamis und andere Katastrophen fordern jährlich Millionen Todesopfer. Frau Merkel ist die mächtigste Frau der Welt 2011. Deutschland ist drittgrößter Waffenexporteur der Welt. Laut einer UN-Studie von 2006 teilen sich 2 % der Menschen (die Reichsten) mehr als 50 % des Weltvermögens, 10 % der Menschen teilen sich 85 % des Weltvermögens (die Reichen) und 50 % der Menschheit teilen sich 1 % des Weltvermögens (die Armen). Diese Zahlen dürften sich von 2006 bis heute weiter zum Negativen entwickelt haben. Die Malediven versinken. Die Meere sind heillos überfischt und drohen zu kippen, und – so steht es in der WELT online – niemand weiß, was das bedeutet. Die Meere sind außerdem im Jahr 2011 die größten Müllhalden der Welt; im Pazifik treibt eine bis zu zehn Meter dicke Müllschicht. Das Roulette an den Börsen geht trotz aller existentiellen (Gesellschafts-)Krisen weiter, und die Politik hat anscheinend nichts

anderes zu tun, als die (Finanz-)Welt zu retten. Die Website www.globalmarshallplan.org zeigt einen Live-Ticker zum Ausmaß des Unheils am jeweiligen Tag, z.B. 23.09.2011, 12:04 Uhr: Heute schon 65 Tier- und Pflanzenarten ausgestorben, 804 Kinder an Aids und 2.012 Menschen an verschmutztem Wasser gestorben, 12.080 Menschen verhungert. Auf das Jahr 2011 gerechnet sind das etwa: 43.800 ausgestorbene Tier- und Pflanzenarten und 108.040.000 an Aids, vergiftetem Wasser und Hunger gestorbene Menschen, wobei die in Kriegen Gestorbenen noch nicht mitgezählt sind. Diese Fußnote zur Lage der Welt ließe sich beliebig fortsetzen. Kurz gesagt: Wachstum und Konsum als wirtschaftliche Triebfedern peitschen zum scheinbaren Wohle sehr weniger Menschen linear und kurzfristig gedachte Gesellschaftssysteme voran, welche das Ökosystem Erde an den Rand eines Kollapses bringen und durch Verschärfungen der sozialen Spaltungen innerhalb der Gesellschaften ebendiese erodieren.

Als junger Mensch erwacht man irgendwann aus der Sorglosigkeit der Kindheit und versucht, vielleicht wie auf Besuch in einem unbekannten Land, sich in dieser Welt zu orientieren. Man verfolgt die Nachrichten, liest Zeitung, schaut sich ein paar Ecken dieser Erde an und bekommt jeden Tag eine Liste E-Mails von *Rettet den Regenwald, Greenpeace, Attac, Campact, Ärzte ohne Grenzen* und anderen, die noch nicht aufgegeben haben. Man spricht mit den Menschen, fährt zu Demonstrationen, schaut sich an, was auf der Straße und an den Wänden steht, und hat vielleicht auf dieser Reise im ewigen Spagat zwischen eigenem kleinen Leben und den großen Fragen der Welt eine Position – oder besser gesagt eine Richtung – gefunden, die man politisch nennen kann.

Auf der Orientierungsreise in dieser Welt beobachtet man zudem folgendes: Jedesmal, wenn man vermeint, einen Ausschnitt der Wirklichkeit verstanden zu haben, und sich dann umblickt, ist die Welt schon weitergetrudelt in ihrem Tanz am Abgrund, und jedesmal gibt es schon wieder neue Katastrophen in den Medien, deren wahrhaftige Relevanz kaum jemand mehr wirklich nachempfinden kann. Täglich verstärkt sich das Gefühl, an der Oberfläche zu kratzen und nicht mehr als ein weit entfernter Zuschauer in einem absurden Welt- und Medientheater zu sein, in dem in rasender Geschwindigkeit auf der politischen Bühne ein irrwitzig komplexes Spiel gespielt wird, das niemand mehr versteht. Dies ist zumindest mein Gefühl zur nationalen und internationalen Politik, und ich bin sicher, dieses Gefühl mit vielen Menschen (nicht nur) meiner Generation zu teilen.

Versteht Angela Merkel, was sie wirklich tut, also nicht nur bis zur nächsten Wahl gedacht, wenn es beispielsweise um Griechenland geht? Oder um die Energiewende? Um die Schulden, die Deutschland anhäuft? Versteht sie, wieso Deutschland in der Welt eine Art Vorbildrolle angenommen hat, obwohl es an jedem einzelnen aller Kriege gewinnt, weil mit deutschen Waffen gekämpft wird? Kennt Angela Merkel den großen Plastikstrudel im Pazifik? Wenn meine Kinder einst zur Schule gehen – ob es den großen Plastikstrudel dann noch gibt, für den sich, da er in internationalen Gewässern strudelt, keine Regierung der Welt verantwortlich fühlt?

Diese Bestandsaufnahme zeigt die Umstände, unter denen meine Generation ihre Einstellung zur Politik entwickelt: Fortschreitende und unwiderrufliche Zerstörung unserer Erde und unserer Gesellschaften und eine uns umgebende Wirklichkeit, die zu komplex und zu schnellebig ist, als daß wir uns in ihr zurechtzufinden könnten.

Warum kann es nun wichtig und fruchtbar sein, das derzeitige Verhältnis der jungen Erwachsenen zur Politik einmal genauer in Augenschein zu nehmen? Was unterscheidet diese Generation der 21- bis 35jährigen generell, nicht nur heute, von älteren und von jüngeren Menschen?

Ich möchte vorerst den hier verwendeten Politikbegriff präzisieren, da er ein doppelter ist. Es geht mir zum einen um den Bereich der Politik bzw. *die Politik* im engeren Sinne, auf makrosozialer Ebene und in ihren institutionellen Dimensionen, also um die politischen Strukturen unserer Gesellschaft, die historisch gewachsen sind und gesetzgeberisch formend wirken und wirkten, sowie den gesamten Politikbetrieb, also die einzelnen Akteure und ihre Kommunikation. Zum anderen spreche ich von gesellschaftsgestaltendem Denken und Handeln im weitesten Sinne, gelöst von Institutionen und etablierten Strukturen, was ich umfassender als *das Politische* bezeichnen möchte. Die Politik ist Teil des Politischen, tradiert dieses teilweise in Gesetzesform und schafft gleichzeitig die Rahmenbedingungen und (Gesetzes-)Grundlagen für die Freiheit des Politischen. *Politisch zu sein* heißt für mich, in jedweder Form am Politischen teilzuhaben.[1]

Die Generation der 21- bis 35jährigen sind die Menschen, welche gerade beginnen oder dabei sind, sich in ihrem eigenen Leben selbständig

1 Das Politische, von dem ich hier spreche, ist verwandt mit dem Geistigen nach Steiner, da es absolut alle gesellschaftsgestaltenden Kräfte meint, also auch geistige Strömungen, Kunst, Kultur usw. Der Unterschied zum Begriff des Geistigen liegt für mich darin, daß ich alle äußere Arbeit, also auch alle Taten, die Ableger des Geistigen sind, unter dem Begriff des Politischen subsumieren möchte. Dieser ist also umfassender gedacht, da er Gestaltung in der gesamten Gesellschaft, also sowohl im Geistigen als auch im Wirtschaftlichen und im Politischen meint. Das Politische in diesem Sinne ist somit eine Grundhaltung, die sich durch Gestaltungswillen und Gestaltung manifestiert.

einzurichten. Das Fundament, auf das junge Erwachsene dabei bauen, ist potentiell ihre Ausbildung, ihr Studium, ihr Wissen und ihre Wachheit. Gleichzeitig ist man in diesem Alter weltanschaulich noch nicht unbedingt gefestigt[2], man bewegt sich auch strukturell noch weniger gebunden als ältere Menschen, das Wo und Wie des Lebens stehen noch nicht ganz fest. Diese geistige und lebensweltliche Offenheit bei gleichzeitiger Bewußtheit, eine gewisse Risikobereitschaft, das Fundament der (Aus-)Bildung und gleichzeitig das Auf-der-Suche-Sein und das Gefühl, daß man das Leben noch vor sich hat und das eigene Handeln deshalb von immenser Bedeutung ist, daß man „die Weichen stellt", machen die Generation der jungen Erwachsenen zu einer spezifischen Kraft unserer Gesellschaft. Diese Generation hat die Ungebundenheit und den Weitblick, Etabliertes kritisch zu hinterfragen; sie hat den Willen und den Mut, neue Formen der Lebens- und Gesellschaftsgestaltung zu entdecken und wirklich auszuprobieren, und kann unsere allzusehr in der Vergangenheit behaftete Gegenwart heutzutage somit um existentiell wichtige Impulse aus der Zukunft bereichern.

Wie geht diese Generation nun mit dem Politischen und der Politik um? Für das Gefühl meiner Generation zur Politik im engeren Sinne, welches wie oben gezeigt der wahnwitzigen Komplexität und irrsinnigen Geschwindigkeit gesellschaftlicher Prozesse sowie der Lage der Welt entspringt, finde ich folgende Worte: Ohnmacht. Vertrauensverlust. Überforderung. Das Nicht-ernst-nehmen-Können des Politikbetriebs, Ironie und Zynismus – *we're gonna loose that game.* Fassungslosigkeit, Wut, Angst, Resignation und wieder und wieder und noch einmal: Ohnmacht.

Je nach Temperament, Lebensumständen, Bildungshintergrund, Kapazitäten und Interessenlage gehen diese emotionalen Reaktionen über in eine mehr oder minder reflektierte Grundhaltung gegenüber der Politik: Desinteresse und Verdrängung, Ablehnung und Wut, Interesse und Tatendrang – die Spannbreite ist so weit, wie unsere Gesellschaft individualisiert ist.[3] Systematisch betrachtet übersetzt meine Generation ihre Grundhaltung gegenüber dem Thema Politik in verschiedene Lebensentwürfe, die ich hier versuchsweise beschrei-

2 Im Idealfall ist man das nie absolut.

3 Ich spreche hier über das Verhältnis meiner Generation in Deutschland zur Politik in Deutschland, doch denke ich, daß sich in unserer globalisierten Welt in vielerlei Hinsicht Parallelen zu anderen Staaten ziehen lassen. Die Jugend in den arabischen Ländern z.B. ist durch andere Umstände ein paar Schritte weiter als wir – sie rebelliert. Und was geschah kürzlich in London und geschieht derzeit in den USA? In Berlin brennen Nacht für Nacht Autos. Und am 15.10.2011, drei Tage vor Vollendung dieses Textes, demonstrierten Millionen Menschen weltweit, in rund 1.000 Städten und fast 100 Ländern, gegen das Finanzsystem.

ben will. Das Verhältnis zur Politik wirkt sich auf das Verhältnis zum Politischen aus, und dieses prägt das eigene Leben.

Es gibt viele meiner Altersgenossen, also der Generation der 21- bis 35jährigen, die sich nicht aktiv und hintergründig für Politik interessieren und damit nicht politisch sind bzw. durch ihr wie auch immer begründetes Desinteresse an der Politik in keiner Weise am Politischen teilhaben. Viele junge Erwachsene schalten nach einem kurzen Klick auf die News oder schon vorher ab, weil sie nicht mehr mitkommen (wollen), weil es anstrengend ist, sich tagtäglich mit Schreckensnachrichten aus aller Welt zu konfrontieren und sich den Fragen zu stellen, ob und wie es mit Deutschland und der Welt weitergeht, was das Große und Ganze hier soll und wo die eigene Schuld und die eigene Verantwortung beginnen, wenn man, egal was man tut, soundso das Gefühl hat, selbst nichts bewirken zu können. Viel wichtiger scheint es, das eigene Leben auf die Reihe zu kriegen, darauf zu achten, daß man beim Mitschwimmen nicht untergeht, und ab und zu etwas ins trockene bekommt. Man geht wählen oder nicht, informiert sich ein wenig über das Weltgeschehen oder nicht, geht kleine Schritte in Richtung einer besseren Welt oder nicht (Spenden für Afrika, Recyclingklopapier kaufen), redet abends beim Bier über die FDP oder nicht – aber Politik an sich ist etwas Fernes, was die da oben schon irgendwie machen (oder eben nicht). Diese Haltung ist nicht unbedingt zu verurteilen; doch sie ist gleichsam die passive und unpolitische Haltung, die von der (medial vermittelten) Unendlichkeit an negativen Geschehnissen auf dem Globus produziert wird. Gleichzeitig ist es eine bequeme Haltung; es ist die paßgenaue Übernahme von Normen und Werten, die einem vorgesetzt und vorgelebt werden. Diese Normen und Werte konstituieren Identitäten, und wer hier Fragen stellt, stellt sich selbst in Frage, bricht seine Identität auf und müßte sich auf die (kräftezehrende!) Suche nach einer neuen Identität, nach eigenen Normen und Werten begeben. Das Leben im Wohlstand ist zudem behaglich, und somit ist es doch leichter, nichts zu tun und die Haltung des Sich-Fügens einzunehmen, eine passive Haltung, die nichts zum Umsturz der herrschenden Zustände beitragen wird. Im Gegenteil: Durch unreflektierte Teilhabe am systemkonstituierenden Habitus des Konsumierens reproduziert dieser Lebensentwurf die Dinge, wie sie sind. Man sollte ihn also unbedingt hinterfragen und dringend kritisieren.

Ich kenne und beobachte allerdings auch viele Menschen meines Alters, die sich einer aktiven geistigen Auseinandersetzung mit der Lage unserer Zeit stellen. Man informiert sich über verschiedene Kanäle – oft ausgesuchte Medien oder eigene Recherchen, Blogs usw. – und fokussiert dabei verschiedene Dimensionen des Geschehens auf einer Skala, an deren einem Ende die aktuellen Tagesereignisse und an deren anderem Ende historisch bedingte, übergeordnete Problemkonstellationen stehen. Diese Menschen, gleich zu welcher emotionalen Reaktion sie durch die Konfrontation mit dem Weltgeschehen auf verschiedenen Ebenen gelangen, kommen durch ihre Erkenntnisse meist zu einem Aktiv-Werden und loten den eigenen Einflußbereich zumindest aus, ohne ihn per se als nicht existent abzutun. Diese Grundhaltung ist eine politische, diese Haltung ist eine, in der Veränderung wurzeln kann und die geistig offen ist, um Rufe aus der Zukunft wahrzunehmen.

Dieser politischen Haltung meiner Generation entspringen, will man es schematisch sehen, drei Formen des aktiven Konsequenzen-Ziehens: die sich zurückziehende, auf das eigene Leben konzentrierte Position und die beiden auf Teilhabe, Veränderung und Gestaltung zielenden Positionen, zum einen innerhalb der Politik im Sinne etablierter politischer Strukturen, zum anderen außerhalb der Politik, also in der Sphäre des Politischen.

Diejenigen, die sich politisch motiviert zurückziehen oder anders gesagt in eine Art innere Emigration gehen, versuchen ihr Leben ihren eigenen Werten einer friedlichen und nachhaltigen Welt entsprechend zu gestalten. Der Windmühlenkampf gegen die übermächtigen Gegner aus der Wirtschafts- und Finanzwelt raubt diesen Menschen zuviel Kraft und erscheint ihnen sinnlos, man meint, es werde sich im Großen nichts ändern, und konzentriert sich daher auf das Kleine, die Gestaltung des eigenen Lebens. Diese Menschen konsumieren bewußt und wenig, ziehen vielleicht aufs Dorf oder haben einen Garten, arbeiten oft handwerklich und/oder künstlerisch und unterwerfen sich nicht dem Diktat des Geld-Scheffelns; sie sind kreativ, flexibel und auf ihre Art (Lebens-)Künstler. Diese Art zu leben schließt die aktive Teilhabe an gesellschaftlicher Gestaltung nicht aus. Diese jungen Erwachsenen ziehen aber, motiviert durch ihre politische Grundhaltung, den Radius ihres Wirkens bewußt nicht weit über das eigene konkrete Leben hinaus und schaffen sich und ihren Familien bzw. Freunden im vollen Bewußtsein ihres Rückzugs aus konventionellen Wertstrukturen eine überschaubare und in gewissem Sinne, nämlich nach innen, heile Welt, in der sie ihre eigenen Ideale und Werte umsetzen können. Es mag plump klingen, doch ist es die Wahrheit: Wenn alle Menschen so handeln und leben würden, wäre die Welt eine bessere.

Diejenigen hingegen, die neben bewußtem Konsum bzw. bewußter Lebensgestaltung und kritischem Denken aktiv Veränderung suchen und etwas über ihr eigenes Leben hinaus bewegen wollen, tun das entweder innerhalb oder außerhalb der Politik, d.h. des bestehenden politischen Systems und demokratischer Strukturen. Innerhalb bedeutet immer zuerst, wählen zu gehen, sich zu informieren, das Geschehen und den entsprechenden Diskurs zu verfolgen sowie sich in der Politik auszukennen – aber es bedeutet bezüglich aktiver Teilhabe vor allem, sich selbst in einer Partei zu engagieren bzw. im besten Fall selbst eine Partei zu gründen. Und es bedeutet die Bereitschaft, durch das Mitwirken am und innerhalb des bestehenden politischen Systems dieses (vorerst!) zu bejahen. Wo kommt der Erfolg der Piraten-Partei so plötzlich her? Ihre Mitglieder sind junge, politische Menschen, die sich nicht länger dem Gefühl der Ohnmacht hingeben wollen, welches eine Beobachtung der deutschen Parteien und ihrer Systemlinientreue häufig nach sich zieht, und die auszogen, so radikal wie möglich und nötig selbst etwas an den herrschenden Verhältnissen zu verändern – innerhalb des politischen Systems. Doch auch innerhalb der etablierten Parteien sind junge Menschen aktiv und denken über Grenzen hinaus, auch anderswo werden von jungen Menschen neue Parteien gegründet, und daß die Piraten einen richtigen, radikal-realistischen Ton getroffen haben und vielen jungen Menschen aus dem Herzen sprechen, zeigen die jüngsten Wahlen in Berlin (September 2011). Es braucht in dieser Gegenwart ein gesundes Maß an radikalem Denken, um sich als junger Politiker selbst ernst nehmen zu können.

Die Möglichkeiten des politisch motivierten Engagements außerhalb der politischen Strukturen sind ungleich vielfältiger und werden oftmals von jungen Menschen initiiert und intensiv genutzt, um unsere Gesellschaft aktiv nach eigenen Vorstellungen zu gestalten.[4] Jede Nichtregierungsorganisation ist ein Beispiel dafür, jeder gemeinnützige Verein zeugt davon, alternative Lebensformen wie Wagenburgen, Höfe, Kommunen gehören dazu, jede Form des Tauschhandels, Regionalwährungen, Volxküchen[5], jede Demonstration, mancher Kongreß bzw. manche Tagung, auch Mitfahrgelegenheiten und Couch-Surfing

4 Auch wenn ich mich dabei nicht aufhalten will, zähle ich hierzu auch alle radikal-destruktiven Methoden des Wirksam-Werdens (beispielsweise brennende Autos in Berlin). Diese weisen allerdings oftmals über das Symbolische des Aktes der Zerstörung nicht hinaus, transportieren damit kein schöpferisches Potential und können somit kaum zukunftsweisend sein, weil ihnen nie unmittelbar ein konkreter oder ideeller Akt des Gestaltens folgt. Es lohnt sich aber auch hier, jede Handlung einzeln zu betrachten: Das Gleisbett vor einem Castor-Transport aufzugraben oder Hacker-Angriffe auf die Website einer Firma, die neben Autos auch Waffenteile produziert, sind anders zu bewertende Aktionsformen als blinder Vandalismus.

5 Gemeinschaftliches Kochen in der sogenannten alternativen Szene, wobei vegetarische/vegane Gerichte öffentlich zum Selbstkostenpreis kredenzt werden.

sowie jegliche Aktivität im subkulturellen Bereich – das alles sind Gestaltungselemente, die außerhalb politischer Strukturen unsere Gesellschaft formen, mit neuen Lebens- und Wirtschaftsformen experimentieren und geistiges Neuland erschließen.[6]

Zum Beispiel hat sich die nichtkommerzielle Musik- und Kulturfestival-Szene in den letzten Jahren im Osten Deutschlands weit entwickelt. Kleine Festivals mit nicht mehr als ca. 200 Besuchern bis hin zu den größten mit ca. 65.000 Besuchern, Künstlern, Mitwirkenden werden von jungen Menschen im Bestreben veranstaltet, kreatives Schöpfertum und Begegnungen in Freiheit zu ermöglichen sowie Kunst und Musik eine Bühne zu verschaffen. Allen diesen unabhängigen Festivals gemeinsam sind die aufwendige künstlerische Ausgestaltung, das phantasievolle Ambiente und die Paralleldimensionen, die hier für jeweils wenige Tage geschaffen werden, die Sehnsucht nach Freiheit, Gemeinschaft, Kreativität und Sorglosigkeit, der Traum[7] von einer besseren Welt, welcher für die Dauer eines Wochenendes in die Realität hinübergerettet wird. Nach drei Tagen hat es sich ausgetanzt; die Magie ist flüchtig, doch wirkt sie in den Menschen nach. Natürlich geht es auch einfach ums Spaßhaben, allerdings entsteht hier gleichzeitig etwas zutiefst Geistiges: Man begegnet sich inmitten einer fragilen, doch existenten Wunderwelt voller ungeahnter Möglichkeiten, teilt Erleben und Schöpfertum, tauscht sich aus, spielt und lacht, ist frei und unbeschwert. So entstehen Ideen in einer ganz eigenen Atmosphäre, die Idealbedingungen für Kreativität bedeuten, und diese Ideen können von dort aus ihren Weg in die Welt nehmen. Auf einem solchen Festival durchströmt Wunderbares die Gedanken und Gefühle, sanfter und heftiger Zauber, du lebst tausend Universen im Zeitraffer, siehst einen Traumkosmos in einer Zeit, in der alles verloren scheint, bist freier und mehr du selbst denn je, und du fühlst, so meinst du, mit einem Lächeln im Herzen die schillernden Aspekte der Endzeit.

Was hier und überall geprobt wird, wo sich Menschen gestaltend und schöpferisch ein Eckchen Welt aneignen, ist das große Ganze: ein selbstbestimmtes Leben in Freiheit, das unsere Erde und alle Lebewe-

6 Auch die Anthroposophie und all ihre Ableger, z.B. die Waldorfschulbewegung, sind Formen politisch motivierten Engagements (im Sinne von gestalterisch wirksam) außerhalb politischer Strukturen und nehmen Impulse aus der Zukunft wahr. Es soll aber hier in erster Linie um das Wirken der jungen Generation im allgemeinen gehen, das sich manchmal innerhalb, oft aber außerhalb bewußten anthroposophischen Denkens abspielt. Daß die Grundhaltung der politischen jungen Generation in dieselbe Richtung zielt wie die Anthroposophie, nämlich in die einer besseren Welt, ist für jeden unbefangenen Betrachter offensichtlich.

7 Ich verwende den Begriff des Traumes in diesem Text nicht im Sinne des nächtlichen Erlebens während des Schlafes, sondern im Sinne von Zukunftsvision, Wunschbild, Wunschtraum.

sen respektiert und achtet. Die Erfahrung bei der Verwirklichung eines Festivals oder jedweden Planes, selbst schöpferisch tätig zu werden und gemeinsam mit anderen Menschen einer Idee in dieser Welt Gestalt zu verleihen, wirkt dem Gefühl der Ohnmacht entgegen, welches sich an die Politik auf makrosozialer Ebene koppelt. Das Geistige, was hier seinen (Frei-)Raum findet, kann man auch so beschreiben: Es ist der Wille einzelner und im Gemeinsamen der Wille vieler Menschen, welcher als zutiefst geistige Kraft in der Welt wirkt und den Weg im Inneren vom Motiv über das Ziel und den Impuls zum Entschluß geht, der in der äußeren Welt Taten folgen läßt.[8]

Aus meinen Beobachtungen geht hervor, daß die Politik im engeren Sinne im Leben der meisten jungen Menschen allerhöchstens eine marginale Rolle spielt. Viele verfolgen das Geschehen, die meisten schütteln den Kopf dabei, und nur die wenigsten versuchen, innerhalb des politischen Systems der BRD gestalterisch wirksam zu werden. Das Politische im Sinne von aktiver Teilhabe an gesellschaftskonstituierenden Prozessen ist, wie oben beschrieben, für die einen, die Unpolitischen, nicht relevant und spielt sich für die anderen, die meisten der politischen jungen Generation, abseits konventioneller Wege ab. Die Politik hat so gut wie alles Vertrauen verspielt, was ihr von der Jugend vielleicht in anderen Zeiten entgegengebracht wurde. In welcher Verantwortung steht sie nun angesichts dieses Befundes, angesichts des die junge Generation prägenden Gefühls, daß die Generationen vor uns das natürliche Gleichgewicht unserer Erde zerstört und damit die Zukunft verspielt haben, und angesichts der heute mehr als dringenden Notwendigkeit, wesentlichen und radikalen Veränderungen in unserer Gesellschaft auf gesetzgeberischem Wege den Boden zu bereiten?

Mit Steiners Ansatz der Dreigliedrigkeit des sozialen Organismus kann man diagnostizieren, was man fühlt und weiß: Die Menschheit hat es verursacht und zugelassen, daß der soziale Organismus vor allem auf makrosozialer Ebene der Staaten und der globalisierten Welt im Ganzen vollkommen aus dem Gleichgewicht geraten ist. Arbeiten die drei Bereiche des Geistes-, des Rechts- und des Wirtschaftslebens idealerweise unabhängig voneinander unter Umsetzung der Prinzipien Freiheit (Geistesleben), Gleichheit (Rechtsleben/Politik), Brüderlichkeit (Wirtschaft) und widmen sie sich der Erfüllung ihrer Funktion

---

8 Motiv: Unzufriedenheit mit den herrschenden Verhältnissen. Ziel: Veränderung dieser. Impuls: die geistige Bereitschaft und die Kraft, aktiv auf dieses Ziel hinzuarbeiten. Entschluß: das Fassen konkreter Vorhaben, denen in der Welt Taten folgen im Sinne der Verwirklichung dieser Vorhaben und damit der Partizipation im Bereich des Politischen, also Teilhabe an der Gestaltung unserer Gesellschaft.

im Dienste eines großen Ganzen, einer harmonischen Gesellschaft (geistige, freiem Denken entsprungene Impulse zur Gestaltung der Gesellschaft, politisch-rechtliche Ordnung und Bedürfniserfüllung), so muß man heutzutage von Abhängigkeiten, Dominanz und existentiellen Ungleichgewichten sprechen.

Der Bereich des Wirtschaftslebens ist im Makrosozialen krankhaft außer Kontrolle geraten und beherrscht weitgehend die Bereiche des Geisteslebens und des Rechtslebens/der Politik. Es geht in der Wirtschaft, so wie sie in Deutschland und global ausgerichtet ist, nicht mehr um das Wahrnehmen und die Befriedigung der Bedürfnisse aller Menschen, sondern um Wachstum und Gewinnmaximierung, also um die Befriedigung der (monetären) Bedürfnisse einer verschwindend geringen Gruppe von Akteuren. Im Konkreten heißt das: Der Bereich der Politik arbeitet auf weiten Strecken der Wirtschaft zu bzw. wird von dieser maßgeblich beeinflußt, wenn nicht sogar kontrolliert. Das Rechtsleben kann in kaum einer Hinsicht als wirklich unabhängig betrachtet werden. Auch das Geistesleben wird in vielen Bereichen durch die Wirtschaft dominiert (Privatisierung der Medien, Abhängigkeiten der Universitäten, Schulen, öffentlich-rechtlichen Medien usw. von der Politik und damit von der Wirtschaft etc.).

Diese vollkommene Verschiebung der Macht zugunsten des Bereiches der Wirtschaft ist historisch gewachsen und wurde von den Bereichen des Geistes- und des Rechtslebens vorbereitet und mitgetragen. Diese Ungleichgewichte werden auf mikrosozialer Ebene, der Ebene der einzelnen Menschen, durch den westlichen konsumfixierten und maßlosen Lebensstil verursacht, welcher auf meso-, vor allem aber auf makrosozialer Ebene durch die Maxime des Wachstums propagiert und beständig reproduziert wird. Um die Ursachen für die Vorherrschaft der Wirtschaft zu verstehen, müßte man weit in die religiösen und kulturellen Wurzeln unserer Gesellschaften zurückblicken und sich fragen, welche Denkhaltung und welche geistigen Strömungen sich seit wann und warum gegen weiterblickende, friedlichere und nachhaltigere Lebens- und Denkweisen durchgesetzt haben. Fakt ist, daß die Politik als die das Rechtsleben regulierende Instanz theoretisch die Mittel an der Hand hätte und in der Verantwortung steht, unsere Gesellschaft durch neue Gesetze zukunftsweisend umzugestalten. Die Impulse dafür, die den Gesetzen vorgelagerten Prozesse, müssen dabei jedoch in erster Linie aus dem Bereich des Geistigen und nicht wie derzeit realiter aus der Wirtschaft kommen.

Mit diesen Gedanken im Hintergrund kann man vielleicht Hoffnung schöpfen: Im Bereich des Geistigen tut sich in den letzten

Jahren einiges. Nur eines der offensichtlichsten Beispiele: So, wie die Wirtschaft den Medien Materie und Geld nahesteht und sich dieser daher unmäßig bedienen konnte und kann, stellt heute das Internet ein Medium dar, welches die Möglichkeit unabhängiger Inhalte und damit dem Geistigen eine Plattform bietet.[9] Hier spielen junge Menschen eine besondere Rolle, da sie das Internet oft viel selbstverständlicher, sicherer und vielfältiger zu nutzen wissen als beispielsweise die Generation, welche politisch gesehen an der Macht ist.

Parallel dazu erstarkte in den letzten Jahren, wie oben bei den Lebensentwürfen junger Menschen in bezug auf das Politische gezeigt, das Bedürfnis nach gestalterischen Freiräumen und schöpferischer gesellschaftlicher Teilhabe und erreicht schon jetzt, vor allem in meiner Generation, breitere Schichten der Gesellschaft, als das beispielsweise 1968 der Fall war.[10] Die zugrundeliegenden geistigen Ideale mit ihren Ablegern in der intersubjektiven und physischen Wirklichkeit sind eine Bestandsaufnahme im Positiven, welche ich oben zur Lage der Welt entgegenstelle.

Wer mit wachem Sinn durch die Welt geht, kann sich des Gefühls einer Zeit im Umbruch nicht erwehren. Wir erleben einen geistigen Wandel, der von vielen Menschen mitgetragen wird, die offen sind für Impulse aus der Zukunft und sich bereit zeigen, überholte Strukturen und Machtverhältnisse in Frage zu stellen. Der Umbruch im Geistigen ist insofern radikal, als sich konventionelle System- und Realitätskonzepte (!) verschieben und erweitern. Verschiedenste Formen des Geistigen suchen sich ihren Weg zu den Menschen; Gemeinschaftssinn, Ehrfurcht, Achtsamkeit und Liebe werden neu wiederentdeckt, wirken als Erkenntnis- und Schöpfungskräfte und finden neue Formen des In-der-Welt-wirksam-Werdens. Das Spektrum des für möglich Gehaltenen erweitert sich, Gedanken und Ideen überwinden Grenzen und erschließen neue Sphären und damit Wege in die Zukunft.

---

9 Die „*Unabhängigkeitserklärung des Cyberspace*" kursierte 1996 im Netz: „*Wir werden im Cyberspace eine Zivilisation des Geistes erschaffen. Möge sie humaner und gerechter sein als die Welt, die eure Regierungen bislang errichteten.*" (Quelle: DIE ZEIT/22.09.2011, S.52)
Natürlich nutzen auch die Bereiche der Wirtschaft und des Politischen das Medium Internet, doch sind sie hier nicht in dem Maße gegenüber dem Geistigen im Vorteil, wie sie es z.B. bei der Nutzung der Medien Materie und Geld sind. Das Internet kann als soziales Medium genutzt werden. Zukunftsweisende Ideen können sich verbreiten, und es kann zwischen den Vertretern bestimmter Ideen/Vorhaben usw. ein Wir-Gefühl wachsen, welches als geistige Kraft ungleich wirksamer ist, als es viele Menschen im einzelnen sein könnten. Die jüngsten Ereignisse (Demonstrationen) bestätigen dies.

10 Den Gründen für diese (Bewußtseins-)Entwicklungen nachzugehen würde den Rahmen dieses Textes weit sprengen.

Bei alldem spielt die Generation der jungen Erwachsenen eine entscheidende Rolle, da sich die 21- bis 35jährigen, wie oben gezeigt, kreativ und schöpferisch Räume aneignen bzw. diese sogar schaffen, um im kleinen neue Formen des Zusammenlebens, des Wirtschaftens, der gemeinsamen Freiheit, der Solidarität usw. zu entwickeln und auszuprobieren, die für die Gesellschaft im großen zukunftsweisend sein können – und sei es durch ihr Scheitern bzw. durch die Grenzen und Probleme, die sie bei ihrer Umsetzung aufzeigen. Doch die Politik weiß dieses Potential bisher kaum zu nutzen.

Was heißt das also für die Verantwortung der Politik gegenüber den jungen Menschen – und damit gegenüber der Zukunft? Es ist nicht so, als wäre nur meine Generation mit der Politik auf makrosozialer Ebene überfordert: Die Politiker selbst sind es.[11] Trotzdem oder eben darum muß dringend gehandelt werden, da die Probleme der Menschheit existentielle Dimensionen angenommen haben. Um das Ausmaß der Verantwortung zu verstehen, in welcher die Politik steht bzw. die amtierenden Politiker stehen, muß man sich wieder und wieder vor Augen führen, welches Erbe diese hinterlassen und welches Erbe damit die Generation der jungen Erwachsenen und alle Generationen nach ihnen anzutreten haben!

Von makrosozialen Umgestaltungsprozessen einmal abgesehen, die dringend notwendig sind und angegangen werden müssen (Lösung der Politik und des Geisteslebens aus der Abhängigkeit vom Wirtschafts- und Finanzwesen, gemeinsames Wirken aller drei Bereiche in Richtung kollektiver Lebensformen, die die Ressourcen unserer Erde nicht überstrapazieren, gesetzliches Vorgehen gegen globale Ungleichgewichte usw.), muß die Politik unserer Zeit speziell den geistigen Impulsen und dem Gestaltungswillen, die vor allem von jungen Menschen in unsere Gesellschaft getragen werden, Raum und Rahmen verschaffen. Ein selbstverantwortliches Leben frei von existenzbedrohenden Zwängen muß für alle Menschen möglich sein.[12] Der Bereich der (staatlichen) Bildung muß sich vom Ziel der paßgenauen Produktion systemkonformen Humankapitals[13] verabschieden, um sich seinem eigentlichen Auftrag zu widmen: der Beseitigung von Hindernissen, die der Entwicklung freier Geister im Wege stehen, und der Schaffung von Angeboten bzw.

---

11 Auszug aus einem Interview mit Roman Herzog (DIE ZEIT vom 22.09.2011): „ZEIT: *Heute heißt es, die Märkte seien kaum noch steuerbar, die Politik könne nur noch auf Sicht fahren. [...] Herzog: [...] Es ist wirklich so. Nichts ist mehr vorhersehbar und damit planbar. Dann bleibt nur, daß man auf Sicht fährt.*"

12 Bedingungsloses Grundeinkommen!

13 ein in der Wirtschaft gängiger Begriff

von bestmöglichen Bedingungen für ebendiese Entwicklung. Kunst und Kultur als schöpferische Ausdrucks- und Experimentierformen des Geistigen müssen gefördert und allen Menschen zugänglich gemacht werden. Überall, wo (junge) Menschen sich dafür entscheiden, Initiative zu ergreifen und zukunftsweisende Projekte zu realisieren, muß der Staat durch die Schaffung geeigneter gesetzlicher Rahmenbedingungen fördern bzw. darf er wenigstens nicht hinderlich im Wege stehen. Beispiele hierfür sind die Neugründung von freien Schulen, Kulturvereine, faire Handelskooperationen, grüne Energieformen, unabhängige Medien, Künstler usw. usf. Man müßte so weit gehen, von staatlicher Seite Ideenscouts auszusenden, die geförderte Projekte beobachten, um die Erfolge, die sie zeitigen, für andere Initiativen bis hin zu staatlichen Institutionen fruchtbar zu machen. Es müßte ein eigenes Ministerium für die Zukunft geben, bei dem jeder Bürger seine Ideen und Konzepte zu Verbesserung unserer Gesellschaft – und unserer Welt – einreichen kann! Gerade von jungen Menschen kann man enormes schöpferisches Potential und vielfältigste Impulse erwarten – diesen mehr Gehör zu schenken und mehr Raum zu bieten ist eine Aufgabe der Politik.

Die Politik muß es also immer wieder erneut schaffen, sich aus historisch gewachsenen, doch dem Geist unserer Zeit, den Extremen, dem Umbruch nicht mehr gemäßen Strukturen zu befreien und sich mit – oftmals durch junge Erwachsene herangetragenen – Zukunftskräften zu verbinden bzw. es den Mitgliedern unserer Gesellschaft als Teil der Schicksalsgemeinschaft Menschheit gesetzesgeberisch zu ermöglichen, ebendas zu tun. Jeder einzelne von uns ist gefragt, nach Erkenntnis zu suchen, Ideen, Träume und Zukunftsbilder zu entwickeln und seinen Willen zu stärken, auf daß er in dieser unserer Zeit, in der die Zukunft künftiger Generationen in nie dagewesenem Maße bedroht ist, das Richtige zu tun vermöge. Die Politiker eines jeden Landes müssen erkennen, daß sie nicht der Wirtschaft, dem Wachstum und internationalen Rankings, sondern der Zukunft und damit allen Menschen weltweit verpflichtet sind. Was in einem Land angestoßen wird, kann und wird auf andere Länder wirken. Die Sphäre des Geistigen muß sich wieder in die Lage versetzen, der gesellschaftlichen Entwicklung und damit der Ausgestaltung der Bereiche der Wirtschaft und der Politik in Freiheit Impulse in Richtung unserer gemeinsamen – weltweiten – Zukunft zu geben. Dafür muß die Politik – zur Not mit radikalen Einschnitten – den Rahmen schaffen. Auch die Bereiche der Politik selbst und der Wirtschaft müssen Schritt für Schritt ihrer Bestimmung zugeführt werden: Die Wirtschaft der Bedürfniserfüllung der Menschen im

Sinne der Brüderlichkeit und die Politik der rechtlichen Regelung des Zusammenlebens im Sinne der Gleichheit.

Es ist keinesfalls so, daß alle Impulse in Richtung einer für alle Menschen lebenswerten Zukunft von der jungen Generation ausgingen – auch die noch jüngeren und ältere Menschen haben Ideen, sind auf der Suche nach neuen Wegen und geben viel daran, ihrer Kreativität und ihren Vorstellungen Gestalt zu verleihen. Doch ist es die Generation der jungen Erwachsenen, die aufgrund ihrer geistigen und lebenspraktischen Situation in besonderem Maße in der Lage ist, alternative Lebens-, Denk-, Wirtschafts- und Gestaltungsformen zu entdecken und zu realisieren. Hier entstehen Ideen, Träume und Zukunftsbilder – und hier werden sie oft unter großem Einsatz umgesetzt, ausprobiert, gelebt und in die Welt geholt. Dieser Mut, dieser Tatendrang, diese Kreativität, diese Energie sind von immenser Bedeutung für alle Menschen, da sie die Gesellschaften als Ganzes voranbringen können. Es ist wichtig, all diese Ideen zu entdecken, die Träume zu träumen, all die Visionen soweit wie möglich in die Wirklichkeit zu retten, all diese Leben zu leben ... auch gegen Widerstand, auch gegen starre und beharrende Kräfte, gegen konventionelle, doch vielleicht überholte Normen und Werte, und trotz der Rückschläge, trotz des Gefühls, allein gegen eine ganze Welt zu kämpfen, trotz des Kopfschüttelns und des Unverständnisses der Älteren, trotz aller Steine, die im Weg liegen. Wir sind es, die die Welt in die Zukunft führen werden, und nach uns wird es die nächste Generation sein, diejenigen, die heute noch zur Schule gehen. Wir sind es, die heute die Rufe aus der Zukunft hören, also müssen auch wir es sein, die den Mut aufbringen, diese Rufe laut in der Welt zu verbreiten und den Problemen der Vergangenheit und Gegenwart durch ein Denken der Zukunft zu begegnen. Das hier also geht an alle jungen Erwachsenen – und die, die sich so fühlen: Lauft herum, wie ihr herumlaufen wollt, provoziert die, die sich provozieren lassen, fahrt auf die Feste und Demonstrationen, auf die ihr fahren wollt, bleibt auf eurem Hof, wenn ihr dort leben wollt, schreibt in eurem Blog, was ihr erkennt, macht Musik, staunt über das Leben, geht auf Reisen, lacht, tanzt und liebt, seid entsetzt über das Geschehen, schreibt an die Wände, was ihr denkt, empört und engagiert euch, bestellt eure Gemüsekisten, geht wählen oder nicht, informiert euch, geht auf die Suche nach euch selbst, nach euren wahren Bedürfnissen, spielt mit euren Kindern im Wald, fahrt auf globalisierungskritische Kongresse, redet mit den Menschen, vernetzt und organisiert euch – und: Hört vor allem, auf keinen Fall, niemals auf zu träumen und an eine bessere Welt zu glauben!

All das hier Gesagte mag für viele Menschen heute noch utopisch und abstrakt klingen – doch jeder Umbruch, jede Veränderung, jeder Schritt voran speist sich zuerst aus Idealen und wird zuerst einmal geträumt. Ich träume von einer Welt der guten Nachrichten. Ich träume von einer friedlichen Welt, in der niemand mehr sinnlos leiden muß, in der keine Wälder mehr maßlos abgeholzt werden, in der keine Kriege um Rohstoffe geführt werden, in der keine herz- und gesichtslosen Systeme über die Zukunft entscheiden, in der die Menschen maßvoll leben und nur das im Überschwang konsumieren, was endlose Ressource sein wird: Kunst und Kultur. Ja, ich genieße mein Leben auch jetzt, es ist im kleinen das schönste aller Leben, und doch habe ich oft das Gefühl, den letzten Tanz zu tanzen, das letzte Lied zu hören, den letzten Baum zu bewundern und den letzten Schluck frische Luft zu atmen. Ich wünsche mir, daß kein Kind der Welt hungern, in den Krieg ziehen oder als Waise aufwachsen muß, jetzt nicht und in keiner Zukunft. Ich träume davon, die Welt in ihrer Schönheit auch noch meinen Kindern und Enkeln zeigen zu können, doch dafür müssen wir alle aufwachen, weltweit. Ich wünsche, daß dieser Ruf und alle anderen Rufe aus einer guten Zukunft erhört werden, daß die Menschen Ideale und Phantasie für eine bessere Zukunft entwickeln und auf diese zugehen – es geht um die Zukunft unserer Erde, die Zukunft der Menschheit: unsere Zukunft!

Ich danke Kirsten Limbecker und Herrn Sebastian Hilbert für die konstruktive und qualifizierte Kritik und damit für die Hilfe beim Verfassen dieses Textes.

Die Welt ist in Bewegung

Interview mit Michael Engelhard

von Wolfgang Weirauch

Dr. Michael Engelhard, *geb. 1936 in Hamburg. 1945 je zweimal in Hamburg und Osnabrück ausgebombt. 1956 Abitur und Aufnahme in die Studienstiftung des Deutschen Volkes, Beginn des Studiums (Germanistik, Romanistik, Anglistik) in Hamburg. 1958 Wechsel zum Jura-Studium. 1958 Jura-Studium an der Universität Lausanne/Schweiz, 1959 Universität München. 1961 Erstes Staatsexamen, 1966 Zweites Staatsexamen und Aufnahme in den Diplomatischen Dienst. 1966–2001 Auswärtiger Dienst: Zentrale, Korea, Kamerun (Botschafter), Mailand (Generalkonsul), Chicago (Generalkonsul).Vom 01.01.1985–30.06.1989 Redenschreiber für Bundespräsident Walter Scheel, vom 01.01.1985–31.12.1986 für Bundespräsident Richard von Weizsäcker, vom 01.01.1988–01.11.1991 für Bundesminister Hans-Dietrich Genscher.*

Michael Engelhard ist seit 1961 verheiratet und hat einen Sohn. Buchveröffentlichungen:

- *„Niccolò Forteguerri: Ricciardetto" (Schmidt-Römhild, Lübeck 1998);*
- *„Michelangelo: Gedichte" (Insel Verlag, Frankfurt am Main 1999);*
- *„Alexander S. Puschkin: Die Gedichte" (Insel Verlag, Frankfurt am Main 2003)*
- *„Alexander S. Puschkin: Liebesgedichte" (Insel Verlag, Frankfurt am Main 2003)*
- *„Brunelleschi/Poliziano/Colonna: Dichtung der Italienischen Renaissance" (Wallstein, Göttingen 2008);-*
- *„Michelangelo: Die Gesammelten Sonette" (Wallstein, Göttingen 2008);*

Wer sich wirklich vergegenwärtigt, welche weltbeherrschenden Grausamkeiten in den letzten 500 Jahren von Europa verübt wurden, kann eigentlich nur erstarren, sollte aber zumindest demütig schweigen. Das relativiert nicht die Grausamkeiten anderer Kulturen. Aber die europäischen Menschen, die auch die Gedanken der Demokratie, der Aufklärung und der Menschenrechte entwickelt haben, die eigentlich wahre Christen sein könnten, hätten anders handeln können und müssen: gegenüber den Mitmenschen, gegenüber anderen Kulturen, gegenüber der Natur. So gesehen stehen wir heute vor einem zivilisatorischen Scherbenhaufen. Aber nicht nur, denn im Niedergehenden entwickeln sich neue Kräfte. Die Menschen lassen sich weltweit nicht mehr alles gefallen und klettern auf neue und phantasievolle Barrikaden.

Michael Engelhard wirft in nachstehendem Interview einen Blick zurück im Zorn auf die letzten 500 Jahre, in denen die Europäer die Weltherrschaft angetreten sind und andere Kulturen vernichtet und gedemütigt und die Erde ausgebeutet haben.

Gleichermaßen schauen wir auf den Freiheitsdrang der Araber, auf die aktuelle Politik Deutschlands, vor allem aber auf die politische Bewegungslosigkeit und die sich abzeichnenden Krisen in den USA sowie auf die abwartende Haltung des immer mächtiger werdenden China.

Michael Engelhard schaut aber auch auf den Menschen selbst, auf seine Ursprungs-Idee und auf seine Fähigkeit, zu lieben und in der Liebe zu Christus Gott zu erkennen.

Wenn wir unsere Erde lieben und achten, wenn wir das im Menschen bewahren, was wirkliches Menschsein ist, dann besteht noch Hoffnung in der oft auswegslosen Lage unserer zusammenbrechenden Erde und Menschheit. Und für diese Hoffnung stehen die zahlreichen Menschen, die sich vielseitig und phantasievoll engagieren und einen wirklich menschengemäßen Beitrag leisten. Altes bricht zusammen, Neues entsteht. Die ganze Welt ist in Bewegung.

Wolfgang Weirauch: In den letzten 500 Jahren haben die Europäer die Welt in sehr brutaler Weise erobert und andere Kulturen und Länder kolonisiert, meist sogar vernichtet. Kannst Du einmal aus Sicht des Europäers einen Rückblick auf diese 500 Jahre Weltgeschichte werfen? Wie haben sich die Europäer mit der Arroganz des weißen Mannes, ihrem Überlegenheitswahn und ihrem eurozentristischen Weltbild in dieser Welt ausgebreitet?

Michael Engelhard: Wenn man sich die Größe der Kontinente anschaut, Nord- und Südamerika, sogar Australien, dann ist Europa der kleinste von allen. Dieses kleine Europa hat im 19. Jahrhundert die

Welt beherrscht. Alles, was es auf dieser Erde gab, war schwächer als dieses kleine Europa. Das war ganz eindeutig eine Folge der Aufklärung und der damit zusammenhängenden Rationalisierung des Denkens, also der Mathematik und der Logik und des Kausalitätsprinzips. Dadurch wurde unser Denken auf eine unglaublich effiziente Weise im technisch-rationalen Bereich gesteigert, insbesondere auf dem Gebiet der Waffentechnologie. Die ganze europäische Überlegenheit bestand darin, daß man effizienter als die übrige Welt Menschen umbringen konnte. Kurz nach ihrer „Entdeckung" wurden die Völker Südamerikas zum großen Teil umgebracht. Der Rest wurde versklavt. Dann geschah das gleiche mit den Menschen Mittel- und Nordamerikas. Dann kamen die Völker Afrikas dran, die im eigenen Lande versklavt und zu Millionen wie Vieh gejagt und in andere Kontinente als Sklaven verkauft wurden. Nicht besser erging es den Einwohnern Australiens, Neuseelands und der Inselreiche im Pazifik. Schließlich wurden auch große Teile Asiens unterjocht. Die europäische Weltherrschaft war für die übrige Welt die Hölle.

Die Verachtung aller anderen Menschen

Die überlegene Waffentechnologie führte zur Weltherrschaft, und die Weltherrschaft verführte die Europäer zu der idiotischen Schlußfolgerung, daß sie allen anderen Menschen in jeder Hinsicht auf jedem Gebiet menschlicher Fähigkeiten und Tätigkeiten überlegen seien – politisch, gesellschaftlich, kulturell, sittlich, künstlerisch, philosophisch, wissenschaftlich, technisch. Und in diesem Glauben wurden sie durch die christlichen Kirchen kräftig unterstützt, die in der europäischen Weltherrschaft einen Sieg des Christentums entdeckten, der ihnen sehr wohl gefiel. Noch in der zweiten Hälfte des 20. Jahrhunderts wurde in den USA gepredigt, Gott selbst habe die schwarzen Menschen zum Sklavendasein bestimmt. Und wer dagegen aufbegehrte, verstieße gegen die göttliche Ordnung der Welt.

Ich war vier Jahre Botschafter in Kamerun, einer ehemaligen deutschen Kolonie. Um mir über die deutsche Kolonialzeit klarzuwerden, kaufte ich mir in Antiquariaten Kolonialliteratur, die vor 1916, dem Ende der deutschen Kolonialzeit, veröffentlicht wurde. In einem dieser Bücher, den Erinnerungen eines dort stationierten deutschen Offiziers, der sich für die Maskenschnitzereien der Kameruner interessierte, las ich: Auf einem Ausritt ins Land begegnete ihm ein einheimischer Medizinmann mit Maske. Der Offizier forderte den Mann auf, ihm die Maske zu übergeben. Der Mann, der sich auf dem

Weg zu einer religiösen Zeremonie befand, weigerte sich. *„Da zog ich meine Pistole, erschoß ihn und nahm die Maske an mich."* Das ganze Buch war in diesem Geiste geschrieben. Mich schaute die Fratze des Kolonialismus an. Auschwitz hatte Vorgänger. Der Kolonialismus war kein Beweis der Überlegenheit der europäischen Kultur, sondern er führte zu einer grauenhaften Rebarbarisierung eben dieser Kultur. Nur ganz wenige große Geister wie Alexander von Humboldt haben das erkannt und hatten den Mut, es auszusprechen. Deshalb liebe ich ihn so.

 Joseph Karl Stieler

Alexander von Humboldt
(1769-1859)

Der unsinnige Glaube an die alle anderen Kulturen überstrahlende Überlegenheit der europäischen Kultur verband sich mit der Idee des Fortschritts. Diese Art des Denkens und die daraus resultierende, sich rasant entwickelnde Technologie bedingten einander. Die Weltmacht des British Empire war ganz eng mit der Erfindung der Dampfmaschine verknüpft, womit eine enorme Steigerung der Produktivität einherging. Und so war man auch wirtschaftlich allen anderen Ländern überlegen. Auch das gab Europa die Vorstellung, daß der weiße „kaukasische" Mensch allen anderen Menschen und Völkern überhaupt überlegen sei.

Selbst Carl Gustav Carus, ein enger Freund Goethes, entwickelte eine Rassentheorie, in der er nachzuweisen versuchte, daß alle anderen Rassen dümmer, primitiver, barbarischer seien als die Europäer, und daraus leitete er die Pflicht ab, die anderen sogenannten Rassen auf die europäische Geisteskultur zu heben. Die Europäer waren so wahnsinnig stolz auf ihren Fortschritt, daß man meinte, z.B. die großartigen asiatischen Kulturen verachten zu dürfen, weil sie angeblich stationär waren und keinen Fortschritt kannten.

Die Vorstellung, daß es keine Entwicklung in der chinesischen Kultur gab, ist schlicht Unsinn. Die Entwicklung verlief lediglich langsamer, organisch und folgerichtig. Vor einiger Zeit war ich in Bonn in einer Ausstellung aus Taiwan, wo Höhepunkte der chinesischen Kultur gezeigt wurden, die Tschiang Kai-shek nach Taiwan verschleppt hatte. Ich kann Dir sagen, daß ich noch niemals in einer Ausstellung war, die mich so tief durchgerüttelt hat.

W.W.: Warum?

M. Engelhard: Wenn man in eine europäische Kunstausstellung geht, dann sieht man dort herrliche Werke, aber von den ganz herrlichen Werken sieht man vielleicht nur fünf oder sechs. Aber eine Ausstellung, in der jedes einzelne Stück einen durch seine Vollkommenheit nahezu verrückt macht, hatte ich noch niemals in meinem Leben gesehen.

W.W.: Wie integrierte man im alten China die Idee des Fortschritts organisch?

M. Engelhard: Indem man sich dort während seiner ganzen Geschichte stets seines Ursprungs erinnerte. Es gab in China ein Zeremonialbeil, welches in der chinesischen Vorstellung eine tiefe Bedeutung hatte. In dieser Ausstellung sah ich zwei Zeremonialbeile, das eine aus der Zeit etwa 2500 vor Christus, ein weiteres aus dem 16. Jahrhundert nach Christus. Beide Zeremonialbeile waren fast identisch, zwischen ihnen lagen aber etwa 4000 Jahre. Daran erkennt man ein Bewußtsein der eigenen Herkunft, des eigenen Ursprungs über mindestens 4000 Jahre hinweg, was uns in Europa vollständig verlorengegangen ist. Bei uns reißt das Bewußtsein unserer Herkunft mittlerweile alle 20 Jahre ab. Doch:

Wer nicht von dreitausend Jahren
Sich weiß Rechenschaft zu geben,
Bleib im Dunkeln unerfahren,
Mag von Tag zu Tage leben.

Die europäische Geschichte ist durch permanente Brüche gezeichnet

Als ich Mitte der 70er Jahre für Bundespräsident Scheel die Reden schrieb, entwarf ich auch eine Eröffnungsrede für die Stauffer-Ausstellung in Stuttgart, in der ich auch auf das Geschichtsbewußtsein der Deutschen und Europäer zu sprechen kam. Die Hauptaussage dieser Rede war, daß wir uns nicht irgendwelchen verschwundenen mittelalterlichen Reichsträumen hingeben dürften, mit denen Europa oder gar Deutschland die Welt beherrschen könne. Damals las ich zufällig einen Aufsatz von Cohn-Bendit, in dem er das mangelnde Geschichtsbewußtsein der Deutschen beklagte. Und weißt Du, was er darunter verstand? Daß die Deutschen die geistigen und politischen Errungenschaften der 68er-Revolution bereits 1978 vergessen hatten! Unsere europäische Geschichte ist durch permanente Brüche gezeichnet, und jede nachfolgende Generation glaubte, daß sie die Welt neu erfunden hätte.

Das ist etwas, was es in China nie gab. Allein die chinesische Schrift, die sich in Jahrtausenden entwickelt hat und ihren Ursprung auf den ersten Blick zu erkennen gibt, bewahrt sie davor. Und auch heute macht sich dieses chinesische Denken langsam wieder geltend, z.B. in der Weltfinanzkrise.

Bei uns: eine geradezu pathologische Hektik. Bei den Chinesen: Gelassenheit bei größter Aufmerksamkeit, ruhige Hand. Man spürt: Sie vertreten ihre Interessen, wissend, daß auch sie – noch – vom Ganzen der Weltwirtschaft abhängen. Die Chinesen sagen einfach mit einer beeindruckenden Unaufgeregtheit: *„Wenn das Ganze es braucht, sind wir bereit zu helfen."* Im Westen: Fast keine Regierung sieht das Ganze, jede will nur *ihr* Schäfchen ins Trockene bringen. Man vergleiche die Positionen der westlichen Regierungen, die USA eingeschlossen, zur Transaktionssteuer, zu den Eurobonds, zur Rolle der EZB (Europäische ZentralBank), zur Insolvenz eines Euro-Staates. Großbritannien z.B. kämpft darum, daß seine Banken die Möglichkeit behalten, systemisch zu sein, d.h. die gesamte Weltwirtschaft in den Abgrund zu ziehen.

Die Unaufgeregtheit, mit der sich die Chinesen aus der ganzen egoistischen Aufgeregtheit des Westens heraushalten, ist ein wichtiger ostasiatischer Beitrag zur Weltwirtschaftskultur. Unsere größten Schwächen – das historische Vergessen, die Tatsache, daß man die anderen Kulturen nicht für voll nimmt, den permanenten Überlegenheitsdünkel – trifft man in den außereuropäischen Kulturen gar nicht an.

Die Chinesen wollten niemals ein Weltreich gründen. Sie wollten lediglich ihr eigenes Reich von anderen Einflüssen freihalten, zuerst von den Mongolen, dann von den Europäern. Deshalb bauten sie vor einigen 1000 Jahren eine Mauer um ihr Reich. Und dieses Reich war dann für die Chinesen das Zentrum der Welt, und der Mittelpunkt dieses Zentrums der Welt war Peking. Mir schien es immer sehr eigenartig, daß man in China fünf Himmelsrichtungen hatte: die vier Himmelsrichtungen, die wir auch haben, und fünftens die Himmelsrichtung nach Peking. Das entspricht in etwa dem Gedanken der Muslime mit der Himmelsrichtung nach Mekka und dem der Christen mit der Himmelsrichtung nach Jerusalem – also ein Zentrum nicht nur der eigenen Kultur, sondern ein Zentrum, das als Zentrum des Universums betrachtet wird.

Der Verrat am Menschen

W.W.: Das wahre Christentum trachtet nicht nach der Eroberung der Welt, schon gar nicht im materiellen Sinne. Das hat der Mensch des christlichen Abendlandes allerdings nicht befolgt. Inwieweit hat er sich vor allem in den letzten Jahrhunderten aus einer göttlichen Ordnung entfernt, inwieweit hat er das Christentum verraten?

M. Engelhard: Hier muß ich zuerst ein Bekenntnis abgeben, damit mein Standpunkt klar wird: Ich bin ein zutiefst überzeugter Christ. Ich halte Jesus Christus für den mit Abstand gescheitesten, liebenswertesten, verehrungswürdigsten Menschen, welcher auf diesem Planeten herumgewandelt ist. Was ich aber dem institutionalisierten Christentum, den Kirchen, vorwerfe, ist ihre monströse Unchristlichkeit.

© gemeinfrei nach Luise Seidler

Johann Wolfgang von Goethe

1828 zieht sich Goethe nach dem Tod von Karl August von Sachsen-Weimar nach Dornburg zurück, und da kommt der Kanzler Friedrich von Müller zu ihm und will ihm eigentlich ein Lob bzw. eine Anerkennung aussprechen, und er sagt: *„Exzellenz, Sie sind ja eigentlich ein Heide!"* Goethe schwieg eine Zeit, dann gab er eine höchst bemerkenswerte zornige Antwort: *„Wer von euch ist denn eigentlich ein Christ, wie Christus ihn haben wollte?!"* Und fügte hinzu: *„Ich bin vielleicht der einzige."*

Warum? Weil es Goethe wie Christus um den tiefsten Kern des Menschen ging. Wütend fährt Faust Mephisto an:

„Dein widrig Wesen, bitter, scharf,
Was weiß es, was der Mensch bedarf?"

Das ist auch eine Frage an unsere Zeit, der es ja auch, wie man in jeder Sonntagsrede hört, angeblich immer nur um den Menschen geht. Wenn man aber hinter die Taten dieser Sonntagsredner schaut, einschließlich der Bischöfe und Kardinäle, dann sieht man, daß es überhaupt nicht um den Menschen geht, sondern um die Dogmen, ums Rechthaben in der Theologie, um wirtschaftliche Interessen, um Macht – aber um den Menschen geht es fast nie! Man braucht nur die Summen, die die Welt für Rüstung ausgibt, mit den Summen, die gegen den Hunger in der Welt eingesetzt werden, zu vergleichen. Nein, es geht nicht um den Menschen: Es geht um Macht, Geld und Sex. Das ist die unheilige Dreieinigkeit, um die sich alles dreht. Und um das zu verbergen, behauptet man, daß es um den Menschen gehe.

Dieser permanente Verrat an dem, was der Mensch auf dieser Welt eigentlich zu tun hat und was Jesus Christus uns in wunderbarer Weise in Wort und Tat und Leiden gelehrt hat, ist das, was mein ganzes Leben permanent mit Empörung erfüllt!

Der Wert der Einzelperson tendiert gegen Null

W.W.: Wenn wir noch einmal auf die letzen 500 Jahre europäische Weltbeherrschung schauen – was hat man alles an Menschlichkeit, anderen Kulturen und in der Natur kaputtgeschlagen?

M. Engelhard: Alles!

Du weißt, daß ich vier Jahre in Afrika Botschafter war, und ich habe dort nicht einen einzigen überzeugten Afrikaner getroffen, der nicht zutiefst verzweifelt war. Die Probleme dort sind so riesengroß wie unsere Gleichgültigkeit gegenüber diesen Problemen. Aber die Afrikaner brauchen uns. Sie werden es ohne uns nicht schaffen, einfach deswegen, weil sie in unserer immer kleiner werdenden Welt unsere abstrakte Art zu denken übernehmen müssen, die ihrer konkreten Art zu denken diametral entgegengesetzt ist. Denn nur die Technik, die unser Denken voraussetzt, kann ihnen die Instrumente zur Verfügung stellen, die ihr Überleben sichern. Aber wenn sie nicht mehr wie Afrikaner denken, sind sie keine Afrikaner mehr, dann verlieren sie ihre Identität. Das ist der tiefste Grund der Verzweiflung der ihre Kultur liebenden Afrikaner. Das heißt für uns: Wir dürfen ihnen nicht nur unsere Technik bringen, sondern wir müssen dafür Sorge tragen, daß diese Technik nicht kulturzerstörend wirkt. Und das setzt wiederum voraus, daß wir diese Kultur respektieren und ehren und uns entsprechend in Afrika verhalten. Davon kann, soweit ich sehe, heute bei uns, denen es angeblich um den Menschen geht, noch nicht einmal in Ansätzen die Rede sein.

Ein weiteres Land, welches ich auch gut kenne, ist Südkorea. Dort hat man bei der Modernisierung die Grundtechniken des Westens übernommen. Heute zählt das Land zu den großen Industriestaaten der Welt. Aber auf dem Weg zu diesem Industriestaat haben die Koreaner ihre eigene Kultur wiederentdeckt und versuchen, sie zumindest in Kernbereichen zu erhalten. Vergleichbares beobachten wir in ganz Ostasien, China zumal. Die Übernahme unserer rationalen Denkweise in Produktion, Wissenschaft, Wirtschaft, Verwaltung usw. bedeutet also keineswegs, daß die außereuropäischen Kulturen notwendigerweise ihre Identität verlieren müssen. Unsere Denkweise, die für uns Ausdruck unserer gewachsenen Zivilisation ist, ist für die Asiaten nichts weiter als ein hochwirksames Werkzeug, das sie in die Lage versetzt, ihre Identität zu bewahren. Die Chinesen werden noch in 2000 Jahren wie Chinesen denken. Und dagegen habe ich auch gar nichts. Sind recht kluge Leute, diese Chinesen.

Nun steht natürlich völlig außer Frage, daß die Maschine dem Menschen an Effizienz gewaltig überlegen ist, und je effizienter die einzelne Maschine ist, desto geringer wird der wirtschaftliche Wert der Einzelperson. Daraus ergibt sich in einer Zeit, die nur noch ökonomische Werte kennt, eine zunehmende Entwertung des Individuums. Der Wert der Einzelperson tendiert gegen Null.

Der Mensch spielt keine Rolle mehr

Deswegen betrachte ich Bewegungen wie *Stuttgart 21, Occupy Wallstreet* u.a. mit großer Freude und Hoffnung. Immer mehr Menschen merken allmählich, daß sie kaum noch da sind, daß sie gar keine Rolle mehr spielen; daß es Mechaniken gibt, die auf die Existenz von etwa 6,999 Milliarden Menschen keine Rücksicht mehr nehmen, nur noch auf die verbleibenden hunderttausend. Und deshalb beschließen diese Menschen – und das ist ja ein naheliegender Gedanke –, daß sie ihr Schicksal selbst bestimmen wollen.

Bisher hatte man ihnen eingeredet, daß sie eine Rolle spielen würden, obwohl sie schon längst keine Rolle mehr spielten. Ständig sagte man, daß in einer Demokratie jede Stimme zähle; aber nun stellt sich heraus, daß das schlicht eine Lüge ist. Sogar die ganze Politik erweist sich als machtlos gegenüber den Mechaniken der Ökonomie. Das Problem ist, daß das politisch-wirtschaftliche Denken in ökonomischen Kategorien die ganze Menschheit erfaßt hat. Es gibt Leute auf diesem Globus, die an dem Hunger, der Hunderttausende dahinrafft, Milliarden verdienen. Die freuen sich auf die nächste Hungerkatastrophe.

1804 gab es die erste Milliarde Menschen auf Erden. Mittlerweile sind wir sieben Milliarden, und die letzte Milliarde kam in den letzten zwölf Jahren hinzu. Mittlerweile bewegen wir uns wie die Hamster in einem Laufrad, und das Rad dreht sich immer schneller. Aber wir kommen nicht vom Fleck.

Ein Geschenk der Natur an den Menschen

W.W.: Was hat die Menschheit in den letzen 200 bis 300 Jahren mit der Erde gemacht – vor allem in bezug auf die Zerstörung der Natur?

M. Engelhard: Ursprünglich lebte der Mensch als ein Teil der Natur, denn er brauchte die Natur, um zu überleben, wie jedes andere Lebewesen auch. Alle Lebewesen fressen andere Lebewesen, um zu überleben. Auch der Mensch war bis vor kurzem Teil der Natur, denn noch vor einigen 100 Jahren wußte der Mensch, daß er in Harmonie mit ihr leben mußte. Das aber gilt nur für die Zeit, in der die Menschheit noch nicht so zahlreich war wie heute. Z.B. die Indianer von Nordamerika lebten in dieser Harmonie, in diesem Gleichgewicht mit der Natur. Sie jagten Bisons und wußten zugleich, daß ihre Tötung eigentlich ein Vergehen gegen das Leben ist. Sie vollzogen eine Art Gottesdienst und baten den großen Manitu um Verzeihung, daß sie diesen Bison getötet hatten Dann aber verwerteten sie dieses Tier: die Haut, das Fell, die Knochen, die Sehnen, das Fleisch sowieso, das Fett, die Innereien, die Hufe, die Hörner – alles wurde verwertet, denn es war ein Geschenk der Natur an den Menschen. Und man wußte, daß man von diesem Geschenk nichts wegwerfen durfte.

Alles darf getötet werden!

Dann kamen die weißen Weltbeherrscher, bauten ihre Eisenbahn, nahmen ihre wunderbaren Waffen, fuhren durchs Land und schossen die Bisons zu Millionen ab. Das taten sie nur, um ihre Macht über die unschuldigen Geschöpfe zu genießen. Daß damit den Indianern ihre Lebensgrundlage zerstört wurde, war ein erwünschter Nebeneffekt. Mit diesen Waffen bekamen die Menschen ein idiotisches Überlegenheitsgefühl über die Natur, und dieses Überlegenheitsgefühl sagte ihnen: Alles darf getötet werden! Das ist ohnehin ein sehr merkwürdiger Trieb des Menschen – alles, was lebt, auch wirklich zu töten.

Diese Irrationalität sieht man auch beim Fischfang. Man weiß, daß es nicht so weitergeht, aber man ändert nicht das Verhalten. Alle Fischgründe werden immer ärmer, und bald sind die Meere leergefischt. Diese Art von absolutem Irrsinn kennzeichnet unsere Haltung zur Natur. Und natürlich auch unser Verhalten gegenüber den nachfolgenden Generationen.

Diese Überlegenheit des Menschen gegenüber allem anderen Leben – und hier spielt die jüdisch-christliche Kultur mit dem „Machet euch die Erde untertan" eine große Rolle – ist der Freibrief, die Natur ausschließlich zum eigenen Gebrauch zu benutzen. So war es natürlich ursprünglich in den Religionen nicht gemeint. Aber das hat man daraus gemacht. Mit diesem Satz wurde mehr oder weniger die Ausbeutung des gesamten Planeten gerechtfertigt. Der Mensch sieht sich als der Herr der Natur an und kann mit ihr machen, was er will.

Unsere Lebensgrundlage wird zerstört

W.W.: Wenn man aber Erde und Natur als Wesen ernst nimmt, wie reagieren sie auf diese Vergewaltigung?

M. Engelhard: In der Natur gibt es sogenannte Naturgesetze, und wenn man diese verletzt, dann schlägt die Natur eben zurück. Dieses Verhältnis zwischen Mensch und Natur auf unserem Planeten führt zum Absterben vieler Pflanzen- und Tierarten, vor allem aber führt es zum Aussterben der Menschheit, weil sie sich selbst ihre Lebensgrundlage entzieht. Noch steigt die Bevölkerungszahl der Menschheit, und vermutlich wird die Menschheit diesen Zerstörungsprozeß auf die Zukunft gesehen potenzieren.

Natürlich gibt es die Umweltschützer, die das Problem erkannt haben; aber das ändert am Verhalten der Menschheit so gut wie nichts. Auch wenn strengere Gesetze erlassen werden, so werden die Schäden, die der Mensch an der Erde anrichtet, immer größer sein als das, was alle positiv wirkenden Menschen dem entgegenwirken. Es ist nur eine Verzögerung der Zerstörung unserer Lebensgrundlage. Der Mensch geht einfach mit einer verschwenderischen Habgier mit den Ressourcen der Erde um, die schlicht idiotisch ist. Man braucht nur an die Idiotie zu denken, aus Mais Sprit zu machen. Damit Menschen Auto fahren können, verhungern andererseits Menschen. Mais ist ein Nahrungsmittel und kann das Überleben von Millionen retten. Aber das interessiert die Menschen nicht. Dann holzen sie die Wälder ab, mit grauenvollen Folgen, um Mais für ihr Benzin anbauen zu können. Diese vollkommen irrsinnigen Verhaltensweisen der Menschen sind charakteristisch für unser Verhalten gegenüber der Natur.

Das Lebenswunder eines Kirschbaumes

Statt dessen könnte man vielleicht auch einmal Goethe lesen, denn dann würde man feststellen, daß Goethe ganz anders über die Natur gedacht hat. Oder Jean-Henri Fabre, der einen wunderbaren Aufsatz über den nahezu undenkbaren Kosmos eines Kirschbaumes geschrieben hat. Er war Entomologe und interessierte sich besonders für Ameisen. Er kam niemals auf die Idee, einen Ameisenhaufen zu zerstören, und zwar aus tiefer Ehrfurcht vor der Natur. Einmal hat er einen toten Käfer an einen Baum gelegt und dahinter eine Glasscheibe gestellt und über das Glas ein schwarzes Tuch gelegt. Wenig später kamen die Ameisen, fraßen den Käfer und begannen, einen Ameisenbau zu bilden. Das schwarze Tuch lag immer noch über der Glasscheibe, und als der Ameisenbau nach etwa zwei Jahren fertig war, entfernte er vorsichtig das schwarze Tuch und konnte durch die Glasscheibe in den Ameisenbau hineinsehen. So geht es auch. Wissenschaft und Ehrfurcht vor der Natur brauchen sich nicht auszuschließen. Fabre, der größte Entomologe der Neuzeit, ist mir immer wie eine Wiedergeburt Goethes erschienen, und zwar wegen seiner tiefen, lebenslang praktizierten Ehrfurcht vor der Natur.

Wir müssen unser Verhältnis zur Natur ändern

Ich habe vor etwa 30 Jahren einen Film von Naturschützern gesehen, den ich nie vergessen werde. Man wollte den Menschen die Folgen der Wasserverschmutzung im Rhein demonstrieren. Man hatte drei Aquarien – eines mit sauberem Wasser, eines mit stark verschmutztem Wasser und eines mit giftigem Wasser. Dann setzte ein Professor je einen Fisch in die drei Aquarien; mit der Folge, daß der Fisch in dem sauberen Wasser munter herumschwamm, der in dem stark verschmutzten nach einiger Zeit bäuchlings an der Oberfläche dahintrieb und der dritte in dem giftigen Wasser nach wenigen Minuten starb. Dieser Naturschützer wandte die ehrfurchtslosen Methoden seiner Wissenschaft gegenüber der Natur und dem Leben an, um damit die Folgen eben dieser Haltung zu bekämpfen. Eine solche Wissenschaft wird keinen Ölkonzern davon abhalten, ganze Meere zu verschmutzen und Millionen von Fischen und Vögeln zu töten. Das bedeutet aber: Wir müssen unser Verhältnis zur Natur ändern.

Ich weiß nicht, wie hoch die Mona Lisa versichert ist. Aber wenn ich die Mona Lisa, ein großes Kunstwerk, mit dem Wunder eines Eisbären vergleiche, dann ist der Eisbär natürlich ein unendlich viel ehrwürdigeres Wunder an Schönheit, an Organisation, an Leben, an unbegreiflicher Herrlichkeit als jedes Ölgemälde.

W.W.: Und so verhält es sich mit der ganzen Natur.

M. Engelhard: Genau. Und jeden Tag sterben viele Arten von Pflanzen und Tieren, weil der Mensch sich in der besagten Weise gegenüber der Natur verhält. Schöpfungen der Natur von unglaublicher Komplexität und Herrlichkeit werden von Menschen geopfert. Und daß das Verschwinden einer Tiergattung ein furchtbares Verbrechen gegenüber der Schöpfung ist, daß mit ihr etwas nie wieder Herstellbares und Herrliches verschwindet und einfach nicht mehr da ist, zeigt die permanente Verarmung dieses Planeten durch die Taten der Menschen. Jede fehlende Pflanzen- und Tierart ist zugleich eine unendliche Störung des Gleichgewichts unserer Natur.

Die unendliche Vielfalt der Natur öffnet für jede Lebensart eine Nische. Aber wenn nun die verschiedenen Wesen, die die einzelnen Nischen füllen, nicht mehr da sind, geht das Ganze in die Brüche. Man braucht nur an die sich häufenden Bienenkrankheiten zu denken, die die Existenz der Biene bedrohen. Die Biene ist für das Überleben der Menschheit von unübersehbarer Wichtigkeit. Und wenn wir die Welt so verdrecken, daß auch die Biene ausstirbt, dann werden wir auf eine sehr strenge Weise von der Natur bestraft.

Diese ganzen Zusammenhänge spielen für die Wirtschaft, für die Politik und für die Lebensgewohnheiten der Menschen anscheinend überhaupt keine Rolle. Das geht immer so weiter, und dieser Mechanismus akzeleriert sich. So gehen wir Menschen mit der uns anvertrauten Verantwortung für die Welt um.

Es ist ja ganz bezeichnend, daß die angeblich christliche Kirche Tiere in ihrem Kodex iuris noch als Sachen behandelt, nicht als Geschöpfe Gottes. Und dann lesen wir in der Bibel: *„Betrachtet die Lilien des Feldes, wie sie wachsen! Sie arbeiten nicht und spinnen nicht; ich sage euch aber, daß auch Salomo in all seiner Pracht nicht gekleidet war wie eine von diesen."* [Matthäus 6,28f.]

Darin liegt die tiefe Bewunderung einer Blume für ihre unendliche Schönheit.

Christus sagte einmal: Allein wenn der Mensch schon „Wolke" sage, versündige er sich, denn die Wolke ist ein Werk des Vaters. Denn der Mensch nimmt schon mit dem Wort die Natur in Besitz und trennt sie von der Schöpfung, die Gottes ist, ab. Das ist eine Lebens- und Sprachhaltung, die mich auf das Tiefste bewegt und über die ich jahrzehntelang nachgedacht habe.

Eine notwendige Korrektur der Vernunft

W.W.: Nun ist ja aus Europa nicht nur Zerstörerisches in die Welt getragen worden, sondern auch zukunftsweisende Gedanken, Philosophien, Freiheitsimpulse, Demokratiegedanken usw. Wo würdest Du hier den Schwerpunkt setzen?

M. Engelhard: Ich glaube, daß eine banalisierte und auf Stammtischniveau heruntergeredete Aufklärung die Weltherrschaft übernommen hat. Die Aufklärung selbst wandte sich gegen inhumane Motive wie Hexenwahn, Inquisition, religiösen Fanatismus und Aberglauben.

Natürlich gibt es den dem Menschen eingeborenen edlen Erkenntnisdrang – den Drang, alles das, was ist, in seinem Wesen zu erfassen. Aber dagegen hat sich das institutionalisierte Christentum gesträubt, hat Galilei verboten, Giordano Bruno verbrannt, und so hat sich die Kirche fast immer als Gegnerin der Wissenschaft erwiesen. Dagegen haben sich natürlich die Wissenschaftler gewehrt. Dann hatten wir einen riesigen Religionskrieg in Europa, den 30jährigen Krieg von 1618 bis 1648. Und die Menschen waren in dieser Zeit hauptsächlich damit beschäftigt, einander zu morden.

Dagegen hat sich die Rationalität aufgelehnt, und das war eine notwendige Korrektur der Vernunft. Aber der Mensch übertreibt alles, denn aus der Vernunft der Aufklärung im 18. Jahrhundert wurde der Verstand, und aus dem Verstand eine schlichte Mechanik, mit der man nun alles, was nicht rational war, verurteilte und verfolgte. Und heute stehen wir vor den Trümmern dieser einseitigen, herausragenden, alles bestimmenden Rationalität.

Der Geist als innerstes Wesen der Liebe und des Lebens

Goethe hat in den *„Noten und Abhandlungen zum West-östlichen Divan"* eine Definition des Geistes gegeben: Geist ist für ihn *„das Vorwaltende des oberen Leitenden: hier sind alle übrigen Eigenschaften vereinigt, ohne daß irgendeine, das eigentümliche Recht behauptend, hervorträte."* Und das heißt ja auch u.a.: Die Seele darf nicht allein bestimmen, und die Rationalität darf nicht allein bestimmen. Wie nun gelangen wir zur Harmonie von beiden? Darauf antwortet Goethe mit den Divan-Zeilen:

Denn das Leben ist die Liebe
Und des Lebens Leben Geist.

Das bedeutet: Es ist die Liebe, die das obere Leitende vorwalten läßt, so daß keine unserer vielen Eigenschaften allein, sondern das harmonische Zusammenwirken aller unser Denken und Tun bestimmt. Der Geist ist für Goethe keineswegs vom Leben getrennt, sondern er ist das innerste Wesen der Liebe und damit des Lebens überhaupt. Das deutet auf den tiefsten Kern des Christentums. Goethe hat diesen Geist auch in der Natur erkannt und geliebt und uns geraten, unseren Geist dem Geist der Natur nachzubilden. Das ist in Goethes *„Versuch einer Witterungslehre"* von 1825 nachzulesen.

Es ist eine der großen Taten von Rudolf Steiner, daß er über dieses Problem gründlich nachgedacht und versucht hat, es im Goetheschen Sinne zu lösen. Und wenn irgendwo heute noch versucht wird, junge Menschen zum Geist zu erziehen, dann geschieht es, wenn auch nicht vollkommen, in den Waldorfschulen. Doch was geschieht auf unseren staatlichen Schulen? Eine Unmenge untereinander unverbundenen Wissens wird in Köpfe hineingestopft Aber noch einmal Goethe:

Märkte reizen dich zum Kauf
Doch das Wissen blähet auf.
Wer im Stillen um sich schaut
Lernet wie die Lieb' erbaut.
Bist du Tag und Nacht beflissen
Viel zu hören viel zu wissen;
Horch an einer andern Türe,
Wie zu wissen sich gebühre.
Soll das Rechte zu dir ein
Fühl' in Gott was Rechts zu seyn:
Wer von reiner Lieb' entbrannt
Wird vom lieben Gott erkannt.

[Hier verwendet Goethe übrigens ein Paulus-Zitat, s.u.]

Der Mensch ist ein unendlich ehrwürdiges Geschöpf, wenn er Mensch ist

W.W.: Wie ist Dein Fazit über die Wesenheit Mensch – zum Göttlichen berufen und befähigt – oder zum Teufel geworden – oder beides?

M. Engelhard: Das, was Goethe als Geist bezeichnet, kann von diesem Wesen Mensch ergriffen werden. Der liebende Geist des Menschen kann nur göttlichen Ursprungs sein. Ich erinnere mich noch deutlich: Als wir aus Südkorea zurückkamen, in den 70er Jahren, da spielten die Berliner Philharmoniker unter Karajan das Brahmssche Violinkonzert, und die junge Anne-Sophie Mutter war die Solistin. Sie war etwa 17 Jahre alt. Und dieses junge Menschenkind verstand nicht nur die Musik in all ihrer Tiefe, sie fühlte sie genauso tief, ihre Technik war makellos; aber es war unmöglich, an Technik zu denken, weil jeder Ton bis zum Rand erfüllt war von der liebenden Begeisterung dieser jungen Frau. Wie man dergleichen hören kann, ohne an Gott zu glauben, wird mir ewig unverständlich bleiben.

Der Mensch ist ein so unendlich ehrwürdiges Geschöpf, wenn er Mensch ist. Und hier möchte ich sogar ein Bekenntnis abgeben: Ich finde, daß das Christentum die Frage nach Gott als einzige Religion wirklich beantwortet. Warum? Weil die Frage des Menschen nach Gott eine unbeantwortbare Frage ist. Wenn Gott Gott ist, dann ist er nicht erkennbar. Wenn er für den menschlichen Geist erkennbar wäre, wäre er kein Gott mehr. Das weiß natürlich auch der liebe Gott. Was ist nun die Lösung, die ganz vernünftige, göttlich heitere und zugleich zutiefst liebende Antwort auf diese Frage, die Mensch und Gott gleichermaßen angeht?

Die Antwort ist: Gott selbst wird Mensch. Und das bedeutet wiederum auch, daß der Geist des Lebens Leben ist. Gott kommt selbst als Mensch in die Welt, damit man ihn lieben kann. Man kann nicht Gott lieben, aber man kann den Menschen, der zugleich Gott ist, lieben. Und damit ist eigentlich schon alle Theologie ad absurdum geführt. Jesus Christus ist für mich nicht zuletzt deshalb auf die Welt gekommen, um alle Theologie, die die Menschen nur entzweit, überflüssig zu machen. Denn wir können den Menschen Jesus Christus, der von sich sagt, daß er Gott sei, lieben. Auch er liebt die Menschen. Mehr braucht es nicht. Es genügt vollkommen, Jesus Christus und in seinem Namen den Nächsten zu lieben. Und dann liebt man Gott.

Das Christentum verraten

Ich verstehe auch nicht, warum eine institutionalisierte Kirche ein dickes Gesetzbuch braucht. Wenn ich Paulus richtig verstehe, so ist sein ganzes Wirken ein permanenter Kampf gegen das Gesetz im Namen der lebendigen Liebe gewesen. Wir aber, vor allem die Kirche, stellen das Gesetz über die Liebe. Diese Zusammenhänge berühren mein Christentum aufs Tiefste.

Als während der Balkankriege Muslime ein Nonnenkloster überfielen und die Nonnen vergewaltigten, fiel dem Papst nichts Besseres ein, als ihnen sofort schärfstens jede Abtreibung zu verbieten. Ich bin der Überzeugung, daß unser Heiland die armen Frauen zunächst in die Arme genommen und getröstet hätte.

In Mailand las ich in der Zeitung, daß auf Sizilien ein katholischer Priester einem geistig behinderten 14jährigen Jungen die Hostie verweigerte, mit der Begründung, daß die Hostie keine Schokolade sei. Die Würde des Sakraments verbiete es, einem solchen blödsinnigen Kind den Leib des Herrn zu reichen. Und so etwas geschieht im Namen Christi, der gesagt hat: *„Lasset die Kindlein zu mir kommen"*, und: *„Selig sind die Armen im Geiste"*.

Dieses Vergessen und Verweigern elementarster menschlicher Regungen, weil man einer Ideologie oder einem Dogmenkatalog hörig ist, ist für mich ein schrecklicher Verrat an Jesus und seiner Lehre. Und so etwas macht mich wütend.

Das Verhältnis der Araber zur Freiheit

W.W.: Wie beurteilst Du die arabische Revolution, den sogenannten arabischen Frühling in den Staaten Tunesien, Ägypten, Libyen, Syrien und Bahrain?

M. Engelhard: Diese arabische Revolution wird ja vielerseits wegen angeblichem Islamismus heruntergeredet. Statt dessen sollte man aber erkennen, daß diese Araber ein sehr viel deutlicheres Bewußtsein dessen haben, was an der Zeit ist, und zwar weltweit, als z.B. die schlafmützigen Europäer. Ich bewundere diese Leute aufs Tiefste. Natürlich ist nicht alles richtig, was gemacht wird, natürlich gibt es unter diesem Aufruhr auch Mord und Totschlag und grauenvolle Gewalt, auch weiß man nicht, wohin die einzelnen Wege in den Ländern führen werden; aber daß sich die Menschen, die meisten von ihnen friedlich und todesmutig, gegen diktatorische Staatschefs auflehnen, die tausendfach Mord und Folter unschuldiger Bürger befohlen haben, ist großartig.

W.W.: Hättest Du vor einem Jahr an diese Aufbruchstimmung geglaubt bzw. geahnt, daß so etwas kommen wird?

M. Engelhard: Kein Mensch auf der ganzen Welt hat gedacht, daß so etwas möglich ist. Seien wir ehrlich: Die meisten von uns glaubten noch nicht einmal daran, daß die Araber den Gedanken der Freiheit überhaupt denken können. Das waren für viele ja mittelalterliche Menschen. Denn sie sind nicht wie wir, die großartigen Europäer, durch die Aufklärung gegangen – so dachte man ja bisher. So hat man es uns ernsthaft beigebracht! Nun aber sehen wir, daß sie ein ganz originäres Verhältnis zur Freiheit haben und daß sie vor allem bereit sind, ihr Leben dafür einzusetzen.

Und was tun *wir* für die Freiheit? In den arabischen Ländern waren und sind es Zehntausende, oft sogar Hunderttausende; bei uns sind es einige Hundert, die gegen die Banken aufbegehren. Uns interessiert die Freiheit eigentlich nicht mehr sonderlich, bei uns will man nur ein gemütliches Leben haben und konsumieren dürfen.

Ich hätte die Weisung nicht ausgeführt

W.W.: Wie siehst Du Westerwelle und seine damalige Enthaltung zur Libyen-Entscheidung vor der UN?

M. Engelhard: Hier muß ich nun wirklich als Diplomat reden. Ich habe im Fernsehen gesehen, wie der deutsche Botschafter in der UN diese Weisung ausgeführt hat. Ich hätte mich geweigert, diese Weisung auszuführen. Warum gibt es keinen deutschen Diplomaten, der sagt: *„Herr Minister, das mache ich nicht!“*?

W.W.: Das wäre zugleich die Entlassung des UN-Botschafters gewesen, also macht er es nicht.

M. Engelhard: Selbstverständlich. Er hätte es aber tun können. Die Folgen muß man dann auf sich nehmen. Doch kein einziger widerspricht. Es scheint mir die Pflicht eines jeden Bürgers, insbesondere jedes Beamten zu sein, alles in seinen Kräften und Möglichkeiten Stehende zu tun, um Schaden vom Staate abzuwenden. Und der Staat nimmt Schaden, wenn er etwas Falsches tut. Wenn ich Weisungen bekam, die gegen meine begründeten Überzeugungen verstießen, dann habe ich meinem Vorgesetzten immer gesagt, daß ich sie nicht ausführen werde. Ich kann als Diplomat zwar nicht die Welt verbessern, aber ich bin immer verantwortlich für das, was ich tue bzw. nicht tue.

Die Deutschen haben die Libyer in höchster Not im Stich gelassen

W.W.: Welche Folgen wird diese Enthaltung für Deutschland in der Welt und vor allem in den arabischen Staaten haben?

M. Engelhard: Ich hätte es akzeptabel gefunden, wenn sich alle Länder der Europäischen Union enthalten hätten; aber daß man sich von deutscher Seite zusammen mit China, Rußland und Syrien gegen die NATO und die EU stellt, und dies vor der ganzen Weltöffentlichkeit, ist überaus peinlich und tragisch.

Die Folge dieser deutschen Enthaltung wird die Verachtung dieser arabischen Freiheitskämpfer sein. Das werden sie uns nicht sagen, aber sie wissen jetzt, daß die Deutschen sie in ihrer höchsten Not im Stich gelassen haben. Frau Merkel sagt auch nicht Herrn Berlusconi, was sie von ihm denkt. Aber das bedeutet ja nicht, daß sie es nicht denkt. Die Meinung der Protestierenden in den arabischen Staaten über die Deutschen ist natürlich, daß die Deutschen Hosenscheißer sind. Und diese Meinung wird sich vermutlich in den nächsten 20 Jahren auch nicht ändern. Alle Bemühungen, zu proklamieren, daß man eigentlich ganz nett sei, daß man libysche Verwundete nach Deutschland aufnehme, daß man Wirtschaftshilfe zusage – all das nehmen die Libyer natürlich gerne entgegen. Aber es ist absurd anzunehmen, daß es ihre Meinung über die Deutschen ändern würde.

Getriebene der Finanzmärkte

W.W.: Wie betrachtest Du die Politik der schwarz-gelben Koalition innerhalb der letzten zwei Jahre, vor allem die ständigen Politikschwenks, also die Steuersenkungsversuche, die Verlängerung der Laufzeiten der AKWs, dann der Atomausstieg und nun die Forderung nach einem Mindestlohn?

M. Engelhard: In diese Politikschwenks gehört noch die Einführung einer Berufsarmee. Das ist auf jeden Fall sehr erstaunlich.

W.W.: Es fehlt nur noch die Einführung der Vermögensteuer.

M. Engelhard: Vielleicht können wir Frau Merkel ein wenig betrachten. Ich kann ihr eine gewisse Bewunderung nicht versagen. Wie diese Frau – bekämpft von den Amerikanern, bekämpft von Herrn Juncker und von Herrn Barroso, bekämpft von Herrn Trichet, vor allem auch von ihrer eigenen Koalition, besonders der FDP und der CSU – in diesen Wochen ihren klaren Kopf behalten hat – unaufgeregt, klar und wissend, was sie machen muß –, ist alles andere als gewöhnlich. Sie hat zwar nicht die Probleme gelöst, aber sie hat gezeigt, daß sie die starke Frau Europas ist und daß Deutschland die führende Kraft innerhalb dieses Europa ist. Das ist ein Sieg für Frau Merkel.

Merkel und Barroso in Meise (Belgien), 15. September 2010

Es geht darum, daß man sich nicht permanent davon abbringen lassen soll, was man für richtig hält. Ob alles richtig ist, vermag ich nicht zu beurteilen, denn von der Schuldenkrise verstehe ich zu wenig. Ich kann nicht genau sagen, welche Wege die richtigen gewesen wären und sind, denn diese Schuldenproblematik ist einfach riesig und nur äußerst schwer zu durchschauen. Dieses ganze Problem wurde von der Politik so behandelt, als ob man mit Scheinaktivitäten beruhigt werden könnte. Das Schlimme an der ganzen Angelegenheit ist, daß nicht die Politiker, nicht die Wähler und nicht die Medien die Akteure sind, sondern die Rating-Agenturen und die Finanzinstitutionen. Darauf waren die Regierungen aber nicht eingestellt. Die Regierungen machen gewöhnlich Politik im Hinblick auf die Wähler, weil sie wiedergewählt werden wollen. So haben sie eine gewisse Technik für Wähler und Medien entwickelt, die häufig mit Absichtserklärungen und/oder großen wohltönenden Worten zufriedenzustellen sind, ohne daß sichtbare Taten zu folgen brauchen. Aber diese Technik funktionierte in der Finanzkrise nicht, weil die Politik einfach kein ausreichendes Mittel fand, um die Finanzmärkte länger als zwei Tage zu beruhigen. Das war eine völlig neue Erfahrung für die Politik, an die sie sich bis heute noch nicht so recht gewöhnt hat. Und so wurden die Rettungsschirme immer größer, und nun redet man bereits von Billionen Euro.

Sie haben die Politik-Formeln satt

W.W.: Und was sagst Du zu dem ständigen Politikwechsel von Frau Merkel, z.B. in bezug auf die Atomenergie?

M. Engelhard: Man sieht an allen Ecken und Enden, daß wir in einer Zeit des Übergangs sind. Die alten politischen Kategorien und Techniken funktionieren nicht mehr. Keiner glaubt auch mehr daran. Daß die Piratenpartei in Berlin etwa 10 % an Stimmen gewinnt, ist ein deutliches Zeichen. Und das wird in diese Richtung weitergehen. Die Piraten haben ausschließlich deswegen einen so großen Erfolg, weil sie nicht eine einzige der bisherigen Politik-Formeln benutzen. Das ist das, was die Menschen wollen. Sie wollen diese ganzen Formeln der Politiker, die ihnen täglich vorgesetzt werden, nicht mehr hören. Sie sind es satt, was Herr Lindner, der FDP-Generalsekretär, ihnen täglich vorsetzt. Sie möchten nicht hören, was Herr Rösler, der Wirtschaftsminister, täglich von sich gibt. Die FDP hat sich wieder einmal gegen den Mindestlohn ausgesprochen, was keinerlei Wirkung hat, denn die FDP ist im Grunde gar nicht mehr da. Ich kenne niemanden, der sie noch ernst nimmt.

Hier muß ich wieder das taktische Geschick von Frau Merkel bewundern, denn natürlich ist sie sich dieser Situation der FDP bewußt, auf der anderen Seite will sie die restlichen zwei Jahre der Regierungszeit noch regieren. Sie will keine Neuwahlen während dieser Legislaturperiode. Denn nur dann kann sie die Weichen so stellen, daß sie die nächste Bundeskanzlerin sein wird. Aber mit der FDP gibt es keine neue Bundesregierung.

Was macht sie also? Sie unterstützt die Steuersenkungspläne der FDP. Und damit stopft sie den Mund der Herren Rösler und Brüderle und hält die FDP bei der Stange, obwohl sie weiß, daß sie mit allen Steuersenkungen im Bundesrat auf die Nase fallen wird, was ihr, angesichts der Finanzlage, gar nicht unrecht ist. Zu gleicher Zeit ändert sie ihre Meinung in bezug auf den Mindestlohn. Sie taktiert sich durch.

Merkel macht sich zur mächtigsten Frau Europas

W.W.: Momentan steuert das 2013 auf eine große Koalition hin. Bisher dachte man ja, Steinbrück könnte Kanzler mit den Grünen werden, aber die Grünen haben momentan, u.a. wegen der Piratenpartei, nicht mehr genügend Stimmen.

M. Engelhard: Ja, das ist zumindest jetzt die Perspektive, und darauf steuert Frau Merkel hin. Und die Wahrscheinlichkeit, daß die CDU bei der nächsten Bundestagswahl mehr Stimmen bekommt als die SPD, ist relativ groß, trotz aller Erfolge der SPD, die durch die Mißerfolge der schwarz-gelben Koalition ein wenig Auftrieb bekommen hat.

Was macht Frau Merkel jetzt? Sie macht sich zu einer europäischen Gestalt, zur mächtigsten Frau Europas. Und wenn die CDU bei der nächsten Bundestagswahl wenige Prozentpunkte über der SPD landet, hat man diesen „Sieg" ausschließlich Frau Merkel zu verdanken. Daß sie dafür dreimal ihre Überzeugungen und das, was auf Parteitagen beschlossen worden ist, über den Haufen geworfen hat, wird man ihr nicht ankreiden, sondern man wird ihr danken, daß sie es rechtzeitig getan hat. Taktisch ist das, was diese Frau macht – kühlen Kopfes und ohne sich in Aufgeregtheiten zu verheddern –, sehr beachtlich. Die Technik des Politikgeschäfts beherrscht sie besser als ihre Gegner und Konkurrenten.

Ideologien sind Masken des politischen Machtspiels

W.W.: Wie beurteilst Du die Katastrophe von Fukushima und die Tatsache, daß die meisten Länder der Erde daraus wenig bis nichts gelernt haben – außer Deutschland, Italien, der Schweiz und vermutlich jetzt auch Belgien? Ist der Weg, den Deutschland gegangen ist, der richtige?

M. Engelhard: Natürlich hat die Katastrophe von Fukushima eine Chance eröffnet, eine vernünftige Energiepolitik in Europa, zumindest erst einmal in Deutschland, auf den Weg zu bringen. Eigentlich war das schon mit dem Ausstiegsbeschluß der Großen Koalition geschehen. Nach Fukushima änderte sich die Haltung der SPD in Richtung des sofortigen Ausstiegs. Aber damit handelt man sich mancherlei ziemlich unnötige technische, wirtschaftliche und politische Probleme ein. Warum nicht alle alten AKWs sofort abschalten und die neueren für eine begrenzte Zeit weiterlaufen lassen? Das hätte sicher zunächst ein großes Grünen-Geschrei gegeben. Aber heute, da bin ich ziemlich sicher, wäre die Mehrheit der Bürger für solch eine vernünftige Lösung zu gewinnen gewesen.

W.W.: Und wie siehst Du die anderen Länder, die aus Fukushima nichts gelernt haben und lustig weiter AKWs bauen?

M. Engelhard: Diese Unbelehrbarkeit in bezug auf die Zerstörungskraft der Atomenergie resultiert aus dem altbekannten Denken in den gewohnten Kategorien. Daß die anderen Länder nichts gelernt haben, ist tragisch. Es gibt nichts, was die menschliche Vernunft so verdunkelt und verdüstert wie der Erfolg – das kann man bei den Gewerkschaften, bei den Parteien, vor allem in der Wirtschaft sehen.

Alle Argumente gegen den Mindestlohn z.B. sind von einer Albernheit ohnegleichen. In 20 europäischen Ländern gibt es den Mindestlohn, ohne daß es die geringsten negativen Auswirkungen hat. Aber in Deutschland wird es solche negativen Auswirkungen mit Sicherheit geben, wie Herr Hundt, der Präsident der Bundesvereinigung der Deutschen Arbeitgeberverbände (BDA), gestern wieder im Fernsehen erklärte. Kein einziges der Argumente gegen den Mindestlohn ist in irgendeiner Weise tragfähig. Und nachdem alle Statistiken gleicherweise sagen, daß die Reichen immer reicher und die Armen immer ärmer werden, hat sich Merkel nun auf die christliche Soziallehre berufen. Das fand ich besonders charmant! Jetzt wird dieses vorher als sozialistisch verdammte Element des Mindestlohns unter christlichen Vorzeichen in die CDU eingeführt.

W.W.: Man braucht nur andere Begriffe. So biegt man sich alles zurecht.

M. Engelhard: Genau. Wobei man wieder eine allgemeine Erscheinung sehen kann. Alle Ideologien, gleich welche, sind nichts weiter als Masken des politischen Machtspiels. Und auch bei der CDU geht es in bezug auf den Mindestlohn natürlich überhaupt nicht um die christliche Soziallehre, sondern darum, 2013 die Bundestagswahl zu gewinnen. Sie will auf jeden Fall die stärkste Partei im Bundestag bleiben. Denn dann kann sie sich ihren Koalitionspartner aussuchen. Und das ist – meiner Meinung nach nicht zum Unheil des Landes – die SPD.

Ich denke jeden Tag genau wie Du über die Nachrichten nach und versuche, die Zusammenhänge zu begreifen und, wie Goethe es einmal ausgedrückt hat, das ABC des Weltgeistes einigermaßen in den Griff zu bekommen. Es geht mir also vor allem darum, nicht alles zu glauben, sondern die Mechaniken, die alles in Bewegung setzen, zu begreifen.

Die ganze Welt ist in Bewegung

W.W.: In bezug auf Griechenland wissen wir längst, daß Griechenland hoffnungslos überschuldet ist und sich alleine nicht mehr entschulden kann, selbst der 50 %ige Schuldenschnitt wird nicht ausreichen, und eigentlich müßte sich Griechenland neu erfinden. Andererseits ist Griechenland ein ziemlich kleines Land. Wie siehst Du die Schuldensituation der USA und auch die Propaganda aus den USA, besonders aus Richtung der Wall Street, ferner die Propaganda aus der Londoner City gegen den Euro? Wie siehst Du besonders die Verschuldungssituation der USA, auf die nächsten Monate gesehen?

M. Engelhard: Die ganze Welt ist in Bewegung, ob das nun die arabischen Revolutionen in den einzelnen Ländern sind, die Hungerkatastrophen in Somalia und Kenia oder Bewegungen wie *Occupy Wall Street*. In Irland wird ein Menschenrechtler zum Präsidenten gewählt. In Italien wird ein höchst ehrenwerter Wissenschaftler Präsident des Ministerrates. Alles verändert sich. Zeit des Umbruchs. Überall auf dem Globus fühlen immer mehr Menschen, daß die alten Antworten und Techniken nicht mehr genügen; daß wir eine neue Politik, eine neue Sprache, neue Gedanken, neue Haltungen und Werte brauchen.

Auch die Wahl Obamas zum Präsidenten zeigte, daß sich die USA in einer Umbruchsituation befinden. Allein die Tatsache, daß ein halbschwarzer Mann mit Mehrheit zum Präsidenten gewählt wird, zeigt, daß dort fast alle Elemente der Politik in Veränderung begriffen sind. Auch die irrationale Reaktion seiner Gegner und Gegnerinnen, für uns ziemlich unverständlich, ist nichts weiter als ein Zeichen dafür, daß eine ungeheure Unsicherheit die Gesamtbevölkerung der USA ergriffen hat.

Eine Nation von Haß zerrissen

Damals glaubte man noch mit der Wahl Obamas, daß man die Verschuldungsprobleme des Landes würde zurechtrücken können. Aber das war ein Irrtum. Die Republikaner taten alles, um jeden Erfolg Obamas zu verhindern. Und so steigt in der Bevölkerung die Furcht vor einer Wirtschaftskrise, für die man, absurderweise, Obama die Schuld gibt. Ein grenzenloser irrationaler Haß bestimmt die innenpolitische Auseinandersetzung. Kein Argument ist zu schäbig, zu bösartig, zu verrückt, um den Präsidenten herabzusetzen. Das ist höchst bedenklich. Gegenwärtig geht es überhaupt nicht mehr darum, irgendein politisches Problem zu lösen, sondern das einzige, was die Republikaner interessiert, ist, Obama zu vernichten. Das ist das Ziel, und alles, was diesem Ziel dient, wird gemacht, mag darüber das eigene Land und die Welt zugrunde gehen.

Natürlich wehren sich die Demokraten und schießen zurück. Und so schaukelt sich die innenpolitische Spannung immer höher. Ein Ende dieses Prozesses ist nicht abzusehen.

Es war von vornherein absurd, die jetzige Obama-Administration als Retterin aller Probleme – zunehmende Arbeitslosigkeit, übergroße und steigende Staatsverschuldung, einbrechende Konjunktur – anzusehen. Sie ist noch nicht einmal drei Jahre im Amt. Aber wer hat denn das Land in diesen Abgrund geführt? Ein arroganter, ahnungsloser, mit der Wirtschaft verbandelter Weltmachtkasper. Die Lüge von den irakischen

Massenvernichtungswaffen kann man sehr wohl mit der Lüge vom Überfall auf den Sender Gleiwitz vergleichen. Und das Auftreten von Herrn Bush auf seinem Flugzeugträger erinnerte mich fatal an Hitlers Tänzchen vor dem Waggon im Wald von Compiègne. Bush hat in acht Jahren seinem Land einen fast unbegreiflichen Macht- und, was noch viel schlimmer ist, Ansehensverlust in der Welt beschert und dessen Wirtschaft ruiniert. Und das gegenwärtige Verhalten der Republikaner trägt nun ganz sicher nicht dazu bei, den Respekt vor Amerika in der Welt zu erhöhen. All das soll Obama nun in dieser kurzen Zeit reparieren, wobei man alles, was er tut, systematisch zu verhindern trachtet.

W.W.: Woher kommt dieser Haß der Republikaner auf die Demokraten? Eigentlich ist man doch ein Volk.

M. Engelhard: Das hat aus meiner Sicht ganz eindeutig rassistische Gründe. Es ist vor allem der Schwarze als Präsident, den sie hassen. So etwas lassen sich die weißen Konservativen nicht gefallen. Das ist Ku-Klux-Klan-Mentalität, verbale Lynchjustiz. Sie wollen sich nicht von einem Schwarzen, von einem Nigger, regieren lassen. Frau Palin und der Fox-Sender u.a. betreiben ihre Diffamierungskampagne vor aller Welt und ohne jede Scham. Obama erscheint da als Moslem, als Terrorist, als Kommunist, und andere verbreiten die Neuigkeit, daß er eigentlich gar kein Amerikaner sei.

W.W.: In bezug auf die Tea-Party hört bei mir wirklich das Denken auf, und ich verstehe nicht im Ansatz das, was sie treibt. Ihre Mitglieder sind doch zu großen Prozentteilen eher die ärmeren Menschen; sie wehren sich aber massiv gegen die Anhebung der Steuern für Millionäre, unterstützen die Republikanische Partei und toppen sie noch immens. Was ist da los?

M. Engelhard: Ich glaube, daß man die Haltung dieser Menschen nicht verstehen kann, wenn man nicht längere Zeit in den USA gelebt hat. Das hat mit Rationalität und dem, was Sie unter Politik verstehen, überhaupt nichts mehr zu tun.

W.W.: Sie würden von der Anhebung der Steuern für Millionäre selber profitieren. Sie bräuchten ja nur egoistisch zu sein, was ja nicht unbedingt unamerikanisch ist.

M. Engelhard: Das ist das Rätselhafte. Wie kann man wollen, daß 50 Millionen Amerikaner ohne Krankenversicherung leben?

W.W.: Keine Ahnung. Wie geht das?

M. Engelhardt: Genau. Wie geht das? Ich begreife es nicht! Und wieso rühren sich diese 50 Millionen nicht und machen eine Demonstration zugunsten von Obama? Denn der wollte ihnen eine Krankenversicherung bescheren. Wieso rennen viele von ihnen zu Frau Palin und den anderen, die behaupten, daß Obama mit seinem vernünftigen Gesundheitssystem die USA zugrunde richte? Alles das ist absurd!

Haßfieber

W.W.: Sind diese Menschen gehirngewaschen?

M. Engelhard: Wenn Du Dir die amerikanische Geschichte anschaust, wirst Du feststellen, daß dieses Land alle 20 oder 40 Jahre von einem Fieber geschüttelt wird, von einem völlig irrationalen Fieber. Und in dieser Zeit des Fiebers wird alles Vernünftige vergessen. Eine solche Fieberphase war z.B. die McCarthy-Ära in den 50er Jahren. Wegen angeblicher kommunistischer Kontakte wurden Millionen von Existenzen in den USA vernichtet. Das amerikanische Repräsentantenhaus und der Senat haben sich in dieser Zeit wie das Zentralkomitee unter Stalin verhalten. Über Charlie Chaplin hat die CIA über 38.000 Seiten zusammengestellt, und der Chef der CIA, Allen Welsh Dulles, hat den Film von Charlie Chaplin, *„Der große Diktator"*, als einen Angriff auf die USA interpretiert. Mit dem „Hitler" in diesem Film, so Dulles, werde die amerikanische Politik der Weltbeherrschung angegriffen. Im Grunde war das natürlich eine richtige Selbsterkenntnis.

Vorher gab es die Phase der Prohibition, ausgelöst durch Frauen in Chicago, die ständig besoffene Männer zu Hause hatten. Und diese verheirateten Millionärsgattinnen setzten das ganze Land in Bewegung. Natürlich war man in Chicago besonders streng, was Al Capone zu beträchtlichen Einnahmen verhalf.

Ich war von 1997 bis 2001 in den USA Konsul, und wenn man in dieser Zeit US-Bürger nach der McCarthy-Ära fragte, dann antworteten die meisten, das sei eine Phase kollektiver Idiotie gewesen. Nach einer gewissen Zeit schwitzen die Amerikaner solche Fieber wieder aus.

Das Merkwürdige ist, daß die USA diese herrliche Verfassung haben, in ihrer Gesellschaft aber eine zutiefst puritanisch-rassistische Grundstruktur. Zwischen diesen zwei Polen wird dieses Volk hin- und hergerissen. Die großen amerikanischen Autoren bis hin zu William Faulkner haben das immer analysiert. Ich habe noch nie ein Land erlebt, in dem die Erkenntnisse ihrer wahrhaft großen Frauen und Männer – und die amerikanische Kultur ist eine herrliche Kultur – so wenig Einfluß auf die Bevölkerung haben. Viele Amerikaner haben zu Recht Nobelpreise bekommen, aber fast niemand hörte ihnen zu. Auf die Denkweise des Normal-Amerikaners hat die große amerikanische Literatur – angefangen von Marc Twain, der sich auch mit dem Rassismus auseinandersetzte – nicht den geringsten Einfluß gehabt.

W.W.: Meinst Du, daß man die jetzigen Zustände noch mit einem Fieber erklären kann? Denn hier steuert ja vieles auf einen Bürgerkrieg zu, die Kluft zwischen Arm und Reich nimmt vehement zu und erreicht katastrophale Zustände.

M. Engelhardt: Das ist ein jetzt Haßfieber! – Damals überstieg der Einsatz von Mitteln während der McCarthy-Ära mit Sicherheit das, was die Stasi in der DDR eingesetzt hat. Einen solchen Zustand können wir in einer funktionierenden Demokratie nicht begreifen.

Land der absurden Sekten

W.W.: Wird es einen Bürgerkrieg in den USA geben, wenn dies so weitergeht?

M. Engelhard: Das ist durchaus möglich. Auf der anderen Seite muß man sagen: Daß sich diese idiotischen Gefühle austoben können, hat etwas mit dem besonderen, zuweilen anarchischen Freiheitsgefühl der Amerikaner zu tun, was es so in keinem anderen Land gibt. Es lohnt sich, über den Ursprung dieses Freiheitsgefühls nachzudenken. Die Europäer, die im 17. Jahrhundert und später nach Nordamerika auswanderten, waren zum sehr großen Teil Sektierer, die sich weder der katholischen noch der anglikanischen noch der protestantischen Kirche unterordnen wollten. Nun kann man über diese Kirchen denken, was man will; aber man wird ihnen nicht absprechen können, daß sie ernsthafte Theologie betrieben, deren ernsthafte Ergebnisse in vereinfachter Form den Völkern vermittelt wurden. Und so gehört ja auch in Europa bis heute die übergroße Mehrheit der Gläubigen diesen Kirchen an. Die Sekten spielten hier keine große Rolle.

Das ist in den USA völlig anders. Hier hatten die Sekten die entscheidende religiöse Macht über die Seelen. Katholiken – Iren, Italiener, Polen z.B. – wurden bis in die zweite Hälfte des 20. Jahrhunderts von allen staatlichen Ämtern ausgeschlossen. John F. Kennedy war der erste katholische Präsident des Landes. Es gab also keine Religionsfreiheit, sondern nur eine Sektenfreiheit, in deren Namen die abenteuerlichsten Lehren verkündet wurden. Und in den USA entstehen immer noch nahezu täglich neue Sekten. Irgendein Schlosser hat eine Vision, erzählt davon seiner Nachbarin, die läuft in alle Häuser – und bums: Eine neue Sekte ist geboren. Ein großer Teil der amerikanischen Fernsehprogramme besteht aus Predigten selbsternannter Propheten, denen Tausende von Menschen gebannt zuhören. Riesige Kathedralen werden gebaut, die alle immer bis auf den letzten Platz gefüllt sind. Das theologische Niveau dieser Predigten kann man sich gar nicht niedrig genug vorstellen. Die Tatsache, daß ein dummes Frauchen wie Sarah Palin, die von nichts irgendeine Ahnung hat, Zigtausende von Zuhörern hat, die ihren platten Worten gebannt und verzückt lauschen, findet hier, und nur hier, ihre Erklärung.

Wir vergessen immer wieder, daß Amerika ein Land ist, in dem es riesige creationistische Museen gibt, in denen auf Schautafeln und mit Saurierskeletten bewiesen wird, daß am 1. Januar des Jahres X vor Christus vor 4000 Jahren die Welt geschaffen wurde, was man aus der Bibel wortreich beweist. Wir vergessen, daß es in einzelnen Staaten Parlamente gibt, die Gesetze verabschieden, mit denen das Lehren von Darwins Evolutionstheorie an den Schulen und Universitäten verboten wird. Solche Gesetze müssen ja wohl der Überzeugung der Mehrheit der Bevölkerung entsprechen, denn sonst würden sie nicht beschlossen werden.

Wir alle kennen Filme, in denen die amerikanische Offiziersausbildung vorgestellt wird, in denen junge Männer, was immer ihnen auch befohlen wird, *„Yes, Sir!!"* brüllen müssen. Keine andere Reaktion ist erlaubt. Das sind Zustände wie in Preußen hundert Jahre vor den Scharnhorstschen Reformen.

Es gab bis vor 20 Jahren noch Kirchen, in denen die Pfarrer predigten, daß die Schwarzen von Gott zum Sklavendasein verurteilt worden seien, und wenn man sie als Sklaven behandle, erfülle man ein göttliches Gebot. Und das werde aus dem Alten Testament eindeutig bewiesen. Ich könnte stundenlang so fortfahren. Kurz und gut: Es gibt ein Amerika, von dem wir in Europa fast gar nichts wissen. Und dieses Amerika ist mentalitätsmäßig das exotischste Land der Welt. Jedenfalls hat es mit unserer Art zu denken nicht das geringste gemein.

Das Amerika, das wir zu kennen meinen, wurde in Politik, Wissenschaft, Kultur und in den Medien von den Eliten der Ost- und Westküste bestimmt, die mit der übrigen Welt in ständigem Austausch standen. Aber der Einfluß dieser Eliten nimmt ab. Und nun wird nach und nach das Gesicht des anderen Amerika sichtbar, das von der übrigen Welt nahezu nichts weiß, weil es sie einfach nicht zur Kenntnis nimmt. Das Gesicht dieses Amerika hat viel Ähnlichkeit mit dem von Sarah Palin und George Walker Bush. Wessen wir uns von diesem Amerika zu versehen haben, steht in den Sternen.

Die Atmosphäre der Freiheit

Der wirksamste Wall gegen dieses andere Amerika ist die wunderbare amerikanische Verfassung, eines der größten Dokumente der Menschheitsgeschichte. Und sie hat bis heute ihre gestaltende Kraft bewiesen. Wie hat sich dieses Land gegen die Emanzipation der farbigen Bevölkerung gewehrt! Aber die Verfassung hat sie Schritt für Schritt diesem Ziele angenähert. Die Präsidentschaft Obamas ist nicht zuletzt ein Triumph dieser Verfassung. Sie ist immer noch eine große Chance für das Land. Ihre Verfassung machte aus den USA die einzige Demokratie, die noch nie in eine Diktatur umgeschlagen ist. Darauf gründet sich meine Hoffnung.

W.W.: Aber das basiert ja nur darauf, daß die USA immer noch die führende Wirtschaftsmacht der Welt sind und sein werden und daß der Dollar die Leitwährung der Welt ist. Aber wenn das nun alles massiv einbricht, was ich vermute – was geschieht dann?

M. Engelhardt: Dann gibt es entweder den Bürgerkrieg oder die Besinnung auf die uramerikanische Freiheit. Jede Person in den USA hat diese Atmosphäre der Freiheit um sich, meist ohne es zu wissen. Das ist ein Kapital, welches dieses Land hat, dessen Wert man nicht unterschätzen sollte. Es gibt in den USA ein Selbstbewußtsein des Individuums, welches mit seiner Leistung und seinem Verstand überhaupt nichts zu tun hat, sondern welches sich darauf gründet, daß der Mensch Amerikaner ist. Und es gründet sich darauf, daß er Rechte hat und auch den größten Quatsch vertreten kann. Und leider vertreten viele Amerikaner großen Quatsch. Auf der anderen Seite gibt es unendlich viele kluge Amerikaner, die auch sehen, was mit diesem Land passiert, und entsprechend verzweifelt sind. Diese Menschen werden sich zusammentun und handeln, besonders dann, wenn das Land in eine immer tiefere Krise gerät; und diese Krise steht anscheinend kurz bevor. Man braucht nur die gut 1 Billion Dollar anzuschauen, die sich in chinesischer Hand befinden. Insofern gibt es eine abenteuerliche Abhängigkeit dieses Landes von China.

Der chinesische Plan

W.W.: Wie beurteilst Du die Haltung und Zukunft Chinas für die Machtverhältnisse in der Welt?

M. Engelhardt: In gewisser Weise bewundere ich die Zurückhaltung der Chinesen. Sie deuten immer nur an, was sie alles an finanziellen Mitteln haben, aber natürlich nicht benutzen wollen. Aber sie deuten auch an, daß sie ihre Mittel einsetzen würden, wenn man sie gar zu sehr ärgern würde. Eigentlich sagen sie immer nur, daß sie z.B. den Europäern helfen möchten. Das macht einen natürlich ganz besonders besorgt! Aber sie selbst verhalten sich erstaunlich zurückhaltend, was zur Zeit natürlich die wirksamste Verhaltensweise ist. Wenn sie drohen würden, gäbe es heftigste Widerstände. Über die Menschenrechtsfrage, die während der Olympischen Spiele in den USA eine große Rolle gespielt hat, wird dort gegenwärtig mit keiner Silbe diskutiert.

W.W.: Die Chinesen kaufen sich langsam in die Welt ein, vor allem in Afrika, und sie mischen sich nicht in die inneren Angelegenheiten der Länder ein, auch wenn es Diktaturen sind. Was ist das für eine Welle, die langsam und schleichend in die Welt einzieht?

M. Engelhardt: Ich habe mich sehr mit chinesischer Mentalität, Philosophie und Geschichte befaßt. Ich glaube, daß die Welt davon ausgehen muß, daß die Chinesen die vorübergehende Weltherrschaft der Europäer, vor allem der Engländer, später der Amerikaner, für einen kleinen Irrtum der Weltgeschichte halten. Wenn es ein Volk gibt, welches sich zur Regelung der Weltprobleme berufen fühlt, dann sind es die Chinesen. Das muß keineswegs mit Gewalt und den Mitteln der Europäer geschehen, sondern mit den Mitteln, die ihnen zur Verfügung stehen. Und das machen sie mit unglaublicher Geduld. Das erste Ziel der Chinesen ist ganz eindeutig, die erste Wirtschaftsmacht der Welt zu werden. Sie wollen das technologisch, wirtschaftlich und wissenschaftlich modernste Land der Welt werden. Und hier sind sie auf dem allerbesten Wege. Unsere Welt ist nun einmal so organisiert – und das ist das Produkt unseres eigenen Handelns –, daß die wirtschaftlich-technologisch-wissenschaftlich führende Macht zugleich die führende Macht in der Welt überhaupt ist. Mit den weiteren Erfolgen wird China nach und nach, ohne daß wir es richtig bemerken, in diese Rolle hineinwachsen.

Ob China sich nun demokratisiert – wie wir hoffen und ich nicht glaube – oder nicht, spielt überhaupt keine Rolle. Das Verrückte ist, daß wir, die wir aus der Aufklärung kommen, ständig glauben, daß das, was wir tun, rational und das Richtige sei, obwohl wir an allen Ecken und Kanten sehen, daß die Art und Weise, wie wir unsere Gesellschaften organisieren, von einer geradezu fürchterlichen Irrationalität geprägt ist. Je mehr ich China beobachte, desto mehr sehe ich, daß die Chinesen eine spezielle und uns überlegene Rationalität haben. Man sieht bei ihnen einen Plan, und ganz offensichtlich funktioniert dieser Plan. Unsere Pläne dagegen funktionieren zunehmend überhaupt nicht mehr.

Angst und Gier reagieren nicht auf Rationalität

Die Anstrengung der USA, die eigene wirtschaftliche Problematik zu lösen, ist von erstaunlicher und deprimierender Ergebnislosigkeit.

Dieses wirksamste und effizienteste Land der Welt bekommt nichts mehr hin. Bei den Chinesen geht es auf und ab, aber ihr Problem sehen sie darin, ob sie zehn oder 15 % Wachstum haben. Doch die Chinesen beobachten die westlichen Idiotien mit größter Aufmerksamkeit und passen sich der jeweiligen Lage an. Aber alles hat das Kennzeichen einer rationalen Politik.

In unseren westlichen Ländern dagegen ist fast nichts mehr rational. Wir werden von den Börsen, Banken und Hedgefonds beherrscht. Die Mechaniken und Umsätze auf den internationalen Finanzmärkten werden zum einen von Irrationalität und Emotionalität beherrscht, zum anderen haben sie sich von der Realwirtschaft abgekoppelt. Und sie werden von Angst und Gier geleitet; entweder regiert das eine oder das andere. Aber Angst und Gier kann man kaum mit rationalen Mechaniken bekämpfen, denn die Angst reagiert nicht auf die Rationalität. Die Gier genausowenig.

Sittlichkeit

Ich halte sehr viel von dem abendländischen Begriff der Sittlichkeit, aber dieser Begriff hat als Gestaltungsmotiv der Politik offenbar ausgedient. Sittlichkeit verbietet z.B. Raub, Mord und Lüge. Die Gier ist eine sehr unsittliche Angelegenheit. Aber man redet viel von Menschlichkeit, weil dieser Begriff kaum zu definieren ist. Die Sittlichkeit wird kaum noch nachgefragt.

Und so erkläre ich mir das merkwürdige Phänomen, daß die Bankvorstände immer wieder ernsthaft behaupten können, die irrsinnig hohen Managergehälter und Boni seien notwendig, weil ohne sie keine qualifizierten Manager zu haben wären. Hier drängt sich doch die sehr simple Frage auf: Gibt es in dem 80-Millionen-Volk der Deutschen keinen einzigen hochqualifizierten Finanzexperten, der bereit ist, für 500.000 Euro Gehalt pro Jahr allerbeste Arbeit zu leisten?

W.W.: Selbstverständlich gibt es diese Menschen. Wenn ich richtig orientiert bin, ist bei Commerzbank-Chef Blessing das Gehalt bei dieser Summe gedeckelt.

M. Engelhardt: Ja, aber die ständige Wiederholung dieses Arguments enthält doch ein furchtbares sittliches Urteil über den ganzen Stand der Bankmanager. Was mich so verwundert, ist, daß die, die o.g. Argument gebrauchen, das überhaupt nicht zu merken scheinen. Und keiner fragt sie, warum sie sich nicht mit einer halben Million Euro jährlich zufriedengeben können, denn das ist doch immer noch das Zigfache dessen, was der Normalbürger verdient. Sonderbar. Daß die

Boni der Bankmanager allmählich ins Kreuzfeuer geraten, ist immerhin eine positive Entwicklung.

Der Sinkflug der USA

W.W.: Schauen wir in die nähere Zukunft. Wird sich in Kürze das Paradigma herausbilden, daß die privaten Banken auch die Risiken tragen müssen, die sie eingehen, wenn sie Profite erzielen wollen? Wird der Mythos der US-Wirtschaft als ewig brummender Motor der Weltwirtschaft zusammenbrechen oder zumindest stark erlahmen, weil die USA ihre Schulden nicht mehr zurückzahlen können? Im nächsten Jahr wechseln in vielen Ländern der G-20 die Regierungen (Südkorea, Mexiko, USA, China, Rußland, Indien, Frankreich, vielleicht sogar Deutschland). Kann man realistisch hoffen, daß mit den alten Verkrustungen und Tabus gebrochen wird und man z.B. in bezug auf die Regulierung der Finanzmärkte, die Probleme der Umwelt, den Hunger in der Welt, die immer mehr auseinanderklaffende Schere zwischen Arm und Reich, eine neue und erfolgreiche Politik initiiert?

M. Engelhard: Das, was Du über die Stellung Amerikas in der Welt andeutest, verhält sich mit Sicherheit so, denn diese Stellung der USA ist im absoluten Sinkflug begriffen. Der entscheidendste Sinkflug ist der des Ansehens dieses Landes. Dieses Ansehen der USA in der Welt hat George W. Bush auf eine Weise verspielt, die vorher unvorstellbar war. Wenn heute z.B. der amerikanische Präsident Obama von Israel fordert, daß die Israelis ihre Siedlungspolitik einstellen und der israelische Präsident Netanjahu schlicht nein sagt, dann ist das ein neues Phänomen und zeigt, welche Stellung die USA heute noch haben.

Jetzt sind gerade die Palästinenser als Vollmitglieder in die Unesco aufgenommen worden, und den Amerikanern fällt nichts anderes ein, als ihre Beiträge zu stornieren. Aber die übergroße Mehrheit der Länder der Welt hat zugestimmt. Die USA agieren gegenwärtig mit einer Hilflosigkeit, die bemitleidenswert ist. Das Ansehen dieses Landes ist verspielt. Und das hat auch Folgen für andere Bereiche, z.B. für die Infrastruktur, für die Technologie. Wer die USA besucht, dem fällt auf, daß dieses angeblich fortgeschrittenste Land der Welt in vielen Bereichen weit hinter den Weltstandard zurückgefallen ist. Diese Realität zeigt sich jetzt zusammen mit den ökonomischen, sozialen und politischen Problemen.

Viele Bereiche der USA stehen vor dem Zusammenbruch. Einen ersten Zusammenbruch haben wir schon gesehen, als die Immobilienblase platzte. Dieses Land hat sich einfach in vielen Bereichen übernommen, weil es glaubte, alles bestimmen und sich alles erlauben zu können. Und so hat es sich in der Welt aufgeführt. Genau das führte dazu, daß nahezu alle notwendigen Reformen versäumt worden sind. Über Jahrzehnte hinweg.

Jetzt stellen die Amerikaner fest, genau wie die Europäer, daß es ein Fehler war, den Banken alle Freiheiten auf den Finanzmärkten zu geben. Diese Deregulierung der Finanzmärkte begann unter Ronald Reagan, und unter Clinton wurde der Glass-Steagall-Act, also die Trennung von Investment- und Geschäftsbanken, aufgegeben. Und heute sehen wir die Folgen. Die sogenannte Heilkraft der Märkte, insbesondere der Finanzmärkte, ist ein vollkommen irrationaler Glaube: die Heiligsprechung der Gier.

Christus hat die Gier als Gefahr für die Sittlichkeit erkannt

Die Lehre von Adam Smith – ich diene dem Gemeinwohl am besten, wenn ich möglichst viel für mich selber heraushole – ist eigentlich die wunderbarste Entschuldigung für die Gier. Das aber stimmt sittlich nicht. Das ist falsch. Und Jesus Christus sagt ganz eindeutig, daß niemand zwei Herren dienen könne; er müsse entweder Gott oder dem Mammon dienen. Und der Mammon ist das Geld und die Gier nach Geld. Das hat Christus ganz genau gewußt, denn er hat die Wirtschaft seiner Zeit genau beobachtet und gekannt. Viele seiner Gleichnisse stammen aus dem damaligen Wirtschaftsleben. Er hat die Gier als eine große Gefahr für die Sittlichkeit der Menschheit erkannt.

Der ewige Tanz um das goldene Kalb hat das Land USA und die ganze Welt erfaßt und ist dabei, die sittlichen, geistigen und politischen Grundlagen aller menschlichen Kulturen zu zerstören. Diese Situation wird in diesen Tagen offenbar, da die Abhängigkeit der europäischen Staaten von den Finanzinstitutionen vor allen Augen liegt.

Masken der Gewalt und des Goldes

Wir spielen also nur noch Demokratie. Die von uns gewählten Volksvertreter müssen den Winken der Finanzinstitutionen gehorchen. Die Politik bestimmt nicht mehr, was in der Gesellschaft relevant ist. Unsere Demokratie- und Politikbegriffe entleeren sich. Denn wenn die Demokratie ein Wirtschaftssystem erlaubt, in dem der Chef der mächtigsten Finanzorganisation der Welt, der New Yorker Börse, 20 Milliarden Dollar in seine eigene Tasche stecken und ein mittlerer Bankangestellter in Paris fünf Milliarden Euro verschwinden lassen kann, dann ist doch dieses ganze System falsch. Oder irre ich mich da? Das ist doch ein völlig einleuchtender Gedanke. Die Abenteuerlichkeit unseres Wirtschaftssystems ist mit Vernunftkategorien nicht mehr zu fassen.

Wir ernten jetzt die Früchte dessen – und damit kommen wir zum Beginn unseres Gesprächs –, was der westliche Geist in der Welt angerichtet hat, was der europäische Geist, der europäische Dünkel mit seiner Rationalität, die alles übrige Menschliche beiseite schob, über die Welt verbreitet hat und alles auf das einzige Tauschmittel, das Geld, als Bewegungsmittel setzte. Puschkin sagt sehr weise dazu:

Alles will ich, sprach das Gold;
Alles hab ich, sprach der Dolch;
Alles kauf ich, sprach das Gold;
Alles nehm ich, sprach der Dolch.

Das ist eine genaue Analyse dessen, was wir seit Jahrhunderten erleben. Die Herrschaft des Mammons ist die Herrschaft der Gewalt.

W.W.: Aber was ist der Ursprung der Doppelherrschaft von Geld und Gewalt?

M. Engelhard: Auch darauf gibt Puschkin eine Antwort:

Die ganze Welt trägt gleiche Bürde:
Regt irgendwo sich Menschenwürde,
Droht Wissenschaft, droht ein Tyrann.

Puschkin erkennt hier, daß die Alleinherrschaft einer seelenlosen und damit geistzerstörenden Rationalität, die heute wie nie zuvor die Welt regiert, im Menschen für Gier und Gewalt das Tor öffnet, das nur der Geist geschlossen halten kann.

Die Herrschaft des Goldes führt notwendig in die Gewalt. Die Vernichtung der südamerikanischen Großreiche wurde von der Gier nach Gold diktiert. Heute geht es um Öl. Bald aber werden die immer knapper werdenden Rohstoffe in furchtbare Kriege führen.

Die bisherigen Heilslehren, wie die Demokratie, die Grundrechte und die Menschenrechte, erweisen sich als Masken der Gewalt und des Goldes. Man hat die Menschen glauben gemacht, daß unser System das beste sei, weil es Gerechtigkeit und Menschenwürde, Grundrechte und Soziales garantiere. Aber diese eigentlich wunderbaren Gedanken und Grundlagen sind einfach nicht mehr da.

Wir leben in einer Welt, in der der Zusammenbruch einer einzigen „systemischen“ Großbank Leben und Zukunft von Milliarden Menschen vernichten kann.

Deswegen muß die Welt sich neu orientieren. Die Form der Demokratie wird schon durch eine Figur wie Silvio Berlusconi demontiert. Ein System, in dem es möglich ist, daß ein Mensch dieser Geistes- und

Handlungsart zehn Jahre lang Ministerpräsident eines 50-Millionen-Volkes ist, eines Volkes, das Unendliches zur geistigen Kultur der Menschheit beigetragen hat, kann keine richtige Staatsform sein. Darüber müssen wir nachdenken.

Ein großes Feuer um die Welt

W.W.: Aber das beginnt ja jetzt, die Menschen wehren sich weltweit. Das sieht man an der Bewegung *Occupy Wall Street* und an außerordentlich zahlreichen Initiativen, die irgendwo in der Welt diese Welt ein Stückweit besser zu machen versuchen. Wie beurteilst Du die ganze Bewegung vom sogenannten Arabischen Frühling über die Proteste der arbeitslosen Jugend in Spanien und Israel, von *Occupy Wall Street* bis hin zur Piratenpartei?

M. Engelhard: In ihnen liegt eine große Hoffnung. Das sind Menschen, die immer deutlicher das Gefühl haben, daß sie die ganze Zeit belogen worden sind. Sie bemerken, daß die Welt anders strukturiert ist, als man ihnen gesagt hat. Sie wissen meist noch nicht, *wie* sie es anders machen wollen, aber *daß* man es anders machen muß, das verbreitet sich wie ein großes Feuer um die Welt. Diese Bewegung ist vom Arabischen Frühling ausgegangen, und diese Bewegung ist das welthistorisch völlig Überraschende. Diese Revolutionen werden mit der modernen Kommunikationstechnik organisiert.

W.W.: Stehen wir hier am Neubeginn einer Zeit?

M. Engelhard: Diese Techniken werden mit Sicherheit im nächsten Abschnitt der Weltgeschichte die entscheidende Rolle spielen. Insofern ist dies ein Neubeginn. Die Menschen werden sich auf eine andere Weise als durch Parteien organisieren. Sie werden sich zusammentun, und sie werden eine Macht sein. Diese Macht wird ganz andere Ausdrucksformen und Trägerschaften bekommen und bekommen müssen. Wir müssen neu über unsere Strukturen nachdenken. Nicht das Primat der Politik über die Wirtschaft ist das Problem, denn die Politik ist zur Maske wirtschaftlicher Interessen geworden. Das muß geändert werden.

Stichwort Gorleben: Was hier von Politik und Wirtschaft gemeinsam gemauschelt und gelogen wurde, geht auf keine Kuhhaut. Stichwort Asse: Unverantwortlicher kann man mit Atommüll nicht umgehen. Hier wurden nicht die besten Entscheidungen im Hinblick auf das Wohl der lebenden und künftigen Menschen getroffen – um das zu tun, werden in einer Demokratie Politiker eigentlich gewählt. Nein, unsere Politiker entschieden sich in Hinterzimmern für die der Atomindustrie günstigsten und billigsten Lösungen. Wenn ich recht unterrichtet bin, wird die Sanierung von Asse mehrere Milliarden kosten. Entscheidungen dieser Art lassen mein Vertrauen in unsere Demokratie – ich sage es offen – schrumpfen.

Wir sind dabei, die Substanz dessen, was Politik ist, entweder auszuhöhlen oder zuzumauern. Die Politik hat Wände geschaffen, die nicht mehr zu durchbrechen sind, weil sie entweder etwas Falsches tut oder dort, wo etwas getan werden muß, nichts tut.

Was machen die Mächtigen mit der Macht?

W.W.: Welchen Rat möchtest Du denjenigen jungen Menschen geben, die die Klassiker nicht mehr kennen? Sollten sie sich mit ihnen beschäftigen, damit sie doch noch den einen oder anderen Schatz aus diesen Werken als Maßstab ihres Verhaltens, als Idealvorstellung, als Begeisterung für Neues, als Leitfaden für ihr Leben annehmen? Du lebst nun 75 Jahre, hast die Politik jahrzehntelang kritisch beobachtet und mitgestaltet – was möchtest Du den heutigen jungen Menschen mitgeben?

M. Engelhard: Die jungen Leute, die heute protestieren, wissen nicht, wohin es gehen soll. Das einzige, was sie wissen, ist, daß es so nicht weitergehen kann und darf. Mit Sicherheit wollen sie etwas anderes. Und hier kann man unzählige Bewegungen nennen, wie z.B. den Arabischen Frühling, *Occupy Wall Street,* die Piraten usw. Das sind Anzeichen dafür, daß es eine innere Bewegung in der Welt gibt, die alles anders machen will. Das ist natürlich eine große Chance.

Andererseits ist es ein gewaltiges Risiko. Die Macht ist etwas ganz Eigentümliches, und früher oder später kommt die Macht auf diese etwas anderes wollenden Menschen zu. Und dann ist es die Frage, wie diese Menschen mit der Macht umgehen.

Das wird auch die zentrale Frage der Zukunft sein: Was machen die Mächtigen mit der Macht? Die Macht wird sich also in Zukunft in andere Bereiche und Strukturen verschieben. Aber die Weltgeschichte lehrt auch, daß die Revolution ihre eigenen Kinder frißt. Von der ersten Generation der Französischen Revolution hat so gut wie kein einziger überlebt; sie sind alle hingerichtet worden. Und zwar von der Revolution selbst.

Dies kann nur verhindert werden, wenn man den Menschen, die das andere wollen, sagt, daß das, was sie wollen, nicht die Macht sein darf, sondern es muß alles auf die Lebensmöglichkeiten der Menschen gerichtet werden, im Hinblick auf die Würde des anderen, genauso aber auch im Hinblick auf den Geist. Man muß den jungen Leuten die

 David Shankbone

Occupy Wall Street: Protestschild, 28. September 2011; „Niemand ist mehr Sklave, als der sich für frei hält, ohne es zu sein." - Goethe

Ursachen dessen, was die heutige Scheiße angerichtet hat, deutlich vor Augen führen, und man muß ihnen sagen: So geht es nicht! Dies waren die Fehler, die gemacht worden sind! Und wir dürfen nicht in den gleichen Fehler verfallen! Denn sonst fangen wir wiederum damit an, im Namen des Anders-machen-Wollens andere Menschen umzubringen.

Die jungen Menschen müssen die Welt gestalten

W.W.: Haben wird denn für diese Neuentwicklung noch Zeit?

M. Engelhard: Das ist es, was mich skeptisch macht. Die Zeit, die uns bleibt, ist sehr kurz. Das bedeutet, daß alte Denkgewohnheiten in sehr kurzer Zeit revidiert werden müßten. Und das geschieht eigentlich sehr selten. Denn die Änderung von Denkgewohnheiten erfordert eigentlich immer Generationen. Aber diese Zeit haben wir nicht mehr. Denn die zerstörerischen Kräfte des Unheils, das wir angerichtet haben, potenzieren sich mit ungeheurer Geschwindigkeit. Deswegen weiß ich nicht, ob dieser weltweit beginnende Aufstand reicht. Ich hoffe es aber.

Nachdem ich den Aufsatz von Tina Weber [siehe am Anfang dieses Flensburger Heftes; Anm. W.W.] gelesen habe, den Aufsatz eines jungen Menschen, möchte ich sagen, daß es eine Sünde wäre, die Hoffnung aufzugeben, solange es solche jungen Menschen gibt. Diese jungen Menschen müssen das Leben und die Welt neu gestalten, diese Generationen müssen es tun. Es ist nur eine Hoffnung, aber ob sich diese Hoffnung realisiert, weiß ich nicht. Auf jeden Fall darf man diese jungen Menschen nicht alleine lassen. Man muß ihnen den Rücken stärken. Wie sagte doch der alte Goethe:

Erwachsene gehn mich nichts mehr an,
Ich muß nun an die Enkel denken

Scham und Empörung

Der Philosoph Hermann Schmitz hat ein letztes riesiges System der Philosophie zusammengestellt, was eigentlich völlig unzeitgemäß ist, und zwar eine von Goethe ausgehende Phänomenologie. Er hat in seiner Rechtsphilosophie einen völlig neuen Ansatz, der meinen Überzeugungen entspricht. Er sagt, daß es bisher ein tief im Menschen verankertes Rechtsbewußtsein gegeben hat, daß der Mensch also immer Böses und Gutes unterschieden hat. Das, was uns als gut und böse erscheint, wird durch zwei offenbar dem Menschen eigene psychische Reaktionsweisen definiert: durch Scham und durch Empörung. Das, was Scham erweckt, erregt persönliche Schuldgefühle und wird aus diesem Grunde als böse empfunden. Ebenso werden Handlungen anderer Menschen, die Empörung verursachen, als böse empfunden. Das, was wir als rechtens empfinden, wird also eingegrenzt von Scham und Empörung. Was diese Grenzen überschreitet, empfinden wir als Unrecht. Welches menschliche Verhalten eines dieser beiden Gefühle auslöst, wird durch den historisch und geographisch bestimmten Kulturzusammenhang bestimmt. So gilt z.B. Blutrache in bestimmten Zeiten und Kulturen als geboten, während sie anderswo als schlimmes Verbrechen geahndet wird. Die Inhalte des Rechts wechseln also mit den Zeiten, während die Empfindungen von Scham und Empörung in allen Zonen und Zeiten anzutreffen sind.

In einer Berliner U-Bahn-Station prügeln Halbwüchsige einen Menschen halb oder ganz zu Tode. Leute gehen vorbei, schauen nicht hin und tun nichts. Hier ist also das Gefühl der Empörung verkümmert. Ein Norweger ermordet über 70 unschuldige Menschen, spürt aber keinerlei Schuldgefühle. Hier ist offenbar das Schamgefühl verkümmert.

Ich hörte, daß amerikanische und britische Geheimdienste Terrorismusverdächtige den Henkersknechten Gaddafis zu Folterverhören auslieferten, ein Gedanke der auch Himmler gekommen sein könnte. Bei diesen Geheimdienstlern gab es ganz sicher weder Empörung über die Verhörmethoden in Gaddafis Gefängnissen noch gar Scham über die Auslieferung von Menschen in Verbrecherhände.

Wenn ich mir das Verhalten der Banker anschaue, dann komme ich aus dem Staunen über die gigantische Schamlosigkeit dieser Menschen gar nicht mehr heraus. Die Beispiele lassen sich beliebig vermehren.

Wenn man die Medien aufmerksam verfolgt, kann man darin nahezu täglich Nachrichten zur Kenntnis nehmen, die darauf hindeuten, daß Scham und Empörung überall auf der Welt rapide abnehmen. Das sagte mir auch Professor Schmitz. Er könne deshalb auch keine Aussage darüber machen, ob es in hundert Jahren noch ein Rechtsgefühl gebe. Ich fragte ihn weiter: Wie ist es mit dem Rechtsgefühl und der Humanität bestellt, wenn es kein Recht, keine Scham und keine Schuld mehr gibt? Darauf sagte mir Hermann Schmitz, und das war nicht sehr tröstlich: *„Ich kann nur sagen, daß es in der Geschichte bisher so war, daß die Menschen Scham hatten und Empörung empfanden. Aber, da haben Sie völlig recht, auch ich sehe eine permanente Abnahme sowohl der Scham als auch der Empörung."*

Und damit stirbt der Gedanke des Rechts und das Empfinden der Schuld. Und dann gibt es auch keine Menschenwürde mehr. Auch darüber könnte man ja einmal nachdenken.

Hoffentlich sieht man diesem Text an, daß ich mich immer noch wie ein kleiner Junge empören kann und Scham über das empfinde, was die Menschen einander antun.

Der blinde Fleck der globalen Krisen

Interview mit Bernard Lietaer

von Leander Bindewald

Prof. Bernard Lietaer, *geb. 1942, ist weltweit bekannt als der prominenteste Advokat für komplementäre Währung. Die Stellungen, die er im Laufe seines Lebens in den verschiedensten Bereichen der weltweiten Finanzwelt inne hatte, erlauben ihm wie keinem anderen einen Ausblick auf unser Geldsystem.*

Bereits mit seiner Doktorarbeit am MIT war er der damaligen Finanzwelt um Längen voraus. Als in den 1970ern der Goldstandard abgeschafft wurde, waren seine Modelle weltweit die einzigen, die geeignet waren, die Dynamiken freier Wechselkurse zu beschreiben. Er wurde unabhängiger Berater für internationale Konzerne, Staaten und NGOs. 1992 wurde er für seine Erfolge als Hedgefond-Manager zum erfolgreichsten Währungshändler der Welt gewählt. Zuvor entwickelte er für die Zentralbank seiner Heimat Belgien die Grundlagen des Euros und managte die elektronischen Zahlungssysteme des Landes.

Darüber hinaus lehrt und veröffentlicht er als Gastprofessor und Autor in Psychologie, Wirtschaft und Nachhaltigkeitsfragen. Seine wichtigsten Veröffentlichungen in deutscher Sprache sind „Das Geld der Zukunft", 1999, „Mysterium Geld", 2000, und „Regionalgeld" mit Margit Kennedy, 2004.

Bernard Lietaer lebt heute in Brüssel.

Ist die Welt zu groß, um zu scheitern, oder zu groß, um gerettet zu werden? Seit Jahren schon beherrscht die globale Finanzkrise wieder und wieder unsere Medien und unseren Blick auf die Welt, in der wir leben. Machtlosigkeit wechselt mit Hoffnung, wechselt mit Empörung, wechselt mit Zynismus. Viele alte und neue Experten versuchen sich an

Lösungen, und schließlich scheint doch niemand der Aufgabe gewachsen, und alle Anstrengungen verpuffen in immer neuen Unsummen.

Bernard Lietaer hat seit Anfang seiner Karriere vor solchen Krisen gewarnt, noch bevor sie begannen, zunächst in Lateinamerika in den 1980ern, dann überall auf der Welt. Heute fragt er nicht mehr nach den Gründen der Krise, sondern nach dem Grund der Krisen. Und diese Suche führte ihn von der Börse bis in unsere Psyche und wieder zurück. Und die strukturellen Lösungen für eine nachhaltige Wirtschaft kommen plötzlich vom Urlehrmeister nachhaltiger Lebens(er)haltung selber, der Natur.

Keine Krise ist wie die andere – und doch sind sie im Grunde alle gleich

Leander Bindewald: Bereits in Ihrem Buch von 1999, *„Das Geld der Zukunft"*, beschrieben Sie unsere heutige Zeit als eine, in der vier globale Krisen zusammenfallen: demographischer Wandel, strukturelle Arbeitslosigkeit, Klimawandel mit Verlust der Artenvielfalt und Finanzinstabilität.

Jede dieser vier würde ausreichen, um uns in den Abgrund zu stürzen. Keine dieser vier, schreiben Sie, läßt sich lösen, wenn wir nicht erst unser Geldsystem fundamental überdenken. Nun sind über zehn Jahre seit dem Erscheinen dieses Buches vergangen, und momentan verdrängt die globale Finanzkrise alle anderen Krisen von den Bildschirmen und aus dem Bewußtsein vieler Menschen. Mit der Angst um die Stabilität des Euro ist dieses oft sehr abstrakte Problem sozusagen in unser aller Geldbeutel angekommen. Gibt es denn noch Hoffnung auf eine Rettung unseres Geldes?

Bernard Lietaer: Über den Euro zu spekulieren ist aus einem einfachen Grund müßig: Seit den 1970er Jahren hat die Weltbank 96 Banken-Crashs und 176 Währungskrisen registriert. Überall auf der Welt. Und jede dieser Krisen hat ihre eigene Geschichte. Argentinien in Jahre 2001 hatte völlig andere Gründe als die Krise in Mexiko 1994 oder in Rußland 1998.

Wir können nur mit Sicherheit sagen, daß alle Währungssysteme der Welt im Grunde nach demselben Muster gestrickt sind und die großen Währungen wie Euro und Dollar da keine Ausnahmen sind. Im Gegenteil, als wir den Euro entwarfen, war uns bewußt, daß wir ein noch unvollständigeres und anfälligeres System schufen. Aber von Anfang an hatten wir allein den Auftrag, uns nur um die rein technischen Aspekte zu kümmern und uns nicht in die politische Dimension einzumischen. Es hieß, darum würde man sich später kümmern. In den vergangenen dreißig Jahren wurde diese Aufgabe jedoch nie angegangen. 2001 stellte Romano Prodi als Präsident der Europäischen Kommission fest: *„Der Euro ist gesund, jedoch haben wir keine Möglichkeiten, einer Krise zu begegnen."* Und niemand hat diesen Handlungsbedarf ernstgenommen, bis die Krise da war.

Romano Prodi (2007)

Nun macht es keinen großen Unterschied mehr, festzustellen, was in Irland schieflief und was Griechenland hätte anders machen müssen. Diese Unterschiede berühren immer nur die Oberfläche des Problems. Egal ob es sich um eine Bankenkrise handelt, die sich zu einer Staatsschuldenkrise entwickelt wie in Irland, oder ob politisches Versagen und Korruption zu einer Schuldenkrise und dann zu einer Währungskrise führen – letztlich sind dies alles nur Beispiele für die tausendfachen Möglichkeiten für das vorprogrammierte Scheitern unseres Finanzsystems.

Man kann sich das wie ein gebraucht gekauftes „Montagsauto" vorstellen. Im nachhinein läßt sich immer der unmittelbare Grund angeben, warum es liegenblieb. Aber schon vorher war klar, daß es einfach nur ein altes defektes Fahrzeug ist. Viele Leute versuchen, unsere Probleme auf die schlechten Fahrer zu schieben, oder sie behaupten, unsere Straßenkarten wären fehlerhaft oder die Reifen wären abgefahren. Aber alle diese Faktoren lenken nur davon ab, daß wir von Anfang an mit einem schrottreifen Fahrzeug unterwegs sind.

Und leider können sich die meisten Menschen nicht einmal ein anderes Fahrzeug vorstellen. Seit zwei Jahrhunderten kennen wir nichts anderes als eben unser durch Bankschuld geschöpftes Geld.

Geld

Geld kann durch das Zusammenspiel von Zentralbank, Kreditinstituten, Unternehmen, privaten Haushalten und öffentlicher Hand geschaffen werden. Der häufigste Weg der Geldschöpfung basiert auf der Gewährung von Krediten.

Die Kreditinstitute können Geld auf Sichtguthabenkonten schöpfen, indem sie ihren Kunden gegen die Verpfändung von Sicherheiten (Hypotheken auf Grundstücke, Wertpapiere) Kredite gewähren. Nach Gewährung des Kredits kann der Kreditnehmer von einem Konto bei seiner Bank aus über ein Guthaben bis zur Höhe des gewährten Kredits verfügen und davon Zahlungen per Überweisungen auf Konten anderer Kunden der gleichen oder anderer Banken vornehmen lassen oder darauf Schecks ausstellen oder sich Bargeld auszahlen lassen. Durch diesen Vorgang wird Geld geschaffen.

Da das neu geschaffene Geld den Kreditinstituten wieder als Basis für weitere Geldschöpfung dienen kann, gibt es theoretisch keine obere Grenze für die Menge des von den Kreditinstituten geschaffenen Geldes.

Wikipedia

Geldschöpfung

Unter den derzeit üblichen wirtschaftlichen Rahmenbedingungen kann nur eine verschuldete Gesellschaft über werthaltiges Geld verfügen. Bis auf wenige Ausnahmen ist in der gängigen Sichtweise der Banken alles Geld von vornherein mit Zins belastet. Das Zahlen von Zinsen an die Geld erzeugenden Banken ist demnach die Voraussetzung für das Vorhandensein von Geld. Banken erzeugen bei der Kreditvergabe stets zusätzliches Geld, das vorher nicht vorhanden war, und können durch Ankauf werthaltiger Aktiva Geld erzeugen.

Wikipedia

Unser Geldsystem ist die Basis unserer politischen Systeme

L.B.: Und nach Ihren direkten Erfahrungen während der Entwicklung des Euro scheint für unser politisches System ähnliches zu gelten wie für unser Finanzsystem. Wie gehören die beiden zusammen?

B. Lietaer: Ich würde sagen, daß unser Geldsystem heute die Basis aller anderen Institutionen darstellt, die politischen eingeschlossen. In seiner extremen Form sieht man das in den USA, dort ist es ganz unverhohlen. Es gibt klare Tarife dafür, sich für die Wahl in ein Gremium, z.B. des Schulamtes, zu stellen oder gar zur Gouverneurswahl anzutreten. Das Geld ist natürlich primär für den Wahlkampf nötig, aber unter einem Budget von -zig Millionen Dollar braucht man überhaupt nicht erst über eine Präsidentschaftskandidatur nachzudenken.

Außerdem würde ich auch nicht mehr sagen, daß wir in einer Demokratie leben, eher in einer Lobbykratie. Und in einer solchen geht es allein um Geld. In Washington z.B. kommen auf einen Abgeordneten drei hochbezahlte Lobbyisten des Bankensektors. Und bei den praktisch unbegrenzten Geldmitteln, die diese zur Verfügung haben, um ihre Interessen voranzubringen, braucht man sich auch keine Illusionen darüber zu machen, wen die Politik am Ende repräsentiert. Und in Brüssel gibt es nicht einmal Daten über diese Verhältnisse.

Auf diese Weise ist die Verzahnung unseres politischen Systems und unserer Finanzsysteme ganz offensichtlich, aber es geht sogar noch weiter. Denn das gleiche gilt ebenso für unser Bildungssystem, unsere Nahrungsmittel und unser Gesundheitssystem. Tatsächlich haben wir kein Gesundheitssystem mehr, sondern ein Medizinsystem. Geld läßt sich nur mit kranken, aber noch lebenden Menschen verdienen; deshalb ist dieses System auch nicht darauf angelegt, zu heilen, sondern lebende Menschen krank und kranke Menschen am Leben zu erhalten.

In dieser Verflechtung eigennütziger Interessen ist es schlicht unmöglich, den Blick für die grundlegenden Probleme frei zu lassen. Deshalb rede ich auch ungern über die einzelnen Krisen, auch nicht über die monetären, sondern vorzugsweise über ihre Gemeinsamkeiten.

L.B.: Im Schnittpunkt dieser Verflechtungen und der Regelmäßigkeit von Finanzkrisen, von der Sie zuvor sprachen, frage ich mich, ob solche Krisen nicht sogar vorgesehen sind. Haben unsere Systeme denn ein Interesse an ihren ständigen Zusammenbrüchen?

B. Lietaer: Ich würde nie bestreiten, daß es Wege gibt, aus diesen Krisen Kapital zu schlagen. Jedoch würde ich nicht so weit gehen zu behaupten, daß diese Krisen beabsichtigt sind. Aber nachhaltig wird unser System nie funktionieren können, es muß immer wieder scheitern.

Das ist so mit allen Prozessen exponentiellen Wachstums. Wenn die Grenzen ihrer Umgebung ausgereizt sind, ist die einzige verbleibende Möglichkeit der komplette Zusammenbruch und Neustart. Und da exponentielles Wachstum auch eine der eingebauten Eigenschaften unseres heutigen Geldsystems ist, sind die sich wiederholenden Aufschwünge und Einstürze der einzige Weg, es am Laufen zu halten. Natürlich gibt es nachhaltige Alternativen, theoretisch, aber nicht in dem System, wie wir es kennen.

Josephspfennig

Richard Price, ein englischer Moralphilosoph, Geistlicher und Ökonom, berechnete im Pamphlet *"An Appeal to the Public on the Subject of National Debt"* im Jahr 1772 die schwer vorstellbaren Beträge, welche durch exponentielles Wachstum aufgrund von Zinseszinseffekten rechnerisch erhalten werden, anhand eines zu Christi Geburt angelegten Pennys:

„Geld, das Zinseszinsen trägt, wächst anfangs langsam; da aber die Rate des Wachstums sich fortwährend beschleunigt, wird sie nach einiger Zeit so rasch, daß sie jeder Einbildung spottet. Ein Penny, ausgeliehen bei der Geburt unsers Erlösers auf Zinseszinsen zu 5 %, würde schon jetzt zu einer größeren Summe herangewachsen sein, als enthalten wäre in 150 Millionen Erden, alle von gediegnem Gold."

Zum Selberrechnen: www.offerio.de/zinseszins-rechner.php

Wikipedia

Der blinde Fleck im Zentrum unserer Gesellschaft

L.B.: Wie kann es denn sein, daß die Alternativen, über die wir noch sprechen werden, noch nach Hunderten Krisen den meisten Menschen, auch den sogenannten Experten, noch immer unbekannt sind? Warum lernen wir nicht aus unseren Fehlern?

B. Lietaer: Die theoretischen Erkenntnisse lagen bereits vor 100 Jahren vor. Während der großen Depression der 1930er Jahre machte der „Chicago Plan" dazu konkrete Vorschläge und hatte die breite Zustimmung aller wichtigen Ökonomen dieser Zeit. Trotzdem wurde er von der Politik nicht aufgenommen. Dies ist keine Frage des Wissens, sondern der Möglichkeit, diesem Wissen zur breiten Wahrnehmung zu verhelfen.

Ich beschreibe diese offensichtliche Unfähigkeit unserer Gesellschaft, sich dieses Themas anzunehmen, als unseren monetären blinden Fleck. Und dieser ist von vier Hüllen geschützt:

Zunächst gibt es da die historische Schicht. In 5.000 Jahren Kulturgeschichte waren Geldsysteme wie das unsrige stets eines der Merkmale patriarchalischer Herrschaftssysteme: Eine einheitliche Währung, mit positivem Zins belegt. Deren Effekte der Umverteilung von unten nach oben spiegeln stets die patriarchalischen Machtverhältnisse wider. Einer steht an der Spitze, und seine Untergebenen sind ebenfalls wieder die uneingeschränkten Herrscher ihrer Subsysteme, bis hinunter zu den Frauen, Kindern und Sklaven. Und in einer solchen Struktur werden natürlich auch solche Geldsysteme aufrechterhalten, die dieser Hierarchie entsprechen und Reichtum nach oben durchreichen. Unser durch Banken geschöpftes und mit Schulden belastetes Geld ist dabei natürlich nur die letzte, erst rund dreihundert Jahre alte Stufe einer langen Entwicklungsreihe.

Die zweite Lage um den blinden Fleck ergibt sich aus dem tiefgreifenden Kampf der Weltanschauungen, der uns etwas mehr als einhundert Jahre, und, in seiner extremen Form, vor allem in den 60 Jahren vor 1990 vereinnahmte. Der Auseinandersetzung zwischen Kommunismus und Kapitalismus wurden Hunderttausende von Büchern gewidmet. Jedoch gibt es kein einziges Buch über die Gemeinsamkeiten der zwei Ideologien: ihr Geldsystem. Die Sowjets haben alles in Zweifel gezogen, außer dem Geld an sich. Ihre Banken gehörten zwar dem Staat, aber ansonsten waren sie die gleichen wie im Westen. Wiederum gab es für die Frage nach dem Geld keinen Raum, wir waren alle zu sehr abgelenkt.

Die übermächtige Bankenlobby, von der wir schon geredet haben, ist die dritte Lage des blinden Flecks in Sachen Geld. In meiner Heimat Belgien war seit der Gründung unseres Staates 1830 jeder Finanzminister ein Banker, ohne Ausnahme. Und Banker sind gerade nicht die unabhängigen Experten, als die sie uns ihre Lobby zu verkaufen sucht. Sie stellen in unserer Gesellschaft tatsächlich das Zentrum der praktischen Macht dar.

Auch unsere Zentralbanken erscheinen oft als die Garanten des Gemeinwohls. Und die Menschen, die dort arbeiten, sind persönlich auch fest davon überzeugt, daß dies ihre Aufgabe ist. Aber weil es für sie keine denkbaren Alternativen gibt, werden Banken und ihre Angestellten immer nur einer Aufgabe gerecht: das bestehende System weiter fortzusetzen. Als ich dies vom damaligen Generalsekretär der Bank für Internationalen Zahlungsausgleich in Basel, der mich aufgrund meiner Bücher über die Finanzkrisen Südamerikas zu sich bestellt hatte, persönlich bestätigt bekam, habe ich bei der belgischen Zentralbank gekündigt.

Die vierte Schutzschicht schließlich ist eine akademische Hülle, die sich teilweise aus der vorherigen ergibt. Dazu muß ich wohl einräumen, daß ich zwar oft als Akademiker bezeichnet werde, aber tatsächlich nur bisweilen den Akademiker spiele, um mich mit einem Thema in Ruhe auseinandersetzen zu können. Ich habe aber nie eine akademische Laufbahn angestrebt oder mich in das Wettrennen um

© GDFL 1.2 Prolineserver

Paul Krugman (2008)

Veröffentlichungen und Auszeichnungen eingereiht.

Am deutlichsten wurde mir die Funktionsweise dieser Schicht nach einer Konferenz in Korea, als mich der Nobelpreisträger Paul Krugman nach meinem Vortrag im Vertrauen darauf aufmerksam machte, daß ich soeben die schärfste Warnung seiner Lehrväter aus Harvard mißachtet hätte: Man habe als Akademiker die Finger vom Geldsystem zu lassen. Das beste Beispiel, warum das so wichtig ist, ist der sogenannte Wirtschaftsnobelpreis an sich. Er wurde eben nicht von Alfred Nobel gestiftet und wird von einem Komitee der schwedischen Nationalbank verliehen. Und in seiner über 50jährigen Geschichte wurde er nie an jemanden verliehen, der diese Regel mißachtet hatte.

Das Yin und Yang der Wirtschaft

L.B.: Als cleverer Wissenschaftler wird man dieses Thema also ausblenden, Politikern sind die Hände mit Honig gebunden, alle engagierten Denker sind in ideologischen Stellungskämpfen eingebunden, und wir alle zusammen sitzen einem jahrtausendealten Brauch auf, der unserem Kulturkreis ganz normal erscheint.

B. Lietaer: Und genau an diesem letzten Punkt wird es ganz persönlich: Heute fällt es uns leichter, jemanden zu fragen, mit wem er die letzte Nacht verbracht hat, als dieselbe Person nach ihrem Einkommen zu befragen. Geld ist ein Tabu.

Würden wir begreifen können, was unser Geldsystem – ein reiner Buchhaltungstrick – für Folgen für unsere Gesellschaft hat, würden wir uns fragen müssen, welche Opfer wir uns da haben auferlegen lassen. Womit wir wieder zur Eurokrise zurückgekommen sind. Die eine große Errungenschaft der vergangen zwei Jahrtausende, die darin besteht, daß wir Menschen nicht mehr als Sklaven behandeln, rinnt uns nun wieder durch die Finger, wegen eines fehlerhaften Buchhaltungssystems. Wir haben unseren biologischen blinden Fleck in unserem Sehfeld dort, wo unser Sehnerv in die Retina eintritt. Unser monetärer blinder Fleck ist dort, wo das Geld in unsere Wirtschaft kommt.

Einige ausgewählte Yin- und Yang-Attribute

Yang (männlich):	Yin (weiblich):
Wettbewerb	Kooperation
Bereicherung	Weitergeben
Zielorientierung	Prozeßorientierung
Quantitativ	Qualitativ
Haben und Tun	Sein
Rational, analytisch	Intuitiv, empathisch
Logisch	Paradox
Linear	Komplex
Bestätigung	Ambivalenz
Unabhängigkeit	Interdependenz
Hierarchie	Gleichheit
Autorität	Vertrauen
Planung	Selbstorganisation
Ursache und Wirkung	Synchronizität
Reduktionismus	Holismus

Adaptiert nach: B. Lietaer in *„Corporate and social transformation of money and banking: Breaking the serfdom"* von Mouatt&Adams (Hrsg.) bei MacMillan, October 2010

© gemeinfrei unbekannt
Carl Gustav Jung (1910)

L.B.: Wenn wir aber tatsächlich blind sind für den grundlegenden Ausweg aus der Krise, woran können wir uns orientieren?

B. Lietaer: Auf meiner Suche nach den Grundmustern unseres kollektiven systematischen Scheiterns kam ich über die Archetypen C.G. Jungs dazu, zu erkennen, daß alle großen Zivilisationen der Vergangenheit an der übermäßigen Betonung einer Seite dessen zerbrachen, was in der östlichen Philosophie durch die Polarität von Yin und Yang dargestellt wird. Leider haben wir in unserer westlichen Philosophie keine Begriffe entwickelt, die dementsprechend die Ausgeglichenheit von gegensätzlichen Systemeigenschaften betont.

Unser heutiges Geld- und Wirtschaftssystem, eingebettet in unsere patriarchalische Kultur, läßt sich als vorwiegendes Yang-System abbilden. Seine Effizienz und Stärke ist dasjenige, was es so groß und anziehend macht. Die systematische Vernachlässigung der Gegenseiten zeigt aber genau die Schwachstellen auf, die es nun zu stützen gilt. Wieder läßt sich ein Vergleich mit unserem optischen Sinn heranziehen: Unsere beiden Augen müssen gerade so weit auseinanderliegen, daß sich die Unterschiede der einzelnen Sehfelder zu einem räumlichen Bild ergänzen. Mit nur einen Auge können wir nie alles erkennen.

Unsere Wirtschaft funktioniert tatsächlich wie ein Ökosystem

L.B.: Und mit dieser Idee über die vernachlässigten Eigenschaften unseres Systems läßt sich auch entdecken, was unsere Finanzsysteme in Balance bringen kann?

B. Lietaer: Ein systematischer Schritt dazu fehlte mir bis vor wenigen Jahren noch. Natürlich hatte ich dazu bereits gewisse Ideen, und schon in *„Geld der Zukunft“* erklärte ich unsere Wirtschaft aus dem Fließverhalten unserer Geldströme heraus. Und natürlich kannte ich die damals gerade wiederauflebenden lokalen Experimente mit neuen Wirtschafts- und Geldformen. Aber die letztendliche Sicherheit und systematische Beschreibung all dessen ergab sich erst aus meiner Zusammenarbeit mit Sally Goerner und Robert Ulanowicz. Unsere gemeinsamen Erkenntnisse aus unseren Fachgebieten Komplexitätstheorie, theoretische Ökologie und Finanzwirtschaft eröffneten uns endlich die Möglichkeit, Nachhaltigkeit zu quantifizieren und als grundlegende Systemeigenschaften abzuleiten.

Die Schlußfolgerung daraus lautet: Unser Wirtschaftssystem hat mit seinen Geldflüssen strukturelle Ähnlichkeit mit den Energieflüssen in natürlichen Ökosystemen. Und die Faktoren für deren Nachhaltigkeit sind seit Jahrzehnten systematisch und quantitativ untersucht worden.

Die Widerstandsfähigkeit dieser komplexen Systeme hängt von zwei gegensätzlichen Größen ab:

- a) der Effizienz ihrer Prozesse und
- b) der Diversität und Interkonnektivität (Verschaltung) ihrer einzelnen Elemente.

Ein Fokus allein auf Effizienz macht weniger Diversität möglich und macht das System schließlich anfällig für das Versagen einzelner Elemente. Hohe Diversität ohne Effizienz nimmt einem System seine Durchsetzungsfähigkeit.

Unser Geldsystem ist momentan eine Monokultur, die so anfällig für störende Einflüsse ist wie eine Fichtenmonokultur für den Borkenkäfer. Einen Mischwald bringt kein einzelner Schädling ins Wanken. Anhand der biologischen Daten konnten wir diese Dynamiken nun auch für alle anderen komplexen Systeme modellieren und quantifizieren. Das war der Durchbruch.

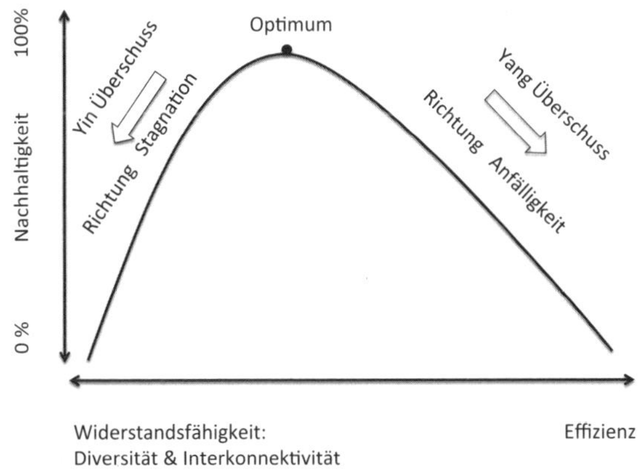

Adaptiert nach: B. Lietaer, Journal of Futures Studies, Vol. 14(3): S.89–108, März 2010

Komplementäre Währungen schließen die Lücke zur Nachhaltigkeit

L.B.: So birgt schließlich die Ökologie den Übergang zwischen östlicher Philosophie und nachhaltigen Finanzsystemen?

B. Lietaer: Ja, selbst in der mathematischen Beschreibung unser natürlichen Ökosysteme schien am Ende wieder das Grundmuster von Yin und Yang hindurch: Effizienz und Diversität, Leistung und Nachhaltigkeit. Und endlich erschienen auch die vereinzelt entstandenen komplementären Währungsexperimente wie LETS, Zeitbanken, Flugmeilen, Barter-Netzwerke und Regionalwährungen als eine einheitliche und strukturell notwendige Entwicklung.

Für ein nachhaltiges Finanzsystem kommt es nicht allein auf die Effizienz an, also auf die Größe der Geldströme, die es umsetzt, sondern es muß eine Vielzahl von Möglichkeiten geben, in diesem System Werte zu schaffen und zu tauschen. Und es bedarf einer Vielzahl von

Verknüpfungen zwischen den Elementen einer Wirtschaft, also im Endeffekt gerade auch zwischen den Menschen. In seiner Effizienz ist unser momentanes System mit seinen riesigen Transaktionsvolumen schwerlich zu schlagen. Aber nur durch ein Ökosystem aus komplementären Währungen kann langfristig verhindert werden, daß das gesamte System in eine existenzbedrohende Krise rutscht.

KOMPLEMENTÄRWÄHRUNG

Eine Komplementärwährung (frz. complément „Ergänzung") ist eine Währung, die den Charakter einer Komplementarität hat. Sie ist die Vereinbarung innerhalb einer Gemeinschaft, etwas zusätzlich neben dem offiziellen Geld als Tauschmittel zu akzeptieren.

Eine zusätzliche Währung kann eine Ware, eine Dienstleistung oder eine geldäquivalente Gutschrift sein. Sie wird in dem Sinne als „Geld" aufgefaßt, daß sie die ursprüngliche und eigentliche Funktion des Geldes als „Tauschmittel" erfüllt.

Ziel einer solchen Vereinbarung ist es, bestehende soziale, ökonomische und ökologische Ungleichgewichte zu kompensieren, die sich aus der Monopolstellung der offiziellen Währung bei lang andauernder Knappheit ergeben könnten, ohne die Standardwährung gänzlich zu verdrängen.

Besonders im Zuge der fortschreitenden Globalisierungskritik wurden seit den 1990er Jahren weltweit zahlreiche Komplementärwährungen erschaffen, mit denen einige Menschen in ökonomisch schwachen Regionen ihre Wirtschaft vitalisieren und sich von äußeren Geldgebern unabhängig machen wollen.

Schließlich kann es bei komplementären Währungssystemen auch um effektive und nachhaltige Methoden zur Bewahrung einer weltweiten kulturellen Vielfalt, um die Verwirklichung von Selbstbestimmungsrechten und um die Vermeidung lang anhaltender sozialer Unruhen gehen, sofern diese durch monetäre Unterversorgung verursacht werden.

Wikipedia

L.B.: In vielen Bereichen scheint es so, als ob wir nie von der Veränderlichkeit unserer Welt ausgehen, sondern immer von heute auf morgen schließen. Wenn wir mit nur einem Auge hinsehen, bleibt unsere Welt doch immer dieselbe. Nicht zuletzt deswegen war es auch so schwierig, Darwins Evolutionsgeschichte in unser Denken aufzunehmen. Das spiegelt sich auch in dem Zitat von Präsident Prodi [Romano Prodi auf Seite 65] am Anfang unseres Gesprächs wider.

B. Lietaer: Ja, und genauso verhält es sich auch in den Wirtschaftswissenschaften. Léon Walras hat vor rund einhundert Jahren mit seiner Gleichgewichtstheorie das Phantom der Beständigkeit fest in unseren Theorien verankert. Mit unserem heutigen Wissen über Komplexität, Thermodynamik und emergente Eigenschaften ist dies jedoch nicht mehr zu vereinbaren, mit unseren praktischen und historischen Erfahrungen schon gar nicht.

Léon Walras (1813-1910)

Unsere globalen Krisen bedürfen eines globalen Bewußtseinswandels

L.B.: Zumindest in der Alltagswahrnehmung hat sich da jedoch im vergangenen Jahrzehnt etwas getan. Große Veränderungen finden statt, überall, und jeder bekommt es mit. Zumindest dem Klimawandel und der Finanzkrise kann sich niemand mehr verschließen. Werden wir nun auch unser Denken anpassen?

B. Lietaer: In gewissen Umfang sicherlich. Es entstanden z.B. während jeder großen Finanzkrise spontan auch komplementäre Währungen, auf allen Ebenen. In der großen Krise des letzten Jahrhunderts gab es in Deutschland das Notgeld, in den USA die Scrip-Währungen. Dazu noch lokale Systeme wie die Wära. Während des Finanzzusammenbruchs in Argentinien im Jahre 2001 begann die Bevölkerung, überall mit lokal entstandenen *Créditos* zu handeln. Diese Systeme hatten aber keinen Bestand gegenüber der Effizienz der staatlichen Währungen oder wurden sogar zum Schutze selbiger verboten. Und durch den Effekt des blinden Fleckes wurden diese Erfahrungen schnell wieder vergessen.

L.B.: Um dazu nochmals ein Motiv aus Ihrem Buch *„Das Geld der Zukunft"* aufzugreifen: Sie stellen dort verschiedene mögliche Zukunftsszenarien vor, von apokalyptischen Zuständen und der Herrschaft der Konzerne hin zu Kooperation und Nachhaltigkeit. Die Entscheidung darüber, was schließlich eintreten wird, machen Sie von zwei Entwicklungen abhängig. Zum einen, ob unsere Finanzsysteme zusammenbrechen werden, was sich nun bereits abzeichnet; zum anderen, wo wir uns auf einer „Yin-Yang"-Skala zwischen Egoismus und Mitgefühl befinden werden. Wie ist heute Ihr Ausblick dazu?

B. Lietaer: Da kann ich natürlich immer noch nur spekulieren, aber ich habe dazu eine optimistische Wunschvorstellung. Es gibt ja in allen Kulturen und zu allen Zeiten Menschen, denen eine fundamental andere Wahrnehmung unserer Welt zugänglich ist. Meist werden diese Phänomene als „mystisch" bezeichnet, aber wir finden sie auch in unserer eigenen Religion wieder: Franziskus hatte Zugang zum Erleben der Tiere, Jesus zum Erleben seiner Mitmenschen.

Im Grunde läßt sich dies immer mit dem Erlebnis von Einheit beschreiben, dem Erlebnis des Nicht-getrennt-Seins. In dieser Sichtweise gehören wir beide ursprünglich zusammen und auch alle anderen Menschen – auch der Tisch zwischen uns und das Haus und die Natur um uns herum. Das alles, wir alle, sind nur Facetten, die in enger Abhängigkeit zueinander stehen. Und unter dieser Voraussetzung wird es unmöglich, einander auszubeuten. Man schneidet sich ja buchstäblich ins eigene Fleisch. Die neuen Erkenntnisse in Physik und Biologie sind dieser Wahrnehmung gegenüber offener als je zuvor, und die globalen Ereignisse, von denen wir vorher sprachen, schaffen bereits ein Bewußtsein dafür, daß wir alle wenigstens im selben Boot sitzen.

Aber nach wie vor kommt es auf das persönliche Erleben dieser Verbundenheit an. Manche Menschen erlangen eine solche Einsicht nach jahrelangen Meditationsübungen, anderen fliegt sie unvermittelt zu. Da scheint es keine Regel zu geben. Aber vielleicht macht es unser gerade entstehendes globales Bewußtsein, gefördert durch unsere weltumspannenden Technologien und Informationssysteme, ab einem gewissen Punkt der Durchdringung möglich, kollektiv zu einem solchen Erkennen und Erleben zu gelangen. Vielleicht gibt es da eine kritische Masse, von der an das momentan Unvorstellbare möglich wird.

Es heißt immer, die Renaissance sei von nur 2-3% der damaligen Menschen eingeleitet worden und hätte sich im Laufe von 200 Jahren zu einer umfassenden Neuorientierung der Welt durchgesetzt. Heute haben wir natürlich viel weniger Zeit, aber seitdem haben sich auch alle Veränderungsprozesse in allen Bereichen unserer Kultur exponentiell beschleunigt. Vielleicht stecken wir schon mittendrin. Und unsere heutigen Experimente mit neuen Währungen, die sich auf ganz neue Wertvorstellungen gründen, gehören bereits zur Vorbereitung einer Zeit, in der wir überhaupt kein Geld mehr nötig haben.

Auf dem sinkenden Schiff

Artikel von Peter Krause

Bedenkt man die Möglichkeiten, die uns Menschen zur Verwirklichung unserer Wünsche, zur Umsetzung unserer Ideen gegeben sind, und bedenkt man, wie wir damit gegenwärtig umgehen, können wir uns als recht rätselhafte Wesen erleben. Prinzipiell können wir für uns und andere „alles". Aber wir sind zugleich die einzigen Lebewesen, die es vermögen, immer wieder gute, natürliche Ordnungen zu durchbrechen und aufzulösen. Auf den Wegen menschlichen Lebens entsteht z.B., anders, als es bei jedem anderen Lebewesen der Fall ist, Abfall. Wir verbrauchen nicht nur, sondern lassen danach als Abfall auch noch Rückstände übrig, denen keine Rückkehr in die sonst stabilen und Leben tragenden Kreisläufe beschieden ist.

Und: Was ist der Mensch denn nun? Krone der Schöpfung? Höchste Vollendung der Evolution? Ein Störfall? Was ist seine Bedeutung im großen Ganzen? Ist der Mensch in die Welt ein- oder ihr übergeordnet? Mit einer unübersehbaren Dramatik stellen sich solche Fragen, und man kann zunehmend den Eindruck haben, daß wir uns mit dem Leben auf dieser Erde an einem Punkt befinden, von dem aus wir entweder zum irreversiblen Untergang oder zum Aufgang einer neuen Kultur gelangen werden. Das läßt sich offensichtlich beim besten Willen nicht ändern, wir befinden uns so gesehen am „Point of no return".

Ohne Zweifel haben wir, besonders in den letzten 250 Jahren, die Welt nach unseren Vorstellungen massiv verändert. Was uns, so geworden, als Kultur umgibt, hebt sich signifikant von dem ab, was und wie die Natur einst war. Und nun stellt sich die Frage, ob die Schnittstelle zwischen Kultur und Natur ausreichend dimensioniert dafür ist, unsere Absichten mit den Vorgaben der natürlichen Ordnung zu guter Letzt noch so zu verbinden, daß das Leben darin in einer vernünftigen Zukunft bestehen kann. An dieser Frage kommt heutzutage niemand mehr vorbei!

Prophetie des Untergangs

Solange es Menschen gibt, haben sie sich auch mit Untergangsszenarien beschäftigt. Das Ende der Welt, die Verdammnis, die den Sündigen droht, der Zorn der Götter, der die Menschheit trifft, die unbarmherzige Gewalt der Natur – was unser Leben erschüttern und in wenigen Schlägen beenden kann, wurde schon immer zitiert und tradiert. Prophezeiungen vom Untergang sind nicht unproblematisch, denn durch das Beschreiben der ultimativen Untergangsgefahr, die an jeder Ecke auf das Leben lauert, haben sich schon immer gesellschaftliche Ordnungen manifestiert, die niemals zum Besten waren. Es entstanden Gefälle und Polarisierungen zwischen denen, die den mahnenden Finger erhoben, und denen, die in Angst erschüttert pseudomoralisch ihr Leben scannten: „Gehöre ich zu dem kleinen Teil der Menschheit, der überleben wird, oder zu dem großen Teil, der dem Untergang geweiht ist?"

Durch das Beschwören von Weltuntergangsgefahren wurde schon immer klassifiziert und darum auch übel kulturell modifiziert. Ja, die geschürte Angst vor dem bitteren Ende war stets mit dem Schaffen und Etablieren von Macht verbunden. Ob die Eminenz auf der Kanzel der Gemeinde sonntäglich erklärt, was Sünde ist, ob Naturwissenschaftler jedweder Couleur in die von ihnen geliebten Denkrichtungen locken und die wirklich freie Meinungsbildung blockieren, indem sie „gos" und „no gos" postulieren, ist einerlei.

Es ist, als ob die Mannschaft auf einem Schiff, das sinken wird, den Passagieren beschreibt, wie schrecklich das Ertrinken, das unvermeidliche Ertrinken, sein wird, statt Schwimmwesten zu verteilen und die Rettungsboote klarzumachen. Denn es ist ganz sicher: Mit der Lebensart, die wir in den vergangenen 250 Jahren in blinder Rücksichtslosigkeit, die Natur unterwerfend und ausbeutend, geschaffen haben, wird kurzfristig Schluß sein. Kurzfristig! Aber auch langfristig gilt: Alle Lebewesen auf diesem Planeten, alle Landschaften, Blumen, Bäume und Tiere werden irgendwann einmal vergehen. Das ist gewiß. Zu jedem Anfang gehört auch ein Ende, zu allem Leben gehört auch mal der Tod.

Und trotzdem: So sehr sich die Ermächtigungsstrategien der alten und neuen Glaubenssysteme in Religion und Naturwissenschaft gleichen, so sehr damals wie heute Menschen da sind, die von sich behaupten, recht zu haben, indem sie ihre Mitmenschen rhetorisch und sozial ins Unrecht verdammen, hat sich im Laufe der Zeit doch etwas gravierend verändert. Früher bezog sich das Beschwören von Weltuntergängen vornehmlich darauf, sie als kausales Ereignis zu beschreiben, das auf moralische Verfehlungen folgt. Und diejenigen, die das taten, behaupteten, machtbeflissen zu wissen, was Moral sei. Heute wird von Weltuntergängen geredet, weil gewußt wird, daß sie ultimativ unausweichlich sind. Und viele von denen, die darüber reden, tun dies meistens, indem sie behaupten, daß diesem Ende kein

Weiter, kein neuer Anfang folgen wird. Aber ist das tatsächlich so? Auf welcher Grundlage wird über einen Weltuntergang nachgedacht und geredet, der als ausgreifendes Ereignis nicht nur den einzelnen Menschen am Ende seines irdischen Lebens erfaßt (denn da geht ja auch eine persönliche Welt unter, die in vielen Fällen jahrzehntelang bestand), sondern in einem ausgreifenden, finalen Ereignis mit Stumpf und Stil ausrottet, was die einen Schöpfung Gottes und die anderen einen kosmischen Zufall nennen?

Schon Ende der 70er Jahre beschäftigte uns die Angst vor der Atomenergie. Es war klar, daß da eine Technik angewendet wurde, die unvergleichliche Risiken in sich birgt. Als wir damals im Kreis der Studenten am Priesterseminar der Christengemeinschaft mit dem Pfarrer Hans-Werner Schroeder, einem unserer damaligen Lehrer, darüber diskutierten, bezeichnete er die von Atomkraftwerken ausgehenden Gefahren und Schäden als vermutlich oberflächliche Prozesse, die möglicherweise im Großen und Ganzen der Entwicklung auf diesem Planeten in den folgenden Generationen korrigierbar sein würden.

Diesbezüglich hat sich in den letzten 35 Jahren vieles verändert, und wir alle wissen heute, daß bestimmte Verhaltensweisen mittlerweile irreversible Folgen zeitigen. Wir stehen als Menschheit gewiß vor Herausforderungen, die sich als Gefahren für alles Leben mit unserem Bewußtsein von der Endlichkeit der Welt verbinden. – Aber wollten wir nur das und in erster Linie betonen, würden wir uns in die lange Reihe derer begeben, die seit Jahrhunderten und Jahrtausenden auszogen, nur um die Menschen das Fürchten zu lehren, statt auf die vielen hochinteressanten und effizienten Handlungsmodelle und Erfolge hinzuweisen, die dem Ende des Jetzt einen guten Anfang im Morgen bereiten werden. Wir befinden uns in schwerer See auf einem sinkenden Schiff, aber wir haben genügend Rettungswesten und -boote für alle, und das Festland ist nah. Blicken wir also auf das, was kommen kann und wird, statt uns durch die Untergangsgefahren allzu sehr faszinieren zu lassen.

Erkenntnis und Entzauberung

Mit dem Zeitalter der Aufklärung und der etwa gleichzeitigen ausgreifenden Anerkenntnis der Naturwissenschaft begann eine Entwicklung, die bis heute im eigentlichen Sinne die Probleme hervorbrachte, unter denen die Natur und wir Menschen bis zum Äußersten leiden. In der Naturwissenschaft wurde die bis dahin absolut anerkannte theologische Weltdeutung überwunden, es öffnete sich – um es mit den

Worten Immanuel Kants zu beschreiben – der Ausgang des Menschen aus seiner selbstverschuldeten Unmündigkeit.

Naturwissenschaft heißt bis heute, aufgestellte Hypothesen in Experimenten zu verifizieren und dann schließlich, unter der Voraussetzung jederzeitiger Wiederholbarkeit, als Naturgesetz zu formulieren. Unter den Vorzeichen von Maß und Zahl traten mehr und mehr formulierte Gesetze an die Stelle bewunderter Phänomene. Nicht das ehrfürchtige Staunen über die Schönheit des Sonnenaufgangs blieb wesentlich, sondern die Idee fortlaufender Kernfusionen, die als Ursache für jene Energieabstrahlungen geltend gemacht wurden, die als Sonnenenergie das Leben auf unserem Planeten Erde ermöglichen. Gleichgültig, ob nun das eine oder das andere richtig ist, es hat sich unter den veränderten Voraussetzungen jedenfalls das Verhältnis verändert, das wir Menschen zur Natur, zum Leben und letztlich auch zu uns selbst mittlerweile entwickelt haben.

Für dieses Verhältnis sind drei Erkenntnisse besonders wichtig, die uns sowohl in bezug auf das Denken als auch – in der Folge – des Handelns und Umgehens miteinander im Vergleich mit der Zeit vor dem 18. Jahrhundert signifikant anders positionieren:

- unsere irdische Welt ist räumlich und zeitlich endlich,
- das Leben ereignet sich in Evolutionen, und
- die natürlichen Grundlagen des Lebens sind manipulierbar.

An diesen drei Aussagen bestehen heutzutage keine Zweifel mehr. Sie bilden ebenfalls die Grundlage für all jene Gebiete des Lebens, in denen gewonnene Erkenntnisse zu technischen und schließlich industriellen Anwendungen aufbereitet wurden und werden. Keine Frage: Wir können unsere Welt sehr weitgehend verstehen. Wir haben aus der daraus resultierenden Befreiung des Denkens genügend Möglichkeiten entwickelt, uns als Menschen souverän und selbstbestimmt in Rollen und Sozialisierungen zu identifizieren, die wir selbst für uns wählten: machtbewußt, fromm, empathisch, schönheitsbewußt, weltoffen, konservativ oder was auch immer. Nur, was wir mit den gewonnenen Erkenntnissen anfangen, wie wir mit dem umgehen, was uns als Baustoff unserer Biographie bereitgestellt ist, wie wir die Zukunft gestalten und uns im Chor der Lebewesen auf diesem Planeten wiederfinden wollen, das ist nach wie vor offen. Die Gelegenheiten befreiten Denkens und selbstbestimmter Individualisierung haben wir offensichtlich ergriffen, während das ethisch und moralisch fundierte

Handeln noch reichlich unterentwickelt ist – auch wenn noch viel zu oft so getan wird, als ob das nicht so sei.

Wir wissen um die Begrenztheit der natürlichen Ressourcen und unsere Abhängigkeit von deren dauernder Verfügbarkeit, aber an der Gier des Verbrauchs ändert das noch immer nicht genügend. Was würde z.B. passieren, wenn der Ölpreis nur um (weitere) 10–20 % steigt? Unserem Geld gaben wir die Eigenschaften von Zins und Zinseszins, wohl wissend, daß dauerndes Wachstum unmöglich ist. Was geschieht, wenn das exponentielle Wachstum von Vermögen und Schulden ungebremst nicht nur einzelne Menschen ruiniert, sondern schließlich ganze Staaten zerstört? Unweigerlich öffnen sich unter der Voraussetzung dieser beiden aus vielen weiteren ausgewählten Fragen die Aussichten auf apokalyptisch dimensionierte Untergangsszenerarien. Allerdings ist das nicht alles, denn der absolute Untergang rechnet mit der unveränderten Extrapolation des (dafür ausgewählten) Bisherigen.

Ohne aber den Ernst der allgemein eingetretenen Lage schmälern zu wollen, behaupte ich dennoch, daß für die Welt und das Leben der Zukunft bereits Entwicklungen indiziert sind, die durchwegs erfreulich sind und auf die zu vertrauen sich lohnt. Und zwar gerade jetzt!

Dieser Ausblick auf die Zukunft beginnt bereits an dem Punkt, an dem wir uns unserer Lebensgrundlagen bewußt werden. Die Kenntnisse von der Endlichkeit unserer irdischen Welt, den Ereignissen der Evolution und von unseren Möglichkeiten, die natürlichen Vorgaben nach eigenem Ermessen manipulieren zu können, bilden den Ausgangspunkt, der für alles Weitere wesentlich ist: Wir (Menschen) *wissen,* was wir tun und welche Folgen damit verbunden sind! Auf dieser Grundlage können wir, im Unterschied zu allen anderen Lebewesen, selbst und aus freien Stücken über Ziele und Art unseres Lebens entscheiden. Wir können Verantwortung übernehmen – und genau das ist das Einzigartige, das von immer mehr Menschen auch so gesehen und in Taten umgesetzt wird.

Der Anfang am Ende des bisher Möglichen

Phänomenal: Wenn man sich mit der Genialität beschäftigt, die sich im Leben in der Natur offenbart, ist man begeistert. Beschäftigt man sich dagegen mit der Beschränktheit dessen, was wir Menschen in relativer Unabhängigkeit von der Natur als Ordnung unserer Welt geschaffen haben, wird man depressiv. Es ist, als würde man in Ketten geschlagen, die einen zum Sklaven machen wollen. Vermeintliche Bedürfnisse führen zu einem größeren Verbrauch der natürlichen Güter, die längst die Regenerationskräfte übersteigen. Unsere vorherrschende Ökonomie ist darauf angewiesen, immer neue Quellen für die Entnahme von Rohstoffen zu erschließen, die als natürliche Ressourcen, einmal verbraucht, nie wieder zur Verfügung stehen. Die von uns angewandte Naturwissenschaft und die durch uns geschaffene Technik sind darauf ausgelegt, den unstillbaren Hunger einer auf unbegrenztes Wachstum ausgelegten Ökonomie zu stillen. Aber in einer begrenzten Welt kann es nun einmal kein unbegrenztes Wachstum geben.

Unser Handeln wird sehr leicht bis zum baldigen Anschlag in eine Art gerissen, die uns fortwährend dazu zwingt, eher als erster am Freßnapf sein zu wollen, als über die Folgen unseres Handeln nachzudenken und entschieden zu einem ökologisch sinnvollen Lebensstil (zurück)zufinden, der an die Stelle des „immer mehr" das ökologisch Gleichgewichtige „sowenig wie möglich und soviel wie nötig" setzt.

Der renommierte Friedensforscher Johann Galtung prägte Ende der 60er Jahre den Begriff von der „strukturellen Gewalt" und beschrieb mit seiner Definition, wohin „das System" die Menschheit mittlerweile getrieben hatte: „Strukturelle Gewalt ist die vermeidbare Beeinträchtigung grundlegender menschlicher Bedürfnisse oder, allgemeiner ausgedrückt, des Lebens, die den realen Grad der Bedürfnisbefriedigung unter das herabsetzt, was potentiell möglich ist" (Zitat aus Wikipedia). Nicht mehr nur ein einzelner Täter oder eine Tätergruppe üben Gewalt aus, sondern ein System wirkt gewaltsam. Die Ursache der Gewalt, dieser (systemischen) Gewalt, ist also nicht mehr direkt personifizierbar. Exakt diese Kalamität ist es, die als Ergebnis der rücksichtslos verfolgten Prämissen der vorherrschenden monetarisierten Ökonomie identifiziert werden kann.

Wie man sich fühlt, wenn man für die Lebenssituation in dieser heutigen Welt erwacht, ist schnell klar: Zwänge dominieren, menschliches Leben kann sich offenbar in Würde nur ereignen, wenn ein ausreichender Zugang zu Geldmitteln gegeben ist. Ohne Geld keine Bildung, kein Obdach, keine medizinische Versorgung, keine ... Das geldgetragene System der Wirtschaft, das wir als das mittlerweile dominierende selbst geschaffen haben, ist in höchstem Maße gewaltsam, weil es rücksichtslos die Natur unterwirft und den größten Teil der Menschheit daran hindert, auskömmlich und selbstbestimmt zu leben. Es ist an uns, an jedem einzelnen Menschen, für diese Situation und seine Ursachen zu erwachen, denn dafür bieten sich reichlich Gelegenheiten. Hier offenbart sich nun kurioserweise eine sinnstiftende Qualität dieser Endzeit für die bisher gültig gewesenen Handlungsmodelle, in der wir uns im Blick auf unsere (Un-)Möglichkeiten heutzutage wähnen:

- Ein erstes wesentliches Charakteristikum unserer Zeit ist es, daß wir die eingetretene Problematik unverstellt erkennen.

Wir erkennen und erleiden sie, entweder in direkter persönlicher Betroffenheit oder im Erleben des Mitleids, das sich unweigerlich einstellt, wenn man realisiert, unter welch unsäglichen Bedingungen Menschen in anderen Teilen der Welt versuchen zu überleben. Und so sehr die Ursachen dieser Gewalt als eigentlich systembedingt identifizierbar geworden sind, so sehr immer weniger konkrete Menschen auszumachen sind, die man als direkt Verantwortliche für das eingetretene Elend verklagen könnte, so sehr kommt es am anderen Ende der Tatsachenkette darauf an, was jeder einzelne Mensch zu tun bereit ist, um sich und andere aus dem Debakel zu befreien.

- Das zweite Charakteristikum unserer Zeit wird dort sichtbar, wo wir aus der Erkenntnis für die gegenwärtigen Problemlagen aus freien Stücken den Weg zu einem ethisch fundierten, ökologisch sinnvollen Handeln im Sinne einer als lebenswert erachteten Zukunft finden.

So sehr die Bedrängnisse längst nicht mehr nur auf den Irrsinn einzelner Menschen zurückzuführen sind, sondern im Sinne von Johann Galtung vor allem auf die Gewalt des Systems, kommt es absolut darauf an, was jeder einzelne Mensch aus eben dieser Situation zu machen bereit ist. Der massenhaften Gewalt tritt als sinnstiftende Chance die individuelle Tat des Friedens entgegen!

Die schwierige Lage, in der sich Natur und Mensch befinden, führt eindeutig zu dieser zweifachen Chance, die den „Anfang am Ende des bisher Möglichen“ markiert: *Erkennen, was nötig ist, und daran anschließend aus befreiter Einsicht und selbstgewählter Ethik Voraussetzungen schaffen, die eine für alle gesunde Zukunft ermöglichen.* Ob das sinnvoll und möglich ist, braucht nicht mehr befragt zu werden, denn es geschieht bereits – weltweit!

Die Kraft der Systeme

Unsere Konfrontation mit Leid und Gefahren, die tagtäglich durch die Medien herbeigeführt wird, führt dazu, daß wir oft vorschnell auf 100 %-Lösungen setzen. Die katastrophale Ernährungssituation in Afrika, der vielfach erlebbare Klimawandel, die angespannte Lage, in der sich das Geld- und Wirtschaftssystem weltweit befindet ...

– schnell entsteht der Eindruck, daß durchschlagende Lösungen unmittelbar und ausgreifend verfügbar sein müßten, um ein jähes Ende von allem und jedem noch abwenden zu können. Das lähmt! Die Untergangspropheten wirken insofern kontraproduktiv.

Sinnvoll und zielführend ist demgegenüber die Einsicht, daß jeder Mensch mit seinem Verhalten im eigenen Alltag, vor Ort, im eigenen Lebenszusammenhang realiter einen sinnvollen und starken Einfluß auf die Probleme in allen Weltgegenden ausübt. Mehr als genug können wir Gelegenheiten dafür finden und schaffen, uns gemeinsam darin zu unterstützen, unser Handeln einer Verantwortung zu unterstellen, die sich aus der Tatsache der gewonnenen Einsichten in seine Folgen ergibt. Das ist sicher, es ist gut so und die beste Richtung auf dem Weg zur Zukunft. Es ist an uns, an jedem einzelnen, im eigenen Umkreis in den kleinen und großen Dingen und Verhältnissen des persönlichen Alltags verantwortlich zu handeln!

Wenn jemand nicht will, daß Kinder in Arbeit ausgebeutet werden, kann er damit beginnen, seinen Bedarf aus durchschaubaren Lieferquellen zu befriedigen und Produkte aus Billiglohnländern zu meiden. Wir sind ebenfalls alle dazu in der Lage, sofort damit zu beginnen, die durch uns geschaffene Abfallmenge zu reduzieren. Wo wir uns mit den Auswüchsen des spekulierenden Kapitalismus konfrontiert sehen, kann der Impuls entstehen, die Bank zu wechseln. Der Gelegenheiten für die Veränderung des eigenen Verhaltens sind viele, darauf wurde im FLENSBURGER HEFT 111, *„Mehr als Geld"*, ausführlich hingewiesen. Aber wie wirkt das, was einzelne Menschen tun, auf das große Ganze? Sind dadurch Veränderungen zum Guten zu erwarten, die noch rechtzeitig genug eintreten?

Das Bewußtsein von der Verantwortung, die wir Menschen für das Leben auf dieser Erde zu übernehmen haben, hat sich besonders um die Wende vom 20. zum 21. Jahrhundert herum deutlich verstärkt. In den zurückliegenden zwei bis drei Jahrzehnten sind, ausgehend von Ideen, die – parallel zum Ausbau von Technik, Industrie und Marktwirtschaft – für ökologisch sinnvolle Lebens- und Wirtschaftsformen entwickelt wurden, Handlungsmodelle entwickelt, erprobt und immer weiter optimiert worden, die für ihr Entstehen und Wirken von einer gänzlich neuen Voraussetzung ausgehen: In immer mehr für sich bestehenden Verknüpfungen und Netzwerken werden die Absichten und Handlungsweisen einzelner bürgerschaftlich zusammengefaßt, gebündelt und so in ihrer Wirkung verstärkt. Hier begegnen wir dem Phänomen, daß jede einzelne kleine Tat sich „wie von selbst" mit anderen Taten zu einer großen Wirkung verknüpft. An dieser

Dynamik nehmen wir alle teil. Die Einsicht in die zu übernehmende Verantwortung wird durch das Wissen über Tatsache und Wirken von Systemen ergänzt und zur Grundlage für neue Einflußsphären, die uns allen offenstehen.

Wir können uns – und das kommt zur Einsicht in die zu übernehmende Verantwortung in der Jetztzeit seit etwa 20 bis 30 Jahren phänomenal hinzu – der Kraft der Systeme bewußt werden und sie für unsere Zwecke nutzen. In diesem Bewußtsein dürfen wir damit rechnen, daß Systeme des Lebens stets lebenserhaltend und -fördernd wirken. So sehr wir uns einerseits mit der Gewalt der Systeme konfrontiert erleben, so sehr sollten wir andererseits darum bemüht sein, den eigentlich wesentlichen, weil lebensfördernden Ausblick darauf nicht zu verlieren, daß vom System tatsächlich viel mehr für das Leben eingesetzt wird als dagegen.

Wenn nun immer wieder vom „System" die Rede war, weil mir im Kontext dieser Ausführungen an seiner Wahrnehmung so viel gelegen ist, stellt sich die Frage, was wir unter diesem Begriff verstehen wollen. Ich schlage vor, daß wir uns darauf einigen, daß es der Zusammenhang und -klang all derjenigen Kräfte ist, die man „das Leben" nennen kann, implizit derjenigen Wesen, die das indizieren und davon profitieren. Ob zu den offensichtlichen horizontalen Ordnungen auf der irdischen Welt noch vertikale in eine geistige Welt hineingehören, möchte ich offenlassen, obwohl ich persönlich vor dieser Sichtweise nicht zurückschrecke, sondern, im Gegenteil, sie für meine Weltsicht als wesentlich erachte. Es genügt hier aber, im sogenannten Hier und Jetzt zu bleiben, denn auf den vorgeschlagenen Nenner, daß mit „System" schlicht „Vielfalt des Lebens" gemeint ist, können wir uns sicher alle schnell einigen.

Weiterhin schlage ich vor, daß wir uns intensiv darum bemühen, in den vielen großen und kleinen Gelegenheiten, die der Alltag uns dafür bietet, die lebensfördernde Kraft zu erfahren, die faktisch da und viel stärker ist als ihr Gegenteil: begonnen bei den Funktionen unseres Leibes, die Vorgänge in der uns umgebenden Natur nicht unbeachtet sein lassend, und schließlich auch – das ist für manche schon ein „Grenzbereich" – mit Aufmerksamkeit für die Kraft guter Ideen, die nicht selten unvermittelt und hilfreich eben nicht aus dem Nichts auftauchen, um irgend jemanden oder irgendwas entscheidend weiterzubringen. Dieses System ist eine Tatsache, die nur darauf wartet, daß wir uns alle, mit stetig wachsendem Vertrauen, in und mit ihm wiederfinden!

Zusammenfassung: Vom Sinn der Komplemente

Man kann sich nie genug darüber freuen, wie großartig das Leben für uns sorgt. Unser Leib existiert in den meisten Fällen relativ störungsfrei für mehrere Jahrzehnte. Alle Funktionen greifen ineinander, tragen und fördern sich gegenseitig. In der nächsten Ebene begegnen wir den Phänomenen der uns umgebenden Natur, die alle so ausgerichtet sind, daß auch wir selbst ausreichend mit allem Notwendigen versorgt werden. Zum großen Zusammenhang des Lebens gehören auch wir Menschen, da wird nichts ausgelassen und für jeden Bedarf in ausgezeichneter Weise gesorgt. Am Erkennen und Erleben dieser Tatsache besteht für niemanden ein Zweifel. Wir alle wissen davon und leiten aus diesem Wissen – wo es ungestört geblieben ist – Empfindungen von Sicherheit und Vertrauen ab, die die wahre Qualität des Lebens zur Erfahrung bringen.

Natürlich gehört zur eben beschriebenen Erfahrung gerade gegenwärtig auch hinzu, daß wir uns als Menschheit mit Entwicklungen konfrontiert sehen, die zu Unbillen oder Katastrophen führten und führen. Harmlos ist darin der verregnete Sommer, bedenklich die Zunahme der Erderwärmung, und unfaßbar schrecklich sind die Hungersnöte und Katastrophen, die immer wieder tausendfach Menschenleben fordern und ganze Lebensräume zerstören. Die einen reden von Rache (der Natur), die anderen schlicht von gestörten Gleichgewichten im ökologischen Zusammenhang. Gemeinsam ist beiden Aussagen, daß sie die Tatsache eines Systems voraussetzen, in dem niemand ungestraft für Unordnung sorgt. Es ist aber gerade auch unter dieser Voraussetzung möglich, eine andere Blickrichtung einzunehmen und zu entsprechend anderen Reaktions- und Handlungsweisen zu finden.

Stellen wir noch einmal fest, daß auch wir uns im bewundernswerten Zusammenhang allen Lebens genährt, getragen und umsorgt erleben können. Der Zusammenhang allen Lebens in natürlichen Gleichgewichten, in optimal funktionierenden Systemen ist prinzipiell so angelegt, daß Leben sich fortwährend ereignet. Nichts sonst ist die Absicht des Lebens, denn zu leben! Wenn wir das doch wissen und tagtäglich zuerst am eigenen Leib erfahren, warum vertrauen wir dann nicht viel mehr auf diese großartige Kraft? Warum beziehen wir sie nicht viel mehr und engagierter in unseren Umgang mit den Alltäglichkeiten ein, als wir es bisher noch tun? Das Leben will leben, also machen wir doch etwas daraus!

Wir sahen auf das Drängen zu 100 %-Lösungen, das sich gleichsam wie von selbst einstellt, wenn und wo jemand auf die großen Gegenwartsprobleme aufmerksam geworden ist. Buchstäblich alles soll in kurzer Zeit ganz anders und besser sein, als es zunächst geworden ist. Diese Erwartung lähmt, denn sie ist es, die zuerst auch daran hindert, den ersten kleinen Schritt zu tun. Es kommt nicht darauf an, gleich alles umkrempeln und verändern zu wollen, sondern darauf, in überschaubaren Bereichen für Ordnung und Qualität zu sorgen. Kleine Taten werden in den großen Zusammenhängen, in denen sie immer auch zugleich wirksam sind, Großes bewirken. Darauf zu vertrauen heißt, auf das Wirken der Zusammenhänge im System des Lebens zu vertrauen. Wenn wir das tun und daraus – vielleicht erstmal in Teilbereichen unseres persönlichen Lebens – handeln, können wir der Zukunft beruhigt entgegengehen.

Die Verkrustungen knacken

Interview mit Peter Scholl-Latour

von Wolfgang Weirauch

Dr. Peter Scholl-Latour, *geb. 1924 in Bochum. Er studierte an den Universitäten Mainz, Paris und Beirut. Neben einer Promotion an der Sorbonne und dem Diplom des Institut National des Sciences Politiques in Paris erwarb er an der Libanesischen Universität Beirut das Diplom für arabische und islamische Studien. Seit 1950 Arbeit als Journalist. Als Korrespondent der* ARD *hielt er sich von 1960–1963 in Afrika auf; danach leitete er bis 1969 das* ARD*-Studio in Paris, anschließend war er zwei Jahre Programmdirektor des* WDR*-Fernsehens. 1975 übernahm er die Leitung des* ZDF*-Studios in Paris, die er bis 1983 innehatte. Peter Scholl-Latour ist neben seiner Fernseh-, Rundfunk- und Pressearbeit auch Autor zahlreicher erfolgreicher Bücher, die von den Brennpunkten der Weltpolitik berichten, u.a.:*

- *„Eine Welt in Auflösung. Vor den Trümmern der Neuen Friedensordnung" (Goldmann Verlag, München 1993);*
- *„Das Schlachtfeld der Zukunft. Zwischen Kaukasus und Pamir" (Goldmann Verlag, München 1996);*
- *„Lügen im Heiligen Land. Machtproben zwischen Euphrat und Nil" (Goldmann Verlag, München 1998);*
- *„Allahs Schatten über Atatürk. Die Türkei in der Zerreißprobe " (Goldmann Verlag, München 1999);*
- *„Afrikanische Totenklage. Der Ausverkauf des Schwarzen Kontinents" (Goldmann Verlag, München 2001);*
- *„Der Fluch des neuen Jahrtausends. Eine Bilanz" (Goldmann Verlag, München 2004;*
- *„Kampf dem Terror – Kampf dem Islam? Chronik eines unbegrenzten Krieges " (Ullstein Taschenbuch Verlag, Berlin 2004);*

- *„Koloß auf tönernen Füßen. Amerikas Spagat zwischen Nordkorea und Irak“ (Propyläen Verlag, Berlin 2005);*
- *„Rußland im Zangengriff – Putins Imperium zwischen Nato, China und Islam“ (Propyläen Verlag, Berlin 2006);*
- *„Zwischen den Fronten-Erlebte Weltgeschichte“ (Propyläen Verlag, Berlin 2007);*
- *„Der Weg in den neuen Kalten Krieg“ (Propyläen Verlag, Berlin 2008);*
- *„Die Angst des weißen Mannes: Eine Welt im Umbruch. (Propyläen-Verlag, Berlin 2009);*
- *„Arabiens Stunde der Wahrheit: Aufruhr an der Schwelle Europas“ (Propyläen Verlag, Berlin 2011).*

Das Jahr 2011 war in vielerlei Hinsicht ein Jahr, das keine Gnade kannte – im Guten wie im Schlechten, vor allem aber mit der schonungslosen Offenbarung nicht mehr tragfähiger wirtschaftlicher und politischer Machtstrukturen.

Kein Mensch hätte vor einem Jahr den sogenannten arabischen Frühling erwartet und daß der Aufstand des Volks die diktatorisch-technokratischen Regierungen Tunesiens und Ägyptens stürzen und der bewaffnete Widerstand Oberst Gaddafi, wenn auch mit Nato-Unterstützung, in Libyen wegfegen würde. Was verblüfft, ist die Vehemenz und Schnelligkeit dieser Entwicklung, auch daß tatsächlich Unerwartetes geschieht. Solche Entwicklungen lassen hoffen in dieser verkrusteten Welt, auch wenn die Zukunft noch absolut offen ist.

Seit dem 31.10.2011 leben auf dieser Erde sieben Milliarden Menschen, keineswegs immer zum Heil der Erde, der Natur, des anderen Menschen. Aber die meisten Menschen sind keine Weißen mehr, andere Staaten wie z.B. Brasilien, Indien und vor allem China gehören zu den aufstrebenden Zukunftsmächten. Europa und die USA versinken im Schuldensumpf, und eigentlich weiß es jeder, daß nicht das insolvente Griechenland das vorrangige Problem ist, sondern die USA mit ihrer Verschuldung und den sozialen Spannungen, die sich vielleicht mittelfristig in bürgerkriegsähnlichen Auseinandersetzungen entladen – mit weltweiten Folgen.

Wie wird es weitergehen mit dieser Menschheit im Zusammenleben mit der Erde? Wird die Warnung von Fukushima weiterhin ignoriert oder von weiteren Ländern ernst genommen? Bricht die Eurozone auseinander? Bricht der Mythos der USA als ewig brummende Wirtschaftsmacht Nr. 1 zusammen, und versinken die USA im sozialen Chaos? Werden die Israelis mit der Bombardierung der iranischen Nuklearanlagen ein Flächenbrand in Nahost lostreten? Wird sich die neue

Supermacht und Bank dieser Welt, China, weiterhin so abwartend und leise agierend verhalten? Und wird die Graswurzelbewegung der zahlreichen Initiativen weltweit für weitere Überraschungen sorgen?

Das Jahr 2011 hat uns gezeigt, daß sich Geschichte nicht nur langsam entwickelt, sondern mitunter auch eruptiv und völlig überraschend. Es hat uns gezeigt, daß die alte Ordnung der politischen und Finanzsysteme erheblich ins Wanken geraten ist, immer mehr Verkrustungen aufbrechen und neue Initiativen phantasievoll ans Licht treten.

Im Gespräch mit Peter Scholl-Latour blicken wir auf einige dieser Brandherde unserer Erde: den Umbruch in der arabischen Welt, die Haltung der deutschen Bundesregierung zu Libyen, die starre Haltung Israels, den schlummernden Konflikt zwischen Saudi-Arabien und Iran einerseits und dem Westen andererseits, auf die immense Verschuldung und die kulminierenden sozialen Spannungen der USA sowie auf die aufstrebenden Mächte der Zukunft – China und Brasilien.

Peter Scholl-Latour hat jedes Land dieser Erde, meist mehrfach, bereist und über die Menschen, die politischen und militärischen Auseinandersetzungen dieser Länder berichtet. Mit seiner nüchternsachlichen Art und seiner überaus reichen Erfahrung erklärt er wie kein anderer die Zusammenhänge und politischen Entwicklungen dieser Erde und unserer Menschheit.

Wolfgang Weirauch: Als wir gestern (20.10.2011) das Interview terminierten, erzählten Sie, daß Sie gerade aus Libyen kämen. Kurz darauf kam die Nachricht von Gaddafis Tod. In welchen Städten waren Sie in Libyen?

Peter Scholl-Latour: Ich bin von Tunis nach Misrata gefahren und dann auf dem Landweg über Tripolis zurück zur tunesischen Grenze.

W.W.: Haben Sie interessante Gespräche führen können?

P. Scholl-Latour: Nein, eigentlich habe ich mit niemandem gesprochen. Es gibt zur Zeit keine Gesprächspartner dort. In der Übergangsregierung wird zwar viel geredet, aber jetzt mit der Einnahme von Sirte ist die sogenannte Stunde Null angebrochen. Die jetzige Übergangsregierung wird ja von großen Teilen der Rebellen nicht anerkannt, und somit muß man momentan abwarten, wie die weitere Entwicklung sein wird. Es ist viel zu ungewiß, auch nur irgendeine Prognose abzugeben.

☞

Eine der größten Torheiten Deutschlands

W.W.: Wie groß war der Fehler Deutschlands, sich bei der Libyen-Resolution im UN-Sicherheitsrat zu enthalten, und welche Folgen hat dies bis heute?

P. Scholl-Latour: Das war ungefähr die größte Torheit, die die Bundesrepublik Deutschland überhaupt begehen konnte. Sowohl Helmut Kohl als auch Joschka Fischer haben diese Enthaltung massiv kritisiert, und vor allem gab es überhaupt keine Notwendigkeit für Deutschland, militärisch einzugreifen. Kein deutscher Soldat, kein deutsches Flugzeug hätte entsandt werden müssen, denn die Abstimmung ging ausschließlich darum, eine Flugverbotszone über Libyen einzurichten. Daß Deutschland sich hier als einziger europäischer Nato-Staat herausgehalten hat, ist einfach stupide. Eigentlich ist es nicht einmal zu begreifen.

Das hat z.B. zur Folge, daß in Tripolis vor meinem Hotel die französische und die britische Fahne wehte, nicht aber die deutsche. Letztendlich messe ich dem aber keine allzu große Bedeutung bei. In Libyen dürfte das in kürzerer Zeit vergessen sein; die sehr viel größere negative Wirkung hat sich aber bei den Amerikanern und Franzosen abgezeichnet.

W.W.: Im August ließ Außenminister Westerwelle keine Gelegenheit aus, die vermeintlichen deutschen Verdienste am nahen Sieg der libyschen Rebellen hervorzuheben. Zufrieden stellte er damals fest: „Deutschland hat einen wichtigen Beitrag geleistet." Die Sanktionspolitik der Bundesregierung „war augenscheinlich erfolgreich", verkündete er. Deutschland habe den Freiheitskämpfern maßgeblich geholfen und sich „schon früher als viele andere klar gegen das Unrechtsregime von Gaddafi gestellt." Wie zynisch ist das?

P. Scholl-Latour: Das ist dummes Gerede. Westerwelle sollte jetzt wirklich aufhören zu reden. Sogar die Norweger und Dänen haben sich in Libyen engagiert, mit der Erlaubnis der Arabischen Liga, was keineswegs gewöhnlich ist. Insofern ist die Haltung von Deutschland völlig unverständlich.

W.W.: Haben Sie eine Erklärung für die Haltung Deutschlands in bezug auf die Enthaltung?

P. Scholl-Latour: Vielleicht hat man innenpolitisch gedacht. Es standen viele Landtagswahlen an, und vielleicht erhoffte man sich einen ähnlichen Effekt wie damals, als die rot-grüne Bundesregierung nicht bei dem Irak-Feldzug der USA mitgemacht hat. Heute aber haben wir eine ganz andere Situation, denn die Libyen-Resolution hatte die Zustimmung der Vereinten Nationen.

Aber wie die Zukunft von Libyen aussehen wird, ist wirklich völlig ungewiß. Selbst General Yunis war einst unter den Schergen Gaddafis, hatte damals mit den Aufstand der Senussi in der Cyreneika niedergeschlagen, wurde von Gaddafi 2009 zum Innenminister ernannt, aber im Februar diesen Jahres trat er von seinen Ämtern zurück und stellte sich auf die Seite des Übergangsrates. Trotzdem wurde er im Juli auf dem Weg nach Benghasi von Islamisten erschossen. Auch der jetzige Vorsitzende der Übergangsregierung, Dschibril, war zur Zeit von Gaddafi Justizminister. Zwar ist er ein gemäßigter Mann, trotzdem sind zu seiner Zeit die bulgarischen Krankenschwestern zum Tode verurteilt worden. Er und andere saßen in Tripolis weit vom Schuß, aber diejenigen, die gekämpft haben, werden jetzt ihr Mitspracherecht einfordern.

W.W.: Die *Washington Post* berichtete Anfang Oktober nach umfangreichen Recherchen, daß die aus den Arsenalen Gaddafis verschwundenen Boden-Luft-Raketen bereits in großer Zahl und recht billig auf ägyptischen Waffenmärkten erhältlich seien. Sie seien auch schon auf den Märkten in Sinai, an der Grenze zu Israel, aufgetaucht, und der Preis sei von 15.000 auf 4.000 Euro gesunken. Dabei soll es sich um etwa 10.000 Boden-Luft-Raketen handeln, die in die Hände von terroristischen Gruppen geraten könnten. Die meisten dieser Raketen sind mit Hitzesensoren ausgestattet, die sie direkt in die Turbinen von Flugzeugen leiten können. Und beim Start und beim Landeanflug sind zivile Flugzeuge gegen solche Angriffe nicht geschützt. Was geschähe, wenn diese Raketen z.B. in die Hände der Hamas oder der Hisbollah gelangen würden?

P. Scholl-Latour: Die Hamas kann damit nicht allzuviel anfangen; sehr viel gefährlicher wäre es allerdings, wenn diese Raketen in Afghanistan auftauchen würden. Diese Raketen sind für Hubschrauber und Passagierflugzeuge äußerst gefährlich. Während der russischen Besatzung von Afghanistan wurde es zum Wendepunkt dieses Krieges, als die amerikanischen Stinger-Raketen auftauchten. Die große Überlegenheit der Russen bestand u.a. in ihren Helikoptern. Aber in dem Moment, in dem die USA den Mudschaheddin die Stinger-Raketen lieferte, brach die Überlegenheit der Sowjetunion zusammen, obwohl die Russen damals Afghanistan besser kontrollierten, als die Amerikaner es heute tun.

Menschen ausschalten, die eigentlich Gesprächspartner sein sollten

W.W.: Vor wenigen Tagen ist bekanntgeworden, daß die USA einen Cyber-Angriff auf die libyschen Truppen und Zentralen geplant hatten, aber noch davon Abstand genommen haben, weil Obama nicht sicher war, ob er diese Entscheidung hätte durch den Kongreß bekommen können. Hätte man damit einen Präzedenzfall geschaffen, den auch andere Staaten oder Gruppen in Zukunft einsetzen würden?

P. Scholl-Latour: Mit Sicherheit; das wird ohnehin kommen. Die Überlegung der USA war mit Sicherheit, keinen solchen Präzedenzfall in bezug auf Libyen zu schaffen, denn damit hätte man anderen Staaten den Vorwand geliefert, lediglich das durchzuführen, was die Amerikaner vorgemacht haben. Die Amerikaner sind ja nicht die einzigen, die fähig wären, solche Angriffe durchzuführen. Die Chinesen und die Russen arbeiten mit Sicherheit mit der gleichen Intensität und mit dem gleichen Know-how an derartigen Möglichkeiten. Vermutlich wird es in Zukunft Dimensionen für Cyber-Angriffe oder einen Cyber-war geben, die wir uns in dem ganzen Ausmaß noch nicht einmal vorstellen können. Man wird sehen, ob man damit z.B. einen Flugzeugträger lahmlegen kann oder ganze Industriezweige oder gar Staaten. Das sind Perspektiven, die wir uns im Grunde noch gar nicht ausmalen können. In diesem Zusammenhang sollte man auch die amerikanischen Drohnen-Angriffe sehen, mit denen man z.B. im Jemen mutmaßliche Terroristen ausschaltet, Menschen, die eigentlich Gesprächspartner sein sollten. Aber solche Drohnen können natürlich auch andere Staaten produzieren und einsetzen.

Die arabische Revolution und das Gespenst Al-Qaida

W.W.: Hunderttausende Ägypter protestierten 18 Tage lang gegen das autokratische Regime des Präsidenten Mubarak, der 30 Jahre seine Macht auf das Militär, die Polizei und die Geheimdienste stützen konnte, dann trat er am 11. Februar 2011 zurück. Hätten Sie vor einem Jahr eine solche Volksbewegung mit einem solchen Ergebnis für möglich gehalten?

P. Scholl-Latour: Ungefähr vor einem Jahr war ich in Ägypten und habe mit den verschiedensten Menschen dort gesprochen. Niemand hat mit einer solchen Bewegung in den arabischen Staaten gerechnet. Interessant ist auch die sogenannte Facebook-Jugend, also die ganze Bewegung derjenigen, die sich über das Internet verständigt haben. Auch das haben die ägyptischen Geheimdienste, die von den Amerikanern eingerichtet worden sind, nicht vorausgesagt; ebenfalls nicht der Mossad.

Das zeigt wieder einmal, wie außerordentlich begrenzt die westlichen Geheimdienste sind. Das herausragendste Beispiel für dieses

© OTRS Autor: Presidenza della Repubblica

Hosni Mubarak

Versagen ist das Scheitern der israelischen Armee 2006 im Libanon gegen die Hisbollah. Bei diesem israelischen Angriff sind die israelischen Truppen zum ersten Mal überhaupt nicht vom Fleck gekommen.

W.W.: Wie beurteilen Sie die Kraft dieser arabischen Revolution, dieses arabischen Frühlings?

P. Scholl-Latour: Das ist ganz unterschiedlich zu betrachten und zu bewerten. Eine Einheit der arabischen Nation gibt es nicht. Auch die angebliche Stärkung von Al-Qaida gibt es nicht. Mit Sicherheit kann man nicht davon sprechen, daß Al-Qaida den Maghreb übernimmt. Al-Qaida ist ohnehin ein Gespenst, welches ungeheuer aufgebauscht worden ist. Al-Qaida war ursprünglich eine Bewegung, die zusammen von den Amerikanern, den Saudis und Pakistanis mit sehr viel Geld aufgeboten und unterstützt worden ist, um ihnen Waffen gegen die sowjetische Besatzung in Afghanistan zu liefern. Damals meinten die Amerikaner, daß diejenigen, die gegen die gottlosen Kommunisten kämpften, Freunde des Westens wären. Das war eine gefährliche Illusion. In diesem Zusammenhang ist auch Osama bin Laden maßlos überschätzt worden. Später hat man ihn aufgebauscht, um ein Feindbild zu haben, obwohl er natürlich kein Freund der USA war.

W.W.: Wie sehen Sie die Zukunft Ägyptens, auch in bezug auf die Stärke der Muslim-Brüderschaft?

P. Scholl-Latour: Auch das ist noch nicht genau abzusehen. Momentan haben wir dort eine Militärherrschaft, eigentlich eine Militärdiktatur, die härter vorgeht als das Regime zur Zeit von Mubarak. Die Welt hat auf die jungen Leute vom Tahrir-Platz gesehen und geglaubt, daß diese sympathischen Menschen Ägypten seien. Das ist aber nicht Ägypten. In gewisser Weise war diese Bewegung vom Tahrir-Platz also kontraproduktiv. Die Menschen auf dem Tahrir-Platz gehören zur Intelligenz, zur Mittelschicht, die man zwar nicht unterschätzen sollte, aber sie haben keine Macht.

Die Muslim-Brüderschaft in Ägypten ist relativ gemäßigt, ebenso die islamischen Parteien. Dadurch, daß in Ägypten die Gefängnisse geöffnet wurden, ist allerdings eine große Unsicherheit entstanden, auch in bezug auf verschiedenste Plündereien, so daß z.B. in der Stadt

Alexandria eine Bürgerwehr entstand, um sich gegen verschiedenste Kriminelle zu wehren.

Die Begeisterung über die Tahrir-Bewegung ist schon merklich im Abklingen. Die arabischen Staaten muß man aber sehr differenziert betrachten; zum einen Tunesien und Ägypten, die kein Öl haben, auf der anderen Seite Libyen mit seinen großen Ölvorkommen. Daraus kann man mit Sicherheit den Schluß ziehen, daß sich Libyen sehr viel eher als Ägypten sanieren wird. Was aus Ägypten wird, ist nicht abzusehen, vor allem, weil dort auch der Tourismus ausgefallen ist.

Syrischer Eklat und deutsche Heuchelei

W.W.: Aus Syrien sind die Nachrichten spärlicher; warum geht das syrische Regime mit dieser Brutalität gegen die Protestierenden vor, und warum führten die Proteste bisher zu keinem Umsturz wie in Tunesien, Ägypten und Libyen?

P. Scholl-Latour: Die führende Schicht in Syrien gehört zu der mehr oder weniger schiitischen, fast schon schamanistischen Sekte der Alawiten, obwohl diese nur ungefähr 5 % der Bevölkerung ausmachen. Aber sie haben sämtliche Schlüsselpositionen in der Armee und in den Geheimdiensten besetzt. Und sie wissen, daß sie allesamt aus ihren Ämtern vertrieben werden, wenn die sunnitische Mehrheit, die etwa 80 % der syrischen Bevölkerung ausmacht, an die Macht kommt. Vermutlich werden dann auch große Massaker stattfinden. Insofern kämpft der Assad-Clan mit großen Teilen der Armee und der Geheimdienste um seine Existenz. Deshalb diese große Gewalt.

Auch die Christen in Syrien sind sehr beunruhigt. Unter Hafiz al-Assad, und bisher auch unter seinem Sohn Baschar al-Assad, waren die Christen relativ gut geschützt, ähnlich wie im Irak unter Saddam Hussein. Das aber hat jetzt aufgehört. Selbst in Ägypten waren die Kopten unter Mubarak sicherer als heute.

W.W.: Syrien sollte Anfang Oktober 2011 vom UN-Sicherheitsrat zu einem Ende der Gewalt gegen Zivilisten aufgerufen werden; man wollte den Druck auf das Assad-Regime verstärken. China und Rußland haben im UN-Sicherheitsrat allerdings eine Verurteilung des gewaltsamen Vorgehens Syriens gegen die Demonstranten verhindert. Die beiden Vetomächte stimmten am 04.10.2011 gegen einen bereits mehrfach abgeschwächten Resolutionsentwurf der Europäer. Welche Interessen haben diese beiden Länder in Syrien?

P. Scholl-Latour: Die Chinesen haben den allgemeinen Grundsatz, sich nicht in die inneren Angelegenheiten eines Staates einzumischen, auch in der Erwartung, daß andere Länder sich nicht in die Angelegenheiten Chinas einmischen. Das wäre allerdings in bezug auf China ohnehin eine problematische Angelegenheit angesichts der Größe des Landes und der Masse der Bevölkerung. Für die Russen ist Syrien der einzige Stützpunkt und die einzige Einflußsphäre am Mittelmeer, eine Position, die die Russen früher sehr stark ausübten, und diese Position wollen sie nicht verlieren.

W.W.: Nach der Abstimmung sorgte der syrische UN-Botschafter Baschar Dschaafari zudem für einen Eklat. Dschaafari attackierte die Länder, die den Resolutionsentwurf gegen die syrische Regierung eingebracht hatten. Nach heftigen Angriffen gegen Großbritannien und Frankreich sagte der Botschafter spöttisch: *„Und dann ist da noch Deutschland, der dritte Musketier. Deutschland, das die Juden in Europa verfolgte, spielt sich nun als ehrlicher Makler einer verlogenen und betrügenden Resolution auf.“* Ist das auch Spott über die deutsche Ablehnung der Unterstützung der libyschen Rebellen?

P. Scholl-Latour: Selbstverständlich. Man muß ja sogar sagen, daß dieser Mann nicht ganz unrecht hatte. Das Ganze ist ohnehin eine einzige Heuchelei, denn z.B. über die Gewalt in Bahrain wird in Deutschland nicht geredet, obwohl dort für die Bevölkerung eine absolut tragische Situation herrscht. Dort leben etwa 70 bis 75 % Schiiten, die von der sunnitischen Herrscherfamilie Khalifa unterdrückt werden. In Bahrain wird in brutaler Weise gefoltert. Und als diese Mini-Monarchie am Wackeln war, sind die Saudis mit Panzern eingerollt; und Deutschland hat jetzt nichts Besseres zu tun, als den Saudis etwa 200 Leopard-Panzer zu liefern. Das ist eine furchtbare Heuchelei! Deshalb kann ich es nicht mehr hören, wenn deutsche Politiker weltweit als erste mit ihren Menschenrechtsproklamationen auftreten.

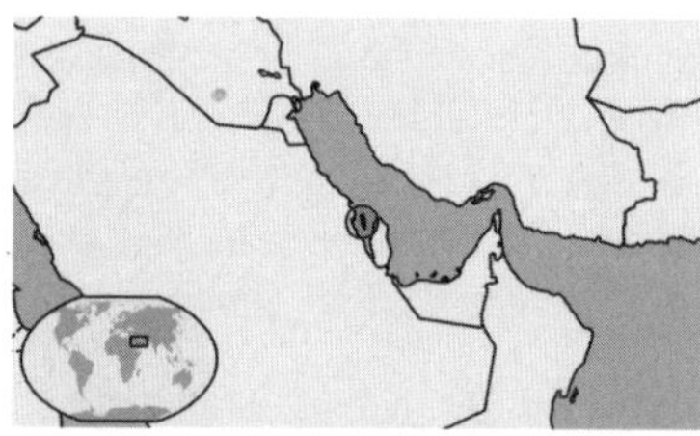

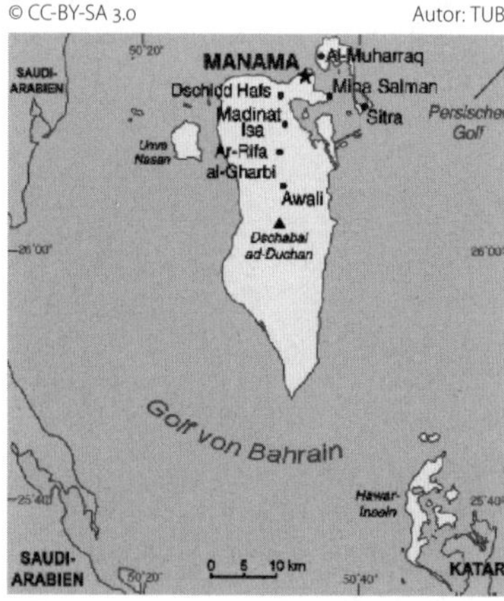

Lage von Bahrain

Friedensutopie in Nahost

© PD Official White House Photo by Lawrence Jackson

Mahmud Abbas

W.W.: Wie beurteilen Sie die Rede von Palästinenser-Präsident Abbas in der UN, vor allem den Antrag, daß Palästina als vollwertiges Mitglied in die Staatengemeinschaft aufgenommen werden soll? War dies richtig, zeitlich geschickt, oder ist das wie so oft wieder einmal illusorisch?

P. Scholl-Latour: Die Palästinenser haben eine gewisse Aufwertung bekommen, aber ein souveräner Staat der Palästinenser wird mit Sicherheit immer von den Amerikanern mit Veto verhindert werden. Die Palästinenser haben diese Aufstufung bekommen, z.B. in der Kulturorganisation, die von der Generalversammlung der UN abhängt, in der die Palästinenser eine große Mehrheit haben, aber in bezug auf das, was die existentiellen Bereiche von Palästina betrifft, wird der Weltsicherheitsrat entscheiden. Dort werden die Amerikaner mit Sicherheit mit einem Veto antworten. Und möglicherweise werden sich sogar die Deutschen diesem Veto anschließen. Aber das bleibt noch abzuwarten. Allerdings haben die Deutschen keine Veto-Möglichkeit, aber sie werden sich voraussichtlich dem Votum der Amerikaner anschließen.

© PD HowardMorland

Westjordanland und Gaza

W.W.: Abbas hat bei der Bevölkerung Erwartungen geweckt. Andererseits wird der Sicherheitsrat erst in einem Jahr oder später über diesen Antrag entscheiden, es ist also noch Zeit für eine Friedenslösung, für eine Zwei-Staaten-Lösung. Sehen Sie Chancen, daß Israel sich bewegt, daß ein unabhängiger Palästinenserstaat entstehen könnte?

P. Scholl-Latour: Hier bin ich sehr pessimistisch, denn ich wüßte nicht, wo diese Zwei-Staaten-Lösung ansetzen sollte. Dazu braucht man nur auf die Landkarte zu schauen, denn bei diesem Flickenteppich gibt es eigentlich keinen Raum für zwei Staaten. Man kennt ja die Bedingungen Israels, vielleicht wären sie sogar bereit, auf einige Siedlungen zu verzichten; aber im Grunde gehen die israelischen Siedlungen bis zum Jordan hinunter. Und so gibt es nicht nur die bisherige Zweiteilung in Gaza und Westjordanland, sondern das Westjordanland ist eigentlich auch noch völlig zerteilt, zerschnitten. Somit ist ein unabhängiger Palästinenserstaat allein schon geographisch ziemlich unmöglich. Für die USA wird eine sehr schwierige Situation entstehen, wenn sie ihr Veto einlegen, und auch für Deutschland ergibt sich eine sehr schwierige Situation, weil Bundeskanzlerin Merkel ausgesagt hat, daß Israel eine Frage der Staatsräson sei.

Baschar al-Assad

Hafiz al-Assad

Es ist eben nicht mehr so wie früher, als der ägyptische Präsident Mubarak mit Obama in bezug auf die Sicherheit zwischen Gaza und Israel zusammengearbeitet hat. Auch zwischen Syrien und Israel gibt es schon lange ein gegenseitiges Stillhalteabkommen, und fast wäre es auch zu einem Vertragsabschluß über die Golanhöhen gekommen. Aber wenn der syrische Präsident Assad gestürzt werden sollte, ist es sehr fraglich, wie die neuen Kräfte reagieren werden. Der jetzige Präsident Baschar al-Assad und sein Vater Hafiz al-Assad haben immer darüber gewacht, daß an der Demarkationslinie, bei den Golanhöhen, zwischen Syrien und Israel niemals ein Schuß gefallen ist. Dies wird in Zukunft vermutlich nicht mehr so sein, denn, ähnlich wie in Libyen, werden auch in Syrien höchstwahrscheinlich Kräfte auftreten, die nicht mehr so kontrolliert sind wie das derzeitige Regime.

W.W.: Die arabische Revolution hat Israel ziemlich isoliert und in Ungewißheit gestürzt; nun protestiert auch die Jugend in Israel, wenn auch nicht gegen die Unterdrückung der Palästinenser, so doch immerhin gegen die sozialen Belastungen, gegen die teuren Mieten usw. Kann Israel es sich überhaupt noch leisten, Friedensverhandlungen mit dem Ergebnis von zwei Staaten abzulehnen – angesichts der sozialen Spannungen im eigenen Land, drohender Rezession, des Zusammenbruchs des ursprünglichen Machtgefüges in Ägypten, angesichts der Erstarkung der Palästinenser durch den UN-Antrag und durch die Freilassung der Gefangenen?

P. Scholl-Latour: Die Lage für Israel ist immer eine existentielle Frage. Und es ist wahrscheinlich nicht damit getan, daß sich Israel auf die grüne Linie von 1967 zurückzieht, denn damit werden sich die Araber vermutlich auf Dauer nicht zufriedengeben. Deshalb sehe ich hier wenig Chancen für eine Friedenslösung; die Situation ist eigentlich verfahrener, als sie jemals gewesen ist. Wer heute von einer Friedenslösung im sogenannten heiligen Land redet, erliegt einer Utopie.

Der wirkliche Gegner des Westens ist Saudi-Arabien

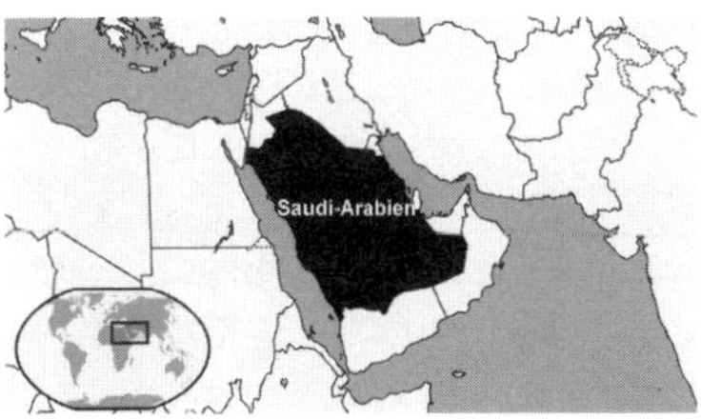

 Autor: TUBS

Lage von Saudi-Arabien

W.W.: Die politischen Verhältnisse in den sunnitischen Staaten, vor allem in Ägypten, Libyen, Tunesien, Jemen und Syrien, sind im Umbruch und sehr volatil. Saudi-Arabien steht nun voll im Mittelpunkt als sogenannte Leitnation der sunnitischen Staaten gegen den schiitischen Iran. Wie beurteilen Sie hier die Machtverhältnisse und den gegenseitigen Konflikt, auf die Zukunft gesehen?

P. Scholl-Latour: Neulich las ich irgendwo, daß dies das sogenannte Great game der Gegenwart sei, in Anspielung an den Konflikt der Vergangenheit zwischen den USA und der Sowjetunion. Das ist sicherlich überzogen, trotzdem ist es ein fundamentaler Gegensatz zwischen dem extrem sunnitischen Saudi-Arabien und dem schiitischen Iran. Der Wahabbismus in Saudi-Arabien geht weit über das hinaus, was der Koran befiehlt. Die Saudis haben das undemokratischste, das repressivste, intoleranteste Regime, welches es in dieser Region überhaupt gibt, und der Westen, der immer für die Menschenrechte eintritt – und das ist die paradoxe Situation –, verbiegt sich in bezug auf Saudi-Arabien heuchlerisch oder erliegt zumindest einer furchtbaren Illusion, weil Saudi-Arabien wegen seiner Ölvorräte für die USA und andere westliche Staaten angeblich unentbehrlich sei. Der wirkliche

Gegner der USA bzw. des Westens ist Saudi-Arabien, und die Attentate vom 11. September sind ja nicht von Afghanistan ausgeführt worden, sondern das waren Saudis.

Lügen aus den USA

W.W.: Das Nuklearprogramm Irans scheint Fortschritte zu machen. Ist das einer der Hintergründe der Spannungen zwischen Saudi-Arabien und Iran und des angeblichen Mordanschlags auf den saudischen Botschafter in den USA durch den Iran?

P. Scholl-Latour: Dieser Anschlag ist natürlich nur Humbug. Wir sind so oft mit solchen Geschichten belogen worden, wenn man nur an die angeblichen Nuklearwaffen denkt, die Saddam Hussein angeblich zur Verfügung hatte. Das waren alles Lügen aus den USA, und es ist eigentlich eine ungeheure Unverschämtheit, daß man jetzt wieder mit einer solch dreisten Lüge aufwartet.

W.W.: Ist der Iran jetzt der Gewinner der verschiedenen Konflikte und Umbrüche in den arabischen Staaten?

P. Scholl-Latour: Das kann man so noch nicht sagen. Wir müssen erst einmal abwarten, wie die Situation in Syrien weitergeht, und ich halte es nicht für ausgeschlossen, daß sich Präsident Assad noch länger in Syrien halten wird. Man schaut zwar auf Libyen und den gestürzten Oberst Gaddafi, aber andererseits sehen die Syrer auch, was sich in Libyen abspielt, und das ist Chaos. In Libyen ist es auch zu Ausschreitungen und Plünderungen von seiten der Aufständischen gekommen, es ist vielfach Unsicherheit entstanden, aber der Lebensstandard in Libyen ist relativ hoch, und es ist zu vermuten, daß sich Libyen relativ rasch wieder erholt. Aber einen so hohen Lebensstandard haben wir in den meisten arabischen Staaten nicht. Die wirklichen Schwierigkeiten stehen in Libyen trotzdem noch bevor, und ein Bürgerkrieg ist nicht auszuschließen.

Für Bahrain rührt sich keine Seele im Westen

W.W.: Wie sehen Sie die Zukunft von Saudi-Arabien angesichts der arabischen Revolution und angesichts der Aussicht, daß in einigen Jahren in Saudi-Arabien sogar die Frauen vermutlich bei den, wenn auch völlig unbedeutenden, Kommunalwahlen wählen dürfen?

P. Scholl-Latour: Die Amerikaner tun alles, um einen Umsturz in Saudi-Arabien zu verhindern, und die Bundesrepublik Deutschland hat sich nun auch mit der geplanten Panzerlieferung freundlich angeschlossen. Und ich möchte noch einmal auf den Zustand der Bevölkerung in Bahrain hinweisen, denn der Zustand der Bevölkerung dort ist mit Sicherheit genauso tragisch, wie er in Libyen bis heute gewesen ist. Aber für Bahrain rührt sich keine Seele im Westen, denn die Unterdrückten, die Leidtragenden der Bevölkerung sind weitgehend Schiiten. Und so blicken die Schiiten zum Iran hinüber. Wenn Bahrain kippen würde, würde mit Sicherheit ein gemäßigter schiitischer Staat und somit eine Brückensituation vom Iran über Bahrain bis hinüber nach Saudi-Arabien entstehen. Und viele der Erdölfelder Saudi-Arabiens liegen – wie es der Zufall so gewollt hat – in Gegenden, die überwiegend von Schiiten bewohnt werden. Die 10 % Schiiten Saudi-Arabiens leben weitgehend in diesen Gebieten mit den größten Erdölfeldern, in unmittelbarer Nachbarschaft von Bahrain.

Es geht ja eine Brücke von Saudi-Arabien nach Bahrain rüber, über die ich selbst gefahren bin. Hinzu kommt, daß die Amerikaner auf Bahrain einen Stützpunkt ihrer Fünften Flotte haben. Daraus sollte man den Schluß ziehen, daß die ganze Tugendhaftigkeit und Freude des Westens über den arabischen Frühling doch mit einiger Skepsis zu betrachten ist. Dazu braucht man sich nur das Verhalten des Westens gegenüber Saudi-Arabien und Bahrain anzuschauen.

© PD NASA's globe software World Wind

Ansicht des König-Fahd-Damms in Blickrichtung Osten

Kesseltreiben gegen den Euro

W.W.: Täglich lesen wir in der Presse von der Pleite Griechenlands. Zwar haben die Griechen über ihre Verhältnisse gelebt, mindestens der Schuldenschnitt wird kommen, aber müßte nicht viel mehr die noch viel größere Verschuldungssituation in den USA diskutiert werden?

P. Scholl-Latour: Natürlich. Es ist immer eine Frage der Größenrelation. In bezug auf Griechenland kann man vieles anprangern, aber in bezug auf die USA steht man vor der Situation, daß die ganze Weltwirtschaft von den USA abhängt. Man sieht schon, wie das kleine Griechenland die europäische Wirtschaft verunsichert, und wenn man die gleichen Maßstäbe an die USA anlegen würde, würde es zu einer unglaublichen Rezession und Wirtschaftskrise kommen. Dadurch würde die Position Chinas sehr schnell weltbeherrschend.

Das ist das Absurde an der jetzigen Situation, ähnlich wie die ambivalente Stellung des Internationalen Gerichtshofs in Den Haag. Dort werden einige Leute aus Afrika oder vom Balkan verurteilt, die keinen Staat haben, der sie wirklich schützen könnte; aber daß dort ein Amerikaner, ein Russe oder ein Chinese verurteilt wird – und in allen diesen Ländern hat es mehrere Vorfälle gegeben, die vor ein solches Gericht gehören würden –, wird man nicht erleben. Auch das ist wiederum eine von diesen berühmten Heucheleien. Die USA sind hier noch relativ ehrlich, denn sie sind dem Abkommen zum Internationalen Gerichtshof nicht beigetreten, aber die Europäer plustern sich in einer Art und Weise auf, die geradezu grotesk ist, gemessen an ihrer eigenen Vergangenheit.

W.W.: Sehen Sie in bezug auf die Euro-Krise auch Propaganda und Meinungsmache von der Wallstreet und der Londoner City gegen Euroland und den Euro?

P. Scholl-Latour: Selbstverständlich, so war es von Anfang an. Hier gibt es ein ganz eindeutiges Kesseltreiben gegen den Euro, und natürlich ist es den Amerikanern nicht recht, daß ein zweites Währungssystem entsteht, vor allem weil auch China mittlerweile dabei ist, eine ungeheure Summe von amerikanischen Staatsanleihen zu horten. Die Chinesen haben 1,1 Billionen Dollar in amerikanischen Staatsanleihen, weltweit etwa drei Billionen. Und wenn es um das Geschäft geht, hört in den USA die Staatsräson auf. Seltsamerweise wäre es im Interesse der Amerikaner, Europa wirtschaftlich stark zu machen, aber sie machen das Gegenteil. Aber vermutlich hat die amerikanische Regierung kaum noch Kontrolle über das dortige Bankensystem, wie es teilweise bei uns in Europa auch der Fall ist.

W.W.: Was vermuten Sie, wie lange die USA noch davon ablenken können, daß sie annähernd pleite sind, daß die Verschuldungssituation eigentlich untragbar ist und den Dollar massiv belasten wird?

P. Scholl-Latour: Noch ist der Dollar die Leitwährung, und die Amerikaner begegnen seit längerer Zeit der äußerst angespannten Lage damit, daß sie laufend Dollars drucken. Sie sind in einer anderen Position als die Staaten Europas, trotzdem weiß jeder, daß die amerikanische Monopolstellung in der Wirtschaft, die seit dem 2. Weltkrieg immer existiert hat, nicht mehr vorhanden ist. Die Amerikaner sind auch nicht mehr in der Lage, einen weiteren Krieg zu führen, deswegen kann Syrien, wenn es nicht von innen implodiert, ruhig schlafen, und ein Kriegszug gegen den Iran wäre für die USA geradezu selbstmörderisch.

W.W.: Sehen Sie auch, daß der Dollar demnächst massiv an Wert verlieren wird?

P. Scholl-Latour: Ich werde nicht in den Chor der ganzen Wirtschaftsauguren eintreten, denn meistens trat das Gegenteil dessen ein, was viele von ihnen proklamierten. Die meisten der Wirtschaftsexperten haben sich bis auf die Knochen blamiert. Deswegen möchte ich mich nicht auch noch daran beteiligen. Früher hatte ich großen Respekt vor ihnen, mittlerweile kommen mir da doch ganz erhebliche Zweifel.

Kollektive Verblendung

W.W.: Die Zukunft der USA sieht düster aus, vor allem wegen der sozialen Spannungen und der immer größer werdenden Kluft zwischen Arm und Reich. Welche Rolle messen Sie hier der Tea-Party zu, deren Anhänger in der großen Masse keineswegs zu den Reichen gehören, die aber trotzdem massiv gegen die Anhebung der Steuern für Millionäre sind? Sie würden doch selbst davon profitieren.

P. Scholl-Latour: Immer mehr Amerikaner entdecken mittlerweile, daß sie nicht mehr das Land der unbegrenzten Möglichkeiten sind. Die Vorstellung, der American dream, daß jeder durch den eigenen Fleiß zum Wohlstand gelangen kann, hat sich längst als Legende erwiesen. Seltsamerweise sind sich die Amerikaner gar nicht bewußt, in welchem Maße ein großer Teil ihrer Bevölkerung im Elend lebt, und paradoxerweise sind viele von denen, die im Elend leben, diejenigen, die in einer ganz eigenartigen Verblendung gegen die Sozialprogramme der demokratischen Regierung protestieren. Dort ist eine kollektive Verblendung im Gange, die eigentlich nicht mehr zu begreifen ist. Eine ähnliche Verblendung besteht bezüglich der militärisch hochtechnisierten Rüstung, auch wenn sicherlich manches in Wirtschaft und Wissenschaft dadurch gefördert worden ist – nur, was bringt das gegenüber einem Gegner, der einen Partisanenkrieg führt und mit seinen bescheidenden Waffen die amerikanische Hochrüstung schachmatt setzen kann?

W.W.: Verstehen Sie den antisozialen Zug der Tea-Party?

P. Scholl-Latour: Ich zögere etwas, dies auszusprechen, aber hier scheint mir doch eine kollektive Dummheit zu herrschen.

W.W.: Das sehe ich genauso; aber woher stammt dieser antisoziale Zug, man ist doch *ein* Volk!

P. Scholl-Latour: Das ist ihnen eingebleut worden. Das ist die calvinistische Art, daß die Gunst, die ein Mensch vor Gott genießt, an seinem wirtschaftlichen Erfolg gemessen wird. Die Haltung dieser Menschen hat also insofern fast religiöse Züge.

W.W.: Wie sehen Sie die Zukunft von Euroland? Wäre es eine Lösung, daß sich Euroland mehr – politisch wie wirtschaftlich – mit den BRIC-Staaten, also Brasilien, Rußland, Indien und China, zusammentut?

P. Scholl-Latour: Soweit sind wir noch nicht, aber das wäre sicherlich eine Perspektive. Brasilien könnte sich z.B. auf das Land besinnen, von dem einst die Gründung Brasiliens ausging, auf Portugal; auf der anderen Seite engagieren sich die Chinesen zunehmend in Europa, z.B. indem sie die Pacht des Hafens in Piräus für die nächsten 30 Jahre übernommen haben. Die Chinesen könnten aufgrund ihrer finanziellen Verhältnisse durchaus die europäische Schuldensituation lindern; aber dadurch würde Europa in eine viel stärkere Abhängigkeit zu China geraten. Im Moment sind die europäischen Produkte noch exportfähig, vor allem in Deutschland, aber es wird der Zeitpunkt kommen, an dem die Chinesen nicht nur billiger exportieren als die Europäer, sondern von der Qualität durchaus auch ebenbürtig sein werden; wenn nicht sogar besser.

W.W.: Die Zeit der Produktion von Billigwaren in China ist wohl bald vorbei, und sie sind ja bereits dabei, hochwertige Industrieprodukte herzustellen.

P. Scholl-Latour: Genau. Momentan haben wir noch eine Parallelentwicklung in China. Sie haben immer noch den Billigsektor, von dem aus sie die USA mit Billigwaren überschwemmen, auch Rußland; genauso produzieren sie aber auch mittlerweile wertvollere Produkte, z.B. Hochgeschwindigkeitszüge und Luxuslimousinen.

Es ist einfach faszinierend!

W.W.: Sie waren 1980 und kürzlich wieder in Chongqing/Szechuan – wie war die Stadt damals, wie ist sie heute?

P. Scholl-Latour: Es ist einfach faszinierend! Am Anfang ist man erstaunt, dann ist man voller Bewunderung, und am Ende bekommt man fast Angst. Als ich 1980 in Chongqing war, war diese Stadt fast noch eine zerstörte Stadt, aus der Zeit des zweiten japanisch-chinesischen Krieges. Chongqing war die Hauptstadt von Tschiang Kai-shek und die provisorische Hauptstadt Chinas.

Chongqing ist sehr neblig, und jedesmal, wenn der Nebel sich verzog, wurde diese Stadt von den Japanern bombardiert. Es ist eine Stadt, die auf lauter Stufen gebaut ist, eine Stadt, in der es eigentlich niemals Fahrräder gab, weil es überall so furchtbar steil ist. 1980 war diese Stadt noch absolut marode und eine fast verfaulte Stadt im Bereich der Häusersubstanz, und den Menschen ging es sehr schlecht. Heute wird der gesamte Komplex um Chongqing herum auf 30 Millionen Einwohner geschätzt, Chongqing selbst hat 13 Millionen Einwohner, und man steht staunend vor den gewaltigen Bauten, die die Chinesen errichtet haben. Sie sind nicht immer schön, aber relativ solide. In dieser Stadt ist wirklich ein Wunder passiert. Man muß es gesehen haben, um zu verstehen, zu welchen Leistungen die Chinesen fähig sind.

Das administrative Stadtgebiet Chongqings – im Westen die Kernstadt Chongqings mit dem Stadtbezirk Yuzhong

Menschenleerer Raum mit ungeheuren Rohstoffen

W.W.: Wie sehen Sie die Position Chinas in der Zukunft?

P. Scholl-Latour: Im Moment sind die Beziehungen zwischen China und Rußland sehr herzlich. Ich war auch am Grenzfluß Ussuri, an dem während der Zeit der Kulturrevolution zwischen China und Rußland heftig gekämpft wurde. Dort herrscht jetzt eitel Sonne, Heiterkeit und Wohlgefallen aneinander, der Handel ist äußerst lebhaft. Aber die weltpolitische Verlagerung, besonders im Wirtschaftlichen, geht eindeutig in Richtung China. Man ergänzt sich gegenseitig. Der Bereich von Rußland am Westpazifik, also im Bereich von Wladiwostok oder Petropawlowsk, ist mittlerweile praktisch menschenleer, die Russen sind abgewandert, die Privilegien aus der Zeit der Sowjetunion sind weggefallen, und es findet eine große Emigration aus diesem Bereich Richtung Europa statt. Dort liegt also ein riesiger Raum menschenleer da, aber mit ungeheuren Mineralvorkommen, die teilweise noch gar nicht gefördert worden sind, teilweise noch nicht einmal entdeckt worden sind.

Die Chinesen verhalten sich hier außerordentlich klug und zurückhaltend, denn sie wollen neben ihrer Feindschaft zu den USA nicht auch noch eine Feindschaft mit Rußland riskieren. Und auch die Russen sehen in den USA immer noch eine Macht, die ihnen nicht wohlgesonnen ist, um es einmal freundlich auszudrücken. Und so gesehen wollen die Russen sich nicht eine Feindschaft mit China einhandeln. Aber auf lange Sicht, historisch gesehen, ist das Territorium von Sibirien, jenseits des Baikalsees, für die Russen verloren.

China ist unangreifbar geworden

W.W.: Wie verschieben sich die Machtverhältnisse dadurch, daß sich China immer mehr in der Welt einkauft, vor allem in Afrika – wobei es nur um die Rohstoffe und das Geschäft geht, nicht um die Menschenrechte?

P. Scholl-Latour: Mit den Menschenrechten ist es problematisch, China mischt sich nicht ein. Aber auch hier sollte man im Westen ganz ruhig sein. Denken wir nur an Museveni, den Präsidenten von Uganda; das ist ein Massenmörder! Oder denken wir an den Präsidenten von Simbabwe, Mugabe, der sein Land zwar äußerst brutal regiert, aber trotzdem sind in Simbabwe nur einige wenige weiße Farmer umgebracht worden, in Südafrika dagegen einige Tausend. Aber Südafrika und Uganda werden eben vom Westen keineswegs kritisiert. Aber China kauft sich zunehmend in der Welt ein, das ist richtig.

W.W.: Wie stark ist die militärische Macht Chinas, besonders die Kriegsmarine?

P. Scholl-Latour: Hier weiß man sehr wenig. China ist ein Staat, der mittlerweile Kosmonauten in das Weltall schicken kann, und man bereitet sich vor, auf den Mond zu fliegen. Wer das vermag, ist mit Sicherheit auch in der Lage, jede Form von Raketen in jedes Gebiet der Erde zu schicken. Das heißt aber nicht, daß sie es tun werden. Trotzdem ist China ein nuklearer Gegner für den Ernstfall, wie es Rußland für die USA war und auch heute noch ist. In dieser Beziehung ist China unangreifbar geworden. Was die Modernisierung der Flotte betrifft, gibt es unterschiedliche Meinungen. Und es ist bezeichnend, daß dem US-Verteidigungsminister bei seinem Besuch kürzlich in China ein Tarnkappenbomber chinesischer Produktion gezeigt wurde. Damit wollen die Chinesen zeigen, daß sie mit ihrer Rüstung ziemlich weit gediehen sind. Die USA, die seit Vietnam keinen Krieg mehr gewonnen haben, können gar nicht daran denken, in eine kriegerische Auseinandersetzung mit China einzutreten.

W.W.: Gibt es in China eine Wiederbelebung des Konfuzianismus?

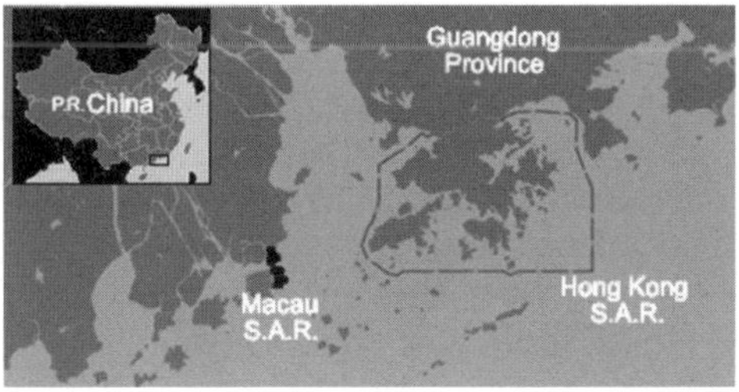

Lage von Macao

P. Scholl-Latour: Das hat man vor einiger Zeit geglaubt, aber das kann ich eigentlich nicht bestätigen. Allerdings ist es schwer zu beurteilen, denn es steckt in den Chinesen nach 4000jähriger Geschichte noch sehr viel Konfuzianismus, und das legt man nicht so ohne weiteres ab. Aber die Zeit, in der man Konfuzius-Statuen aufstellte oder Konfuzius-Institute gründete, geht wieder zurück. Man kehrt auch wiederum zurück zum – man zögert, es zu sagen – Staatskommunismus, der eigentlich ein Staatskapitalismus ist; außerdem herrscht in China eine ungeheure Korruption, auch wenn hier der Staat von Zeit zu Zeit eingreift. Man läßt dann einfach einige Profiteure der Korruption exekutieren. So gesehen herrscht schon ein gewisser Druck von oben.

W.W.: Wie hat sich die Situation von Macao seit der Übergabe 1999 an China verwandelt? Gibt es dort immer noch so viele Spielcasinos?

P. Scholl-Latour: Mittlerweile hat Macao Las Vegas übertroffen, vor allem im Hinblick auf die Spielleidenschaft. In China hat man sowohl in Hongkong als auch in Macao die Sonderstatuten belassen. Obwohl es in Macao höchstens noch 2 % Portugiesen gibt, ist dort jede Inschrift sowohl auf Chinesisch als auch auf Portugiesisch angebracht. Wenn man aus China nach Macao eingereist ist, benötigt man ein neues Visum, um wieder nach China einzureisen. Das heißt, daß die Chinesen Macao total kontrollieren, sie benutzen Macao aber als kapitalistisches Sprungbrett, um die Dinge zu betreiben, die nach der sogenannten reinen Leere im übrigen China verboten sind.

Wirtschaftswunder Brasilien

W.W.: Brasilien hat sich mittlerweile zu einem der aufstrebenden Schwellenländer entwickelt. Wie sehen Sie die Zukunft von Brasilien?

P. Scholl-Latour: Durch den bisherigen Präsidenten Lula hat es eine beträchtliche Anhebung des Lebensstandards der Armen gegeben, ferner haben sie einen Überschuß an Rohstoffen, und sie haben viele große Farmen mit Tausenden von Rindern. Zwar gibt es auch

Lage von Brasilien

dort eine starke Korruption; trotzdem ist Brasilien ein Land, das beinahe über unbegrenzte Möglichkeiten verfügt. Brasilien ist zwar keine expansive Nation mehr, aber mit den USA redet man z.B. mittlerweile in Brasilia von gleich zu gleich, auf gleicher Augenhöhe. Man läßt sich durch die USA nichts mehr gefallen. Und wer der zukünftige Präsident von Venezuela sein wird – ob dies nun Chavez ist, wenn er überlebt, oder ein anderer –, wie es in Bolivien weitergeht, wo Evo Morales, ein reiner Aimara-Indianer, Präsident ist, wird nicht mehr in den USA entschieden, sondern weitgehend in Brasilien.

W.W.: Können Sie noch etwas dazu sagen, wie Brasilien mit der Kluft zwischen Arm und Reich umgegangen ist? Das ist doch erstaunlich gelaufen.

P. Scholl-Latour: Das ist absolut erstaunlich gelaufen und gehört auch zu dem Wirtschaftswunder von Brasilien. Trotzdem gibt es in Brasilien noch sehr viel Armut. Vor allem die indianische Bevölkerung leidet noch stark. Trotzdem muß man sagen, daß sich der Lebensstandard mehr oder weniger flächendeckend erheblich verbessert hat. Es herrscht nicht mehr dieses weitgehende brotlose Elend wie noch vor Jahrzehnten. Man versucht auch mittlerweile, in den Favelas einigermaßen menschliche Zustände zu schaffen.

W.W.: Wenn man heute in Brasilien steht, wie Sie kürzlich, fällt einem sicherlich auch die Arroganz des weißen Mannes ein, also z.B. der Papst Rodrigo Borgia (Alexander VI.), der vor gut 500 Jahren die Welt mit einem Zirkel in eine spanische und eine portugiesische Interessenssphäre einteilte. Wie denken Sie heute als Europäer über diese eurozentristische Machtarroganz, wenn Sie Brasilien besuchen?

P. Scholl-Latour: Das war die damalige Sicht der Welt. So dachte man in Europa damals. Seitdem hatten wir eine 500jährige europäische Herrschaftsgeschichte. Und es war nicht alles nur zum Nachteil der kolonisierten Länder, wenn man z.B. an Äthiopien denkt, das nicht kolonisiert wurde. Äthiopien ist noch heute im Gegensatz zu den Ländern, die von den Briten oder Franzosen kolonisiert wurden, heftig im Rückstand, ganz zu schweigen von Liberia, das noch immer ein Abgrund von Chaos und Gewalt ist.

Die Einteilung der Welt durch Alexander VI., der Spanier war, war im Grunde recht klug, denn er wollte nicht, daß die beiden großen katholischen Seemächte Spanien und Portugal sich befehdeten, was immer kurz bevorstand. Durch diesen Zirkelschlag fiel Brasilien an Portugal, die Philippinen an Spanien.

W.W.: Welchen Einfluß hat der Vatikan heute noch in Brasilien?

P. Scholl-Latour: Das ist ein trauriges Kapitel. Der jetzige Papst war vor einigen Jahren in Brasilien, und das wäre eine Gelegenheit gewesen, zur Befreiungstheologie zurückzufinden. Das wäre eine enorme Chance gewesen. Viele Veränderungen in Brasilien sind im Grunde eine Folge der Befreiungstheologie, gegen die sich der Vatikan immer gestellt hatte. Der ehemalige brasilianische Präsident Lula ist auch ein Produkt dieser religiösen Ausrichtung. Aber der derzeitige Papst hat in Sao Paulo weiterhin über das Verbot von Kondomen geredet, und das in einem Land, in dem der HI-Virus grassiert und wo die 13jährigen Mädchen Kinder bekommen. Hier ist also die katholische Kirche überhaupt nicht auf der Höhe der Zeit. Ich bin selber katholisch, aber hier kommen Dinge hoch, die auf Dauer überhaupt nicht mehr moralisch vertretbar sind.

Die Erfahrung muß jeder selber machen

W.W.: Sie waren in jedem Land der Erde, meist mehrfach, und haben weit mehr als ein halbes Jahrhundert über die Menschen und die politischen Entwicklungen der Welt berichtet. Das dürfte unter allen jemals gelebten Menschen relativ einzigartig sein. Können Sie nachfolgenden Generationen etwas mitgeben, was man dadurch lernt, daß man sich für andere Menschen, andere Länder, politische Entwicklungen interessiert und diese Länder und Menschen besucht?

P. Scholl-Latour: Ich wundere mich eigentlich immer noch, daß meine Bücher so hohe Auflagen haben. Ich halte immer noch viele Vorträge und bin eigentlich mit meinen Einschätzungen niemals auf richtigen Widerstand gestoßen. Man kann den Leuten also auch heute noch sehr viel sagen. Ich möchte also mit meinen Büchern und Filmen und Vorträgen gegen jedwede Provinzialisierung anwirken, die man heute trotz der Globalisierung vielfach erlebt, die sich seltsamerweise in dieser Zeit der Globalisierung ergibt, die wir uns aber gar nicht erlauben dürften. Denn wir haben es nicht mehr mit der zweigeteilten Welt des Kalten Krieges zu tun, als es zwei Supermächte, die USA und die Sowjetunion, gab. Damals herrschte noch eine gewisse Ordnung, man versuchte zwar, sich gegenseitig auszutricksen, aber im Ernstfall redete man miteinander in Washington oder Moskau. Heute haben wir eine multipolare Welt, und da ist vieles nicht mehr kontrollierbar.

W.W.: Wie verändert man sich als Mensch, wenn man so viele Länder besucht hat und die Menschen kennengelernt hat? Wie ist es für Sie, auf die letzten 60 Jahre zurückzublicken – werden Sie weise, demütig, zornig, entmutigt oder alles zusammen?

P. Scholl-Latour: Ich versuche, eine gewisse Gelassenheit zu bewahren. Ändern kann ich an den politischen Zusammenhängen und an den Menschen ohnehin nichts. Ich bin auch kein Prediger, sondern versuche, die Dinge, die ich erkenne und erfahre, ehrlich zu schildern, der Wirklichkeit entsprechend treu zu berichten. Von einer Wahrheit zu reden wäre dagegen anmaßend. Die Frage nach der Wahrheit ist ja die berühmte Frage des Pilatus an Jesus [Joh. 18,38; Anm. W.W.], der ja gesagt hatte, *er* sei die Wahrheit und das Leben.

Diese Frage stellt sich heute mehr denn je, und ich sehe uns heute vielfach auf dem Wege einer Entgleisung, auf vielerlei Gebieten. Und im Bereich der digitalen Vernetzung, der elektronischen Medien ergeben sich in rasanter Geschwindigkeit Entwicklungen, die überhaupt noch nicht abzusehen sind. Wenn man sich an George Orwell und seinen Roman *„1984"* erinnert, dann war das damals noch eine Art Schreckensvision eines zukünftigen Überwachungsstaates. Aber mittlerweile haben wir Orwell weit übertroffen! Man verfügt über Möglichkeiten der Bespitzelung, der permanenten Beobachtung, die selbst für die damaligen Romanciers gar nicht vorstellbar waren.

W.W.: Hätten Sie abschließend noch eine Lebenserfahrung für die nachfolgende Generation, die Sie als Fazit Ihres Lebens mitgeben könnten?

P. Scholl-Latour: Man kann heute eventuell noch Wissen vermitteln, Erfahrungen aber nicht. Die Erfahrung muß jeder selber machen.

Krise bedeutet Entscheidung, und die wahre Krise liegt in uns selbst

Interview mit Maria Scordialos

von Leander Bindewald

***Maria Scordialos**, geb. 1964, arbeitet seit über zehn Jahren als Prozeß-Designerin und Gesprächsmoderatorin und schafft so neue Lernfelder und Projektstrukturen für Gruppen und Institutionen aller Größen, aus allen Sektoren und überall auf der Welt.*

Nach langjährigen Führungspositionen in einer regionalen Regierung in England war sie 2005 Mitbegründerin des "Art of Hosting Meaningful Conversations" Netzwerkes. Unter diesem Namen werden neue Moderationsmethoden entwickelt und praktiziert, die Teilnehmer vor allem dazu einladen, sich in das kollektive Wissen ihrer Gruppe einzubringen.

Aufgewachsen in Afrika, Nordamerika und Asien, zog Maria Scordialos 2007 zurück in ihre Heimat Griechenland. Dort gründete sie auf der Pelios-Halbinsel das „Living Wholeness"-Institut in Axladitsa Avatakia als Forschungs- und Lernfeld für neue Formen systemischer Transformationsprozesse. Dort und in ihrer gesamten Arbeit liegt ihr Fokus vor allem auf den Prinzipien der Selbstorganisation und der Teilhabe, um die besonderen Bedingungen zu schaffen, die individuelles und gemeinschaftliches Lernen entstehen lassen.

Seit über einem Jahr sehen wir Bilder aus Athen, junge Menschen auf der Straße. Wir lesen die Berichte vom Bankrott und der Kapitulation ihrer Regierung. Gefiltert durch unsere unpersönlichen Medien erscheint dies, trotz der geographischen und zeitlichen Nähe, wie Szenen aus einer anderen Welt. Noch sehen wir keine Symptome, die uns unter die Haut gehen, wie etwa die Schreckensbilder des Hungers in Afrika. Und so ist dies erstmal nur ein technisches Problem, das wir gerne den Technokraten in Berlin und Brüssel überlassen. Nur weil wir, scheinbar zufällig, dieselbe Währung verwenden, wird diese Geschichte plötzlich persönlich. Und schon erscheinen alle Griechen faul und korrupt und die eigene lange Geschichte deutscher Staatsschulden vergessen.

Als gebürtige Griechin eröffnet uns Maria Scordialos den Blick von innen – nicht nur aus der griechischen Perspektive, sondern vor allem auch aus einer menschlichen. Was sie in ihrer Arbeit und persönlich dabei beschäftigt, ist, wie wir gemeinsam von den momentanen Geschehnissen lernen können und wieso diese Krise wirklich auch immer unsere eigene Krise ist.

Diese Krise ist eine Tragödie und eine kreative Chance

Leander Bindewald: Ihre Arbeit führt Sie durch ganz Europa und um die Welt. Was erleben Sie, wenn Sie von der Außenperspektive nach Hause nach Griechenland kommen, direkt in den momentanen Brandherd der globalen Krise?

Maria Scordialos: Zuerst einmal möchte ich dafür an die ursprüngliche Bedeutung des griechischen Wortes erinnern: κρίσις „Krisis" bedeutet schlicht Entscheidung, was eine sehr hilfreiche Betrachtungsweise für das ist, was momentan in Griechenland geschieht. Dies ist in Wirklichkeit eine Zeit der Entscheidung darüber, wie wir unser Leben gestalten wollen. Dies ist so ganz anders, als zu sagen: *„Oh mein Gott, alles bricht auseinander und versinkt im Chaos"* (χάος „khaos", die große Leere). Entscheidungen sind ein grundlegender Akt unseres Lebens, ganz im Gegensatz zu der Angst, die durch den landläufigen Gebrauch des Wortes Krise geschürt wird. So sehe ich diese Krise tatsächlich als eine kreative, positive Chance, die uns zu einer grundlegenden Entscheidung zwingt. Aber trotzdem ist das, was sich gerade in Griechenland abspielt, wirklich auch eine Tragödie, ganz im klassischen Sinne. So fühlt es sich momentan an.

> **TRAGÖDIE**
>
> Die Tragödie (Trauerspiel) ist eine Form des Dramas. Sie läßt sich bis in das antike Griechenland zurückführen. Kennzeichnend für die Tragödie ist der schicksalhafte Konflikt der Hauptfigur. Ihre Situation

verschlechtert sich ab dem Punkt, an dem die Katastrophe eintritt. Allerdings bedeutet diese Verschlechterung nicht zwangsläufig den Tod des Protagonisten. Das Scheitern des Helden ist in der Tragödie unausweichlich; die Ursache liegt in der Konstellation und dem Charakter der Figur. Der Keim der Tragödie ist, daß der Mensch dem ihm vorbestimmten Schicksal durch sein Handeln entgehen will.

Wikipedia

Die ganze Situation ist natürlich getrieben von der globalen Finanzwirtschaft und hängt unmittelbar auch mit dem Bankencrash im Jahre 2007/08 zusammen. Für den Griechen auf der Straße fühlt es sich so an, als ob Griechenland schlicht ein einfaches Opfer war, für ein System, das im Sterben liegt, aber sich gegen seinen Untergang wehrt. Es ist, als ob unsere globale Wirtschaft bereits Krebs im Endstadium hat, aber sich das nicht eingestehen kann. Und es gibt genügend Menschen in den Machtpositionen und in den Führungsetagen der Banken, die noch fest daran glauben, daß sie das System wieder flottbekommen können. Aber tatsächlich wird es bereits künstlich beatmet.

Und dann ist es ein Leichtes, ein Land wie Griechenland zu finden, mit einer korrupten Führung, die es in der jüngeren Geschichte kontinuierlich in die Verschuldung geführt hat. Und somit ist es auch ein idealer Ort, um das Geld, das die internationalen Finanzinstitute momentan umschichten müssen, zu bereinigen.

Unsere Schulden haben nichts mit dem griechischen Volk zu tun, sondern sie sind eine direkte Konsequenz eines kranken globalisierten Finanzapparates. Und natürlich wird das Volk nichts sehen von all dem Geld, das in die sogenannten Rettungspakete geschnürt wurde. Es wird von Regierung zu Regierung durchgereicht und fließt in die Rettung der Banken.

Als wir 1826 aus der Schuldenfalle entkommen wollten, wurden wir aus der internationalen Finanzgemeinschaft ausgeschlossen. Seitdem werden wir indirekt von den europäischen Großmächten regiert. Und seitdem tragen wir das Stigma eines Staates, der nichts produziert, in dem Steuern hinterzogen werden und in dem alle faul sind. Dieses Bild ist schlichtweg falsch.

☞

Griechenland

Das antike Griechenland, welches über das Gebiet des heutigen Staates nach Kleinasien reichte, wird als Wiege Europas bezeichnet, insbesondere aufgrund zivilisatorischer Leistungen auf Gebieten der Philosophie, Naturwissenschaften, Geschichtsschreibung und Literatur. 146 v.Chr. wurde das Gebiet des heutigen Griechenland römische Provinz, nach der Reichsteilung 395 n. Chr. war es Bestandteil des byzantinischen Reiches. Begünstigt durch die Schwäche des Byzantinischen Reichs konnten Truppen des Osmanischen Reichs zwischen 1359 und 1451 den größten Teil Griechenlands erobern.

1821 kam es zur sogenannten Griechischen Revolution. Eine europäische Seestreitmacht gewann 1827 über die osmanische Flotte die Oberhand. Durch das Londoner Protokoll vom 3. Februar 1830 wurden Zentralgriechenland, der Peloponnes und die Kykladen zum selbständigen Staat Griechenland erklärt. Erste Hauptstadt des modernen Griechenland wurde Nafplio. Ioannis Kapodistrias war bis zu seiner Ermordung das erste Staatsoberhaupt.

Um zu verhindern, daß sich vom befreiten Griechenland aus der Funke des Republikanismus in Europa verbreitet, u.a. aber auch als Zahlungskondition für einen Kredit von 472.000 britischen Pfund sowie einen 60-Millionen-Drachmen-Kredit durch England, Frankreich und Rußland an das seit 1826 völlig überschuldete Land, etablierten die europäischen Großmächte in Griechenland von außen eine Monarchie. Im Jahr 1832 wurde der bayerische Prinz Otto, Sohn König Ludwigs I. von Bayern, als Otto I. Griechenlands erster (neuzeitlicher) König.

Wikipedia

L.B.: Lassen Sie uns auf die persönlichen Auswirkungen schauen. Was bedeutet diese Situation für den durchschnittlichen Griechen?

M. Scordialos: Gerade für die ländliche Bevölkerung ist es sehr hart, nicht unbedingt für die Menschen in Athen. Gerade wurden die Renten drastisch reduziert. Jemand, der letztes Jahr noch 500 € Rente bezog, hat nun nur noch 420 €. Es ist praktisch unmöglich, davon zu leben. Dabei sind die Lebenshaltungskosten gestiegen, die Mehrwertsteuer beträgt jetzt 23 %. Das trifft jeden, und am härtesten diejenigen, die ohnehin schon bescheiden leben mußten.

Abgesehen von den Rentenkürzungen gab es dieses Jahr auch keine neuen Bücher für Schulen. Unsere Schüler werden schlicht

© PD CIA World Factbook

Griechenland

ohne Bücher dastehen. Es hieß, man würde ein Online-Lernprogramm einführen, aber unsere Lehrer sind dafür nicht ausgebildet. Und natürlich hat auch kaum ein Kind auf dem Land Zugang zu einem Computer, und selbst an den Schulen gibt es oft keine Computer, um überhaupt auf diese Informationen zugreifen zu können. Viele Lehrer fotokopieren nun alte Bücher, um überhaupt unterrichten zu können, und die Schüler gehen mit ihnen zusammen auf die Straße. Wir sind nicht weit davon entfernt, überhaupt keinen Unterricht mehr zu haben.

Auch wird mittlerweile alles mögliche mit neuen Steuern belegt. Gerade wurde eine neue Steuer auf Wohnraum eingeführt, 5 € pro Quadratmeter. Diese Steuer wird über die Elektrizitätsrechnung erhoben. Das heißt, wenn jemand nicht sofort zahlen kann, wird ihm der Strom abgedreht. Außerdem wurde eine Pro-Kopf-Notsteuer eingeführt und eine pauschale Steuer für jedes Unternehmen, unabhängig von dessen Größe und Wirtschaftlichkeit.

So sieht ein System aus, das versucht, den letzten Groschen aus seinen Bürgern herauszuholen, obwohl diese schon nichts mehr haben. Man hat hier das Gefühl, komplett von unserer Regierung im Stich gelassen zu sein. Dabei hat sie uns in diese Situation geführt und uns an das internationale Finanzsystem verkauft, welches letztendlich der Grund für unsere Staatsschulden ist. Langsam beginnt es den Menschen hier zu dämmern, daß wir als legitimes Mitglied der Europäischen Gemeinschaft dazu mißbraucht wurden, um riesige Summen über unsere Bücher laufen zu lassen, nur um damit die nächste Ebene einer unglaublichen Korruption zu schmieren und das siechende Finanzsystem zu stützen.

Geld spielte für die Menschen nur eine marginale Rolle

Zumindest auf dem Land basierte unsere Wirtschaft und unser Leben auf Tausch, Teilen und Schenken. Geld hatte da nur eine marginale Rolle gespielt. Es ging wirklich eher darum, einander zu helfen und

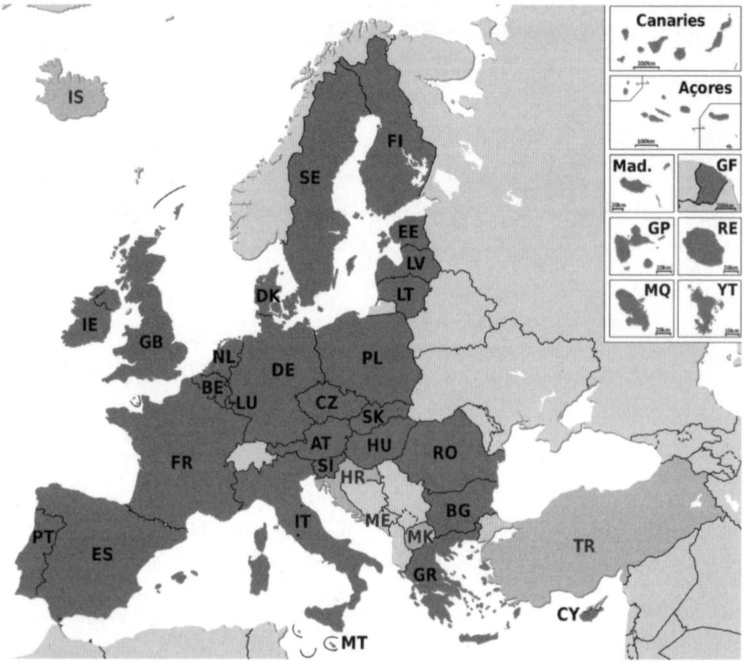

Mitgliedstaaten der EU (+ Bewerberländer)

Mitgliedstaaten: AT Österreich; BE Belgien; BG Bulgarien; CY Republik Zypern; CZ Tschechien; DE Deutschland; DK Dänemark; EE Estland; ES Spanien; FI Finnland; FR Frankreich; GB Vereinigtes Königreich; GR Griechenland; HU Ungarn; IE Irland; IT Italien; LT Litauen; LU Luxemburg; LV Lettland; MT Malta; NL Niederlande; PL Polen; PT Portugal; RO Rumänien; SE Schweden; SI Slowenien; SK Slowakei

Bewerberländer: HR Kroatien; IS Island; ME Montenegro; MK Mazedonien; TR Türkei

Überseegebiete: Autonome Gebiete Portugals: Madeira (Mad.), Azores (Açores); Autonomme Gebiete Spaniens: Canary Islands (Canaries); Überseegebiete von Frankreich (Département d'outre-mer): French Guiana (GF), Guadeloupe (GP), Martinique (MQ), Réunion (RE), Mayotte (YT)

miteinander im Austausch zu stehen. Aber in den letzten 30 Jahren kam durch die EU so viel sogenannte Entwicklungshilfe ins Land, zusätzlich zu den Einnahmen aus dem Tourismus, daß sich ein ganz neues Wertesystem etabliert hat, in dem Geld ganz oben rangiert.

Hier auf dem Land, wo ich lebe, sieht man, wie die Menschen wieder anfangen, ihr eigenes Gemüse anzubauen und sich Gedanken darum machen, wie sie in dieser schwierigen Zeit ihre Unabhängigkeit wahren können. Selbstversorgung ist hier immer ein Teil der Kultur gewesen.

Allein in den Städten haben sich die Menschen verschuldet und ihren Lebensstil dem neuen und schnellen Geld angepaßt; dabei haben sie individualistische Züge entwickelt.

Schon jetzt gibt es wieder junge Menschen, die es aus den Städten weg zurück aufs Land zieht. Jedoch verläuft die stärkste Zugbewegung immer noch aus Griechenland hinaus ins Ausland, der typische „brain-drain". Alle, die einen Job im Ausland bekommen können, lassen Griechenland hinter sich.

Insgesamt läßt das momentan wenig Hoffnung. Viele sind verzweifelt und fragen sich, wie wir da jemals wieder herausfinden sollen. Und dies ist ein ständiges Motiv der jüngeren griechischen Geschichte. Unser Land scheint schlicht ermüdet von all den Problemen. Als unser Staat gegründet wurde, fungierte er wie Belgien als Puffer zwischen den damaligen Weltmächten. Nachdem das Osmanische Reich auseinandergebrochen war, kamen die Briten und die Franzosen im Bemühen, auch diesen Teil der Welt zu beherrschen. Seitdem haben wir unsere Territorialkriege, die Weltkriege, Hungersnöte und einen Bürgerkrieg durchlebt und dabei unser Selbstwertgefühl eingebüßt.

Aber auf der anderen Seite formiert sich gerade auch eine neue Gruppe in der Bevölkerung, die wirkliche, systemische Veränderungen fordern, nicht nur einen Regierungswechsel. Diesen Menschen ist bewußt geworden, daß dies keine Demokratie ist, sondern eher eine Art von internationalem Faschismus, der uns von außerhalb aufgezwungen wurde. Dies ist nicht mehr unsere Regierung, dies ist keine Regierung, die für ihr Volk arbeitet. Diese Regierung arbeitet für ein internationales Finanzkartell.

Das ist die Stimmung hier. Was ich nun versuche, den Menschen hier zu ermöglichen, ist eine kleine Oase der Hoffnung. Ein Ort, an dem Menschen zusammenkommen können, miteinander reden können und beginnen können, Neues auszuprobieren. Es gibt schon so viele Graswurzelbewegungen, aber sie sind alle unzusammenhängend und schaffen es nicht, ausreichend Drehmoment zu entfalten.

Graswurzelbewegung

Mit Graswurzelbewegung, der wörtlichen Übersetzung des englischen „grass-roots movement", wird im deutschsprachigen Raum eine politische oder gesellschaftliche Initiative bezeichnet, die aus der Basis der Bevölkerung entsteht. Der deutsche Terminus ist Basisbewegung.

Graswurzelbewegungen haben typischerweise basisdemokratische und konsensorientierte Strukturen, da sie den gewöhnlichen lobbyistischen oder parteipolitischen Meinungsbildungsprozeß umgehen wollen. Der Wandel soll durch engagierte Artikulation von Bürgerinteressen gegenüber als starr empfundenen staatlichen Organisationen erreicht werden. Das Internet hat eine große Bedeutung für die „Graswurzelorganisierung" von Interessen, da es gerade für Ideen außerhalb des Mainstreams eine kostengünstige Plattform bietet, z.B. in Form von sozialer Software.

Das Ziel von einigen Graswurzel-Initiativen ist es, gesellschaftliche Alternativen zum Bestehenden aufzubauen, bis hin zum revolutionären Anspruch, grundsätzliche Systemveränderungen zu bewirken. Dabei wird sowohl auf den langfristigen Aufbau von Netzwerken gesetzt als auch auf „spektakuläre" Einzelaktionen, die in erster Linie Öffentlichkeit schaffen sollen.

Wikipedia

M. Scordialos: Während des vergangenen Sommers hatten wir kurz eine echte Demokratie, oder wenigstens die Keimzelle dafür. Aber die Kerngruppe auf dem Syntagma-Platz wurde von der Polizei gewaltsam auseinandergeschlagen. Und das war nicht das einzige Mal, daß Gewalt angewendet wurde. Nachher heißt es immer, die Gewalt sei von den Jugendlichen und den Anarchisten ausgegangen, aber tatsächlich ist es unsere eigene Polizei, die sich gegen das Volk wendet.

So weit ist es schon gekommen in diesem Land. Es ist also wirklich eine Zeit der großen Entscheidungen. Wir müssen uns entscheiden, ob wir unser Leben in die eigenen Hände nehmen wollen. Ganz langsam entsteht ein Verständnis dafür, was das bedeutet. Aber es fehlt noch an breiter Kooperation, denn damit waren wir landesweit noch nie konfrontiert.

Gleichzeitig gilt es, die Fragen zu beantworten, wie wir die Wunden der Vergangenheit heilen können und uns gleichzeitig zu etwas entwickeln, das sowohl unserer Gegenwart als auch unserer Zukunft gerecht wird.

Die Krise liegt in uns selbst

L.B.: Wenn Sie sagen, daß diese Krise nicht von den Menschen in Griechenland ausgeht, sondern Griechenland nur der Spielball ist, und daß nicht einmal die heutigen politischen Strukturen dem gewachsen sind, wieviel dieser Krise ist dann überhaupt eine finanzielle Frage? Worum geht es wirklich? Wie tief sitzt diese Krise?

M. Scordialos: Die wirkliche Krise ist, zumindest für mich als Griechin, eine soziale Krise. Und ich meine nicht das Fehlen sozialstaatlicher Institutionen, welche hauptsächlich wieder nur finanzieller Natur wären. Es geht vielmehr darum, inwieweit wir uns auf unsere eigenen Möglichkeiten und unseren ureigenen Lebensstil besinnen möchten.

Wenn man sich die tragfähigen Alternativen für eine global nachhaltige Welt ansieht, sind diese dem Leben unserer Großeltern auf den Dörfern hier sehr ähnlich. Sie haben uns diese Alternativen bereits vorgelebt. Sie pflegten das soziale Gewebe, das diese Alternativen möglich machte. Man stelle sich nun vor, um wieviel einfacher und weiter dies mit unserer heutigen Technologie möglich wäre. Sollen wir denn wirklich den Quatsch glauben, daß Griechenland nichts produzieren könne? Wir haben hier so viel Sonne, wir haben das Meer, wir haben den Wind, wir haben all diese unerschöpflichen Ressourcen. Das einzige Problem, das wir haben, ist ein System, das es den Menschen nicht ermöglicht, ihre eigene Entwicklung auf diesen Ressourcen aufzubauen. Ein System, das nichts auf Erfindungsreichtum, auf Zusammenarbeit und auf unsere gemeinsamen Stärken gibt.

Das einzige, das heute von unserem System unterstützt wird, sind die paar wenigen Familien, die die gesamten vermarktbaren Ressourcen kontrollieren, Marmor und Zement z.B. Und gerade dies sind auch die Industrien, die immense Umweltschäden anrichten. In dieser Wirtschaft gibt es einfach keine Perspektiven für die kommenden Generationen. Hinzu kommt, daß auch unser Erziehungssystem nicht darauf ausgelegt ist, Menschen zu formen, die selbständig denken können und Ideen entwickeln, sondern allerhöchstens historische und religiöse Fakten zu rezitieren wissen.

Deshalb liegt unsere Krise tatsächlich in uns selbst. Wir müssen uns wieder darauf besinnen, wer wir eigentlich sind. Wir müssen uns daran erinnern, daß wir einmal ein Volk waren, das den Lauf des Lebens sehr wohl verstand. Ein Volk, das es verstand, nachhaltig zu leben, das von Vorfahren abstammte, welche Schönheit verstanden, in den Künsten und im Lebensstil.

Das, was Griechenland heute wirklich fehlt, ist echtes Lernen. Wir haben verlernt zu lernen und können gerade noch bis zur Türschwelle blicken. Die Finanzkrise ist nur die Art und Weise, wie die Welt unsere Position ausnutzt. Die wirkliche Krise besteht darin, daß wir unser Leben zurückerobern müssen. Wir müssen den Mut finden, neu zu experimentieren und das althergebrachte, sterbende System hinter uns zu lassen. Wir müssen zu der Vielfalt unserer Möglichkeiten zurückfinden, zu unserem menschlichen unternehmerischen Geist.

L.B.: Dieser Unternehmergeist wird oft in den orthodoxen Wirtschaftswissenschaften als der Ausgangspunkt des weltweiten Fortschritts gesehen, von der industriellen Revolution bis hin zur weltwirtschaftlichen Entwicklung des letzten Jahrhunderts. Aber tatsächlich stellen wir häufig fest, daß gerade dieses kolportierte Denken den neuen Herausforderungen unserer Welt nicht gewachsen ist und diesen sogar entgegensteht.

M. Scordialos: Wenn ich hier vom unternehmerischen Geist rede, soll dieser gerade nicht die konventionellen Muster von Konsum und Herrschaft fortsetzen. Es geht vielmehr darum, Wege zu finden, in denen wir uns in organischen Prozessen mit den Ressourcen arrangieren, die wir zur Verfügung haben, und damit sogar noch ein wenig weiter zu kommen als zuvor.

Wenn ich hier im Dorf die Alten frage, wie sie denn früher ohne eine etablierte Wirtschaft auskamen, betonen sie immer, daß sie sehr wohl ihren regionalen Markt bedienten. Bei uns in der Region z.B. gab es eine besondere Apfelsorte, die anderswo begehrt war. Und jeder hier hatte sein Boot, und alle waren auch Seefahrer, die mit den umliegenden Inseln und der näheren Umgebung, wie der Türkei, Handel trieben. Ihr unternehmerischer Geist bedeutete gerade, mit dem, was sie hatten, ein gesichertes Auskommen aufzubauen, ohne dabei auf Geld angewiesen zu sein.

Wenn man die modernen Griechen im Ausland betrachtet, die ausgesprochen erfolgreich sind, sieht man, wie sie dazu fähig sind, ihre Talente und ihren Erfindungsreichtum einzusetzen. Und man schaut zurück nach Griechenland und fragt sich, was zu Hause so schrecklich falsch gelaufen ist. Aber dann sieht man das hiesige Steuersystem und erkennt, wie dieser Unternehmergeist systematisch unterdrückt wird.

Social Entrepreneurship

Unter Social Entrepreneurship oder soziales Unternehmertum bzw. Sozialunternehmertum versteht man eine unternehmerische Tätigkeit, die sich innovativ, pragmatisch und langfristig für einen wesentlichen, positiven Wandel einer Gesellschaft einsetzen will. Ein Unternehmer, der eine solche Tätigkeit leitet, wird Social Entrepreneur genannt.

Gebiete, auf denen sich ein Social Entrepreneur engagiert, sind z.B. Bildung, Umweltschutz, Armutsbekämpfung oder Menschenrechte. Der Profitgedanke steht für Social Entrepreneurs im Hintergrund, weshalb viele dieser Unternehmer Non-Profit-Organisationen leiten oder unterstützen.

Ein Social Entrepreneur ist ein Unternehmer,

- der eine nicht oder bisher nur unzureichend gelöste gesellschaftliche Aufgabe zu bewältigen sucht,
- der keine finanzielle Gewinnerzielung anstrebt, sondern mit der Aufgabenerfüllung gesellschaftlichen Erfolg anstrebt,
- dessen Werte auf Demokratie und Menschenwürde gründen,
- der für die Erfüllung der selbst gestellten Aufgabe eine geeignete Organisation einbezieht, welche eine nachhaltige Entwicklung für die Gesellschaft anstrebt,
- der weitere interessierte Personen zur Mitwirkung zu motivieren sucht.

Wikipedia

L.B.: Gerade unter jungen „Social Entrepreneurs" auf der ganzen Welt zeichnet sich immer wieder ab, wie all unsere Strukturen – nicht nur unser Steuersystem, sondern auch unsere Rechtsformen, unsere Organisationsformen, die Prozesse unserer Entscheidungsfindung, unsere Informationsströme und unser Patentrecht – nur schwer mit diesen neuen Anliegen und Ideen zusammenpassen. Viele dieser Strukturen und Institutionen nahmen ihren Ausgang mit dem Beginn der Moderne vor rund 200 Jahren und stehen nun echten Veränderungen eher im Wege. Worauf laufen diese Widersprüche hinaus?

M. Scordialos: Ich war mir dessen lange nicht bewußt. Aber als ich noch in England lebte und für eine lokale britische Regierung arbeitete und später dann eine gehobene Laufbahn in einem Konzern antrat, wurde mir plötzlich klar, wie dies alles nicht mit dem zusammenpaßte, was mir innerlich wichtig war und nahestand. Es schien alles nur wie eine soziale Konstruktion, aufgebaut um eine ganz unnatürliche Auffassung von Erfolg, die ich nicht teilte. Und als ich mit etwas Abstand auf den öffentlichen und privaten Sektor zurückblickte, wurde mir klar, daß all diese legalen und organisatorischen Strukturen, um die herum wir unsere Gesellschaft aufgebaut haben, einen Grundzug teilen: Sie machen uns anonym. Das ist auch der Grund für die Einrichtung einer „Rechtsperson“. Sie soll die natürlichen Personen vor dem Risiko eines unternehmerischen Mißerfolgs schützen, vor allem finanziell. Wenn die Firma bankrott geht, haften nicht alle Beteiligten mit ihrem gesamten Hab und Gut. Auf der Schattenseite des Ganzen schafft dies ganz ursprünglich die Anonymität in unserem Wirtschaftsleben und auch im Staat. Und für mich ist dies das grundlegende Problem unserer Gesellschaft.

Wir alle tragen Samen in uns, die wir uns erschließen müssen

Wenn man mich fragt, was da heute passiert, in der Welt, in unseren Organisationen, unseren Gemeinschaften, dann ist dies das Gebrechen, an dem die Menschheit heute leidet. Wir haben die Anonymität satt, wir sind durch sie krank geworden. Und langsam fangen wir an, darauf aufmerksam zu werden, aufzuwachen, wir haben das Verlangen, wieder teilhaben zu können an unserem Leben. Deshalb schließen sich die Menschen jetzt überall auf der Welt zu den sozialen Bewegungen zusammen, von denen wir immer häufiger in den Nachrichten hören. In Tunesien, in Ägypten, in Libyen, in England und nun auch wieder in den USA und überall in Europa. Wir sind die Anonymität leid. Wir sind es leid, unser Leben nicht mehr selbst bestimmen zu können, es den Experten und Dienstleistern überlassen zu haben, die am Ende über unsere Köpfe hinweg entscheiden und uns gar nicht mehr erst fragen. Und genau das spiegelt sich auch darin wider, wie uns unsere Welt und unsere Zivilisation nun unter den Füßen zerrinnt. Man geht irgendwo irgend etwas arbeiten, trägt einen Arbeitskittel, kassiert einen Gehaltsscheck, geht in den Supermarkt und kauft Dinge, die irgendwo herkommen, von irgend jemandem hergestellt wurden und irgend etwas beinhalten. Alles in perfekter Anonymität. Das letzte Bißchen an echtem Erleben sind dabei die Beziehungen, die wir zu unseren Kunden und Kollegen haben. Aber auch diese sind nicht authentisch, nicht echt. Wir leben fast rundum ein künstliches Leben. Wir werden selbst künstlich und sind vom Leben entfremdet.

Ich für meinen Teil hatte mich damals entschieden, dieser Entwicklung nicht mehr zu folgen; nicht mehr das als Erfolg anzusehen, was unsere Gesellschaft vorgibt, sondern das, was ich aus mir heraus als solchen empfand. Ich war für etwas bestimmt auf dieser Erde. Wir alle tragen Samen in uns, die wir uns erschließen müssen, die wir säen und pflegen müssen. Und wenn diese dann wachsen, weiß ich, daß ich den kommenden Generationen etwas Positives hinterlassen werde. Aber natürlich lebe auch ich noch in einem weiteren System. Ich muß noch immer meinen Lebensunterhalt verdienen. Aber ich wollte ihn zumindest mit dem verdienen, was mir am Herzen liegt. Und mir wurde klar, daß das, was ich liebe, tiefe und innige Beziehungen sind. Und das können alle Beziehungen sein: zu Menschen, zur Erde, zum Land, auf dem ich wohne, oder zu meiner Arbeit als einer Kunstform, einer kreativen Ausdrucksform. Das ist es, wo ich meine Leidenschaft entfalten kann.

Und nun ist es so, daß ich tatsächlich dazu eingeladen werde, Prozesse zu gestalten und zu leiten, eintägige Events, mehrtägige Treffen und Workshops und auch langfristige strategische Prozesse. Und einer Sache bin ich mir dabei sicher, denn das liegt auch im Kern des „Art of Hosting"-Netzwerks, das ich mitbegründete: Es sind nicht die Methoden, die dabei die Inspiration liefern. Sie sind nur die Form. Die Essenz ist, daß die Teilnehmer zu echten Beziehungen finden können, mit sich selbst und mit den anderen. Es ist dieser Tanz zwischen dem Individuellen und dem Kollektiven, der mich dabei reizt, mit all seinen sichtbaren und unsichtbaren Aspekten.

Art of Hosting

(to host = einladen, Gastgeber sein)

The Art of Hosting is a global community of practitioners using integrated participative change processes, methods, maps and planning tools to engage groups and teams in meaningful conversation, deliberate collaboration, and group-supported action for the common good.

"The Art of Hosting and harvesting conversations that matter" is a new practice of democracy that we really need in the world now. Hosting is an emerging set of practices for facilitating group conversations of all sizes, supported by principles that:

maximize collective intelligence; welcome and listen to diverse viewpoints; maximize participation and civility; and transform conflict into creative cooperation.

„The art of hosting is a practice that heals the broken relationships between people."– EU Commission official

Quelle: www.artofhosting.org

☞

Gegengift gegen die Anonymität

M. Scordialos: Wenn man mich fragt, was diese Arbeit ist, die ich da mache, für Firmen, Gruppen und Organisationen aller Art, bis hin zur Europäischen Kommission, so kann ich oft nur sagen, daß wir die Teilnehmer als Menschen dazu einladen, wieder in echte Beziehung zueinander zu treten. Das ist mein einfaches Gegengift gegen die Anonymität, von der ich sprach. Und ich habe noch nie einen Menschen getroffen, der nicht an seinem eigenen Leben in dieser Art teilnehmen möchte. Ich habe viele getroffen, die verlernt hatten, wie das geht. Denn seit 200 Jahren sind wir einem System ausgeliefert, das uns zu Künstlichkeit und Anonymität erzieht. Aber wenn man genau dort ansetzt und die richtigen Fragen stellt, wenn man ganz aufmerksam zuhört, wenn man etwas wahrnimmt und dies auch mitteilen kann, und wenn man dies dann dem Bedürfnis teilzunehmen anbieten kann, dann ist das wie ein augenblickliches Erwachen. Es ist, als wenn die Teilnehmer wieder Sauerstoff bekämen.

Ich habe das wieder und wieder beobachten können, in all den Institutionen, in denen ich arbeite. Die Teilnehmer ringen wie nach Luft, und plötzlich sind sie eingeladen, sich voll einzubringen. Sie atmen das in vollen Zügen ein, als hätten sie seit langem gar nicht atmen dürfen. Wenn sie zu einem dreitägigen Workshop kommen und plötzlich dazu eingeladen werden, über das zu reden, was ihnen wirklich am Herzen liegt, wissen manche erst gar nicht, was das bedeutet. Aber dann entdecken sie es wieder, und das ist dann ein fast schon spirituelles Erlebnis. Aber der ganze Zauber daran ist, daß ihnen einfach wieder bewußt wird, daß sie leben und an ihrem Leben teilhaben und teilnehmen. Es ist dieser Bruch mit der Anonymität, der für mich den Spalt schafft, durch den wir die Menschen wieder zur vollen Teilnahme bringen können.

Demokratie ist keine Regierungsform, es ist eine Lebensweise

L.B.: In dieser Teilhabe klingt dabei für mich auch Demokratie an. Jeder soll am Regieren teilhaben. Und wir tun ja noch immer so, als würden wir das wirklich tun.

M. Scordialos: Wir müssen auch dabei zu den ursprünglichen Wurzeln dieser urgriechischen Begriffe zurückkehren: Im antiken Griechenland herrschte eine ganz spezielle Auffassung des Lebens, die ganz und gar anders ist als unsere heutige. Die Vorstellung war, daß das Leben eine Reise ist, und das einzige, was man unterwegs tun kann, ist, etwas zu lernen. Wir sind nicht hier, um zu konsumieren oder zu besitzen oder irgendwelche imaginären Karriereleitern zu erklimmen. Es ist einfach nur eine Reise. Und unser Lernen verläuft immer vom Immateriellen zum Materiellen. Wenn wir tot sind, reisen wir weiter, nur auf andere Weise. Und die Grundidee der Demokratie war es, daß man nicht reisen kann, wenn man nicht teilhat. Es wäre schlicht unmöglich, etwas zu lernen, wenn man sich nicht einbringt. Deshalb gab es im antiken Griechenland die Grundannahme, daß jeder das Recht zu einer Meinung und zu seinen Fragen hat, zu allem, was ihm auf seiner Reise helfen kann. Und die ganze soziale Konstruktion war damals mehr oder weniger um diesen Kern gebaut. Natürlich kann man einwenden, daß Sklavenhaltung und der Ausschluß der Frauen damit nicht vereinbar sind, aber das war genauso ein soziales Konstrukt dieser Zeit.

In ihren Volksversammlungen konnte jeder jederzeit aufstehen und etwas sagen. Und es war nicht so wie heute, wo man immer gleichzeitig auch gegen jemanden anderes debattiert. Man konnte einfach nur zum Ausdruck bringen, was man gerade gelernt hatte. Und man machte Vorschläge für die gemeinsame Reise. Und wenn die Zuhörer in dem Gesagten etwas entdeckten, das sie weiterbrachte, so standen sie ebenfalls auf und sprachen das aus. Heute muß man immer direkt Stellung beziehen und sich entscheiden und ein möglichst vollständiges Argument vorbringen, das immer besser als das vorherige sein muß. Aber damals war genau dies nicht Teil des Wertesystems. Das entwickelte sich erst zwischen den römischen Senatoren und ihrer Art der Regierung.

Die Frage nach der Demokratie berührt also ganz fundamental die Wurzeln unserer Wertesysteme, und wenn man ein System durchschauen möchte, kommt man an der Betrachtung seiner Werte und Grundannahmen über das Leben nicht vorbei. Wir können unser westliches System des Konsums nicht verändern, wenn wir nicht erst zu einer grundsätzlich anderen Sichtweise auf unser Leben und unsere Erde und all ihrer Ressourcen gelangen. Ein Eingeborener hat es einmal so formuliert:

> ***„Was ihr Rohstoffe nennt, sind für uns unsere Verwandten."***

Und solange wir die Erde nicht wieder als unsere Verwandte betrachten, als einen Teil von uns, und uns als einen Teil von ihr, und solange wir nicht realisieren, daß unser Konsum uns kollektiv umbringt, so lange wird sich gar nichts ändern.

Heute gehen wir in den Supermarkt und kaufen alles, was wir nur wollen, das ganze Jahr über. Nie fragen wir uns, wo unsere Nahrung herkommt, wie und wo sie gewachsen ist. Wir nehmen auch an der Entstehung unserer Nahrung nicht mehr teil. Auch das ist nicht mehr ein Teil unserer Lebens-Reise. Und durch diese Trennung treffen wir auch ganz aberwitzige Entscheidungen. Das hat uns schließlich an den Punkt gebracht, an dem wir gerade stehen.

Demokratie ist genau diese Teilnahme am Leben. Dort, wo ich jetzt lebe, auf einer Olivenfarm ohne Anschluß ans Stromnetz, haben wir nun unsere eigene Elektrizität aus einem Solarsystem. Wir haben es selbst installieren müssen, wir wissen, was es bedeutet, wenn es ausfällt, wir wissen, wie es funktioniert und wie wir es benutzen und pflegen müssen. Ich kann also meine eigene Energie einsetzen und dies zum Teil meines Lebens machen. In England habe ich einfach nur einen Schalter umgelegt, und es war mir komplett egal, wo der Strom herkam. Demokratie ist keine Regierungsform, es ist eine Lebensweise.

Das einzige, was wir über diese Reise unseres Lebens wissen, ist, daß sie ein irdisches Ende hat. Wir werden nichts von dem, was wir hier gekauft haben, mitnehmen können, aber wir werden etwas für die kommenden Generationen zurücklassen. Deshalb möchte ich so leben, daß ich etwas lerne und davon etwas weitergeben kann. Das ist die Grundfrage der Demokratie. Und das hat überhaupt nichts damit zu tun, wie wir die Leute wählen, die sich dann in weiter Ferne treffen und ganz seltsame Gespräche führen, an deren Ende Gesetze entstehen, die regeln sollen, wie wir alle zu leben haben. Das ist keine Demokratie, das ist nur das System, an das wir uns gewöhnt haben.

Die europäische Idee basiert auf Teilhabe, nicht auf Paragraphen

L.B.: Wie kommt es, daß selbst die Europäische Kommission, der hohe Tempel der Bürgerferne, der Bürokratie und der Gesichtslosigkeit, Sie und Ihre Kollegen einlädt, dort Meetings, Konferenzen und Workshops zu leiten? Wie gut kann das funktionieren?

M. Scordialos: Ursprünglich waren wir eingeladen worden, um ein Probetraining zu geben, mit 30 Teilnehmern, von denen 28 begeistert waren. Die zwei anderen kamen am zweiten Tag gar nicht wieder zum Workshop, sondern beschwerten sich bei ihrem Vorgesetzten, daß man eine Sekte in die Kommission eingeladen habe. Das war 2008, und nun, nach drei Jahren, sehen wir langsam die Früchte unserer trotzdem fortgesetzten Arbeit. Die Menschen, die in diesen Institutionen arbeiten, wollen alle nur das Beste für Europa. Sie glauben fest an den europäischen Gedanken und beginnen ihre Tätigkeit in der Überzeugung, etwas verbessern zu können. Unsere Trainings öffnen ihnen ein wenig die Augen dafür, was sie da tatsächlich den ganzen Tag tun. Sie schreiben Gesetze und wundern sich, warum sie in den Mitgliedstaaten nur halbherzig umgesetzt werden und tatsächlich nicht viel bewegen. Davon sind sie auch noch bei weitem nicht abgekommen, das wäre für eine so große und eingeschliffene Institution auch ein sehr weiter Weg, politisch und praktisch. Aber mehr und mehr Menschen dort beginnen zu sehen, daß ihre Arbeit, ihre Gesetze, effektiver und effizienter werden, wenn sie alle Betroffenen von Anfang an mit einbeziehen. Nun sitzen Repräsentanten der Mitgliedsländer sowie aller beteiligter Sektoren – des Öffentlichen, Privaten und Nicht-Regierungs-Sektors – mit am Tisch, und – oh Wunder – das gemeinsame Wissen im Raum hat sich vervielfältigt, und die Gesetze lassen sich viel einfacher umsetzen.

Sie haben festgestellt, daß durch unser Hosting, unsere Einladung, diese Situationen, die vorher so kompliziert und unmöglich schienen, nämlich das Miteinander-Reden, viel einfacher werden. Und es ist nicht nur leichter, es schafft auch bessere Resultate. Langsam fangen manche auch an, darüber nachzudenken, ob immer mehr Gesetze tatsächlich jemals zum Ziel führen werden. Oder ob nicht die europäische Idee eher auf Teilnahme basieren sollte, auf dem Erlebnis, wirklich Teil von etwas Größerem zu sein. Diese Menschen sind noch immer Experten und Profis, da gibt es keinen Zweifel, aber sie arbeiten nun ein wenig aufnahmefähiger, ein wenig einbeziehender.

Die Einladung neuer Helden

L.B.: Ihre Kollegin Margaret Wheatley hat diese Idee in ihrem Aufsatz *„From Hero to Host“* weiter gedeutet und für unsere immer komplexere Welt auch neue Führungsrollen beschrieben. Es sei eine Illusion, davon auszugehen, daß wir heute noch irgend etwas wirklich kontrollieren könnten, weder Menschen noch Prozesse. Und daß die neuen Helden gerade diejenigen sein werden, die andere in dieser Ungewißheit begleiten können.

M. Scordialos: Hinter diesem Konzept von Meg Wheatley steht tatsächlich eine komplette Umdeutung des Begriffs Leadership/Führung. Für Meg ist ein Leader *„jeder, dem in diesem Moment etwas zu Herzen geht und der deshalb daran etwas verbessern möchte“* (anybody who cares at this time and wants to do something about it). Und die fundamentale Veränderung zu unserer landläufigen Sicht auf Experten und Spezialisten ist die Aufgabe der Haltung und der Vorstellung, etwas zu wissen und daran dann festzuhalten. Es geht viel eher um die Annahme einer Position des Nicht-Wissens. Denn wenn man wirklich als Einladender führen lernt (leading as host), arbeitet man hauptsächlich mit einem noch unmanifestierten Potential, wie es Claus-Otto Scharmer nennt. In meinen Worten wäre dies eben das Nicht-Wissen oder das, was wir noch nicht wissen können. Denn wenn man sich wirklich auf die systemische, strukturelle Ebene eines Problems begibt und dieses Problem auch noch an einem Punkt des Umbruchs steht, wird man immer mit etwas konfrontiert sein, das man vorher noch nie hat wahrnehmen können.

Und wenn wir bei dieser offenen Art der Führung angelangt sind, haben wir gefunden, was uns heute weiterhelfen kann, was wir auch gerade jetzt in Griechenland so bitter nötig haben. Dann hat man endlich aufgehört, gleich Antworten geben zu wollen oder auch nur auf Antworten zu drängen, und angefangen, erst einmal nach der richtigen Frage zu suchen. Das ist die Haltungsänderung vom Dirigieren hin zum Zusammenbringen. Man hört auf, nach Ordnung und Kontrolle zu suchen, sondern sucht danach, wo gerade Bewegung entsteht, wo gerade Veränderung entsteht, wo gerade der Erfahrungshorizont aufbricht. Und man schafft gerade so viel Struktur, um dieser Horizontweitung, dieser Bewegung, oder auch erstmal diesem Chaos zur Manifestation zu verhelfen.

Und für mich ist das die Haltung und die Führung, derer wir gerade bedürfen. Wir brauchen mutige Menschen, die sagen: Das, was wir kennen, funktioniert nicht. Wo sind die gangbaren Alternativen, und wie schaffen wir diese? Wer möchte daran mitarbeiten, was sind die wirklichen Fragen, und wie können wir uns darüber austauschen?

So einfach ist das. Und nur dies kultiviert die Fähigkeit, dieses Nicht-Wissen gerade so lange auszuhalten, bis eine neue emergente Ordnung entsteht. Biologie und Quantenphysik zeigen uns je aufs Neue, daß dies die Art ist, nach der die Natur verfährt. Das Neue entsteht aus unvorhersehbaren Verbindungen, und Emergenz ist etwas, das man nicht planen kann, etwas, das man nur im nachhinein wahrnehmen kann. Man kann es auch nicht voraussagen, es ist seiner Natur nach ungewiß.

Und tatsächlich sind es diese Fähigkeiten, die in unseren hierarchischen Führungsstrukturen, ob in Regierungen, Universitäten oder Konzernen, nie gelehrt und gelernt werden: das Warten, das Zuhören, das Sehen und die intuitive Fähigkeit zu wissen, wann die neue emergente Ordnung sich anschickt, in Erscheinung zu treten.

Aus Hermann Hesse, Siddhartha

„Sieh Kamala, wenn du einen Stein ins Wasser wirfst, so eilt er auf dem schnellsten Wege zum Grunde des Wassers. So ist es, wenn Siddhartha ein Ziel, einen Vorsatz hat. Siddhartha tut nichts, er wartet, er denkt, er fastet, aber er geht durch die Dinge der Welt hindurch wie der Stein durchs Wasser, ohne etwas zu tun, ohne sich zu rühren; er wird gezogen, er läßt sich fallen. Sein Ziel zieht ihn an sich, denn er läßt nichts in seine Seele ein, was dem Ziel widerstreben könnte. Das ist es, was Siddhartha bei den Samanas gelernt hat. Es ist das, was die Toren Zauber nennen und wovon sie meinen, es werde durch die Dämonen bewirkt. Nichts wird von Dämonen bewirkt, es gibt keine Dämonen. Jeder kann zaubern, jeder kann seine Ziele erreichen, wenn er denken kann, wenn er warten kann, wenn er fasten kann."

Und so steht hinter Megs Kommentar ein Führungsstil, der das Unbekannte mit einlädt, der miteinbezieht, was wir gerade erst gemeinsam lernen, was durch unser gemeinsames Lernen entsteht, aber was nicht von uns geschaffen wird. Denn das Leben und seine Emergenz sind nie vom Menschen erschaffen, wir sind daran nur Teilhabende, verwoben in dem Netz des Lebens. Unsere Pflicht ist es aber, unsere ganz speziellen Fähigkeiten und Gaben – nämlich unser Bewußtsein, unser Gewissen und unsere Fähigkeit, uns selbst zu betrachten und das Leben auch von außen wahrzunehmen – in unseren Dienst als Hüter und Diener zu stellen. Nicht zu konsumieren, nicht zu zerstören und nicht gierig zu sein, sondern zu pflegen und zu schützen. Und es ist dieser einladende Führungsstil, der diese Qualität der Achtsamkeit und unsere Hüter-Aufgabe fördert und uns nicht zu Besitzenden und Konsumenten macht.

Was auch immer das Problem sein mag, Gemeinschaft ist die Antwort

L.B.: Woher nehmen Sie die Kraft, in Ihrer Arbeit einen solchen Führungsstil zu pflegen, während alles um uns herum nach den üblichen Helden und einer schnellen Lösung verlangt und die Menschen hungern, physisch und im übertragenen Sinne?

M. Scordialos: Das funktioniert nicht als reines Lippenbekenntnis. Ich habe selber oft genug erlebt, was Nicht-Wissen bedeutet. Auch finanziell wußte ich oft nicht, wie der nächste Monat zu schaffen ist. Tatsächlich habe ich nie selber Hunger gelitten, das kenne ich nur aus mittelbarer Erfahrung mit den Menschen der Länder, in denen ich lebte. Als ich als Kind in Indien aufwuchs, spielte ich dort auch mit den Straßenkindern und habe gesehen, wie diese ein Sicherheitssystem haben, das wir uns hier im Westen überhaupt nicht mehr vorstellen können. Es waren die Kinder selber, die dieses Netz füreinander darstellten. Diese Kinder waren niemals einsam. Das ist eine der Antworten auf die Frage nach dem Nicht-Wissen: Versuche es niemals allein. Sei immer in Gemeinschaft, in einer Familie und mit Weggefährten. Das ist auch ein weiteres Zitat von Meg Wheatley: *„Was auch immer das Problem sein mag, Gemeinschaft ist die Antwort"*.

Und dann gibt es da noch ein Paradoxon mit dem Nicht-Wissen: Um es aushalten zu können und konstruktiv damit umzugehen, ist es wichtig, seinem inneren Wissen vertrauen zu können, und auch dem kollektiven inneren Wissen. Das ist wie die Quelle einer tieferen, ursprünglicheren Information. Und doch bleibt es paradox: Man weiß nicht, und doch muß man diese Art von Wissen wahrnehmen.

Vielleicht sind wir auch einfach zu sehr in Sorge um das Wissen, z.B. um das Wissen darum, was wir in einem Jahr machen werden. Warum sollte man das unbedingt wissen müssen? Es ist doch ein ganz falsches Sicherheitsgefühl, wenn wir meinen zu wissen, was nächstes Jahr sein wird. Das ist die Illusion von Kontrolle. Es gibt nur heute. Und solange wir heute eine Richtung spüren, an die wir uns halten können, ist das wirklich alles, was wir brauchen. So viel kann in einem Jahr passieren.

Jedoch müssen wir aufmerksam demgegenüber sein, was wir heute tun und was uns zu unserem nächsten Schritt bewegt. Wenn wir hungrig sind, wird der nächste Schritt die Nahrungsbeschaffung sein. Und das ist vielleicht ein weiterer Schlüssel zu diesem Problem; vielleicht sind wir einfach nicht hungrig genug, um wissen zu können. Wir sind so daran gewöhnt, nicht hungrig zu sein, daß wir dies zum Zentrum unseres Tuns machen. Wir setzen alles daran, auch wirklich nie hungrig zu sein. Und aus Angst vor diesem nie gespürten Hunger müssen wir auch immer weiter in die Zukunft planen. Aber warum meinen wir denn, daß hungrig zu sein so etwas Schreckliches ist? Ich denke, es sind solche sozialen Konstrukte, denen wir erlauben müssen aufzubrechen, damit wir wieder vollständig an unserem eigenen Leben teilhaben können.

Krisen sensibilisieren für Zukunft

Interview mit Gunter Pauli

von Peter Krause

Gunter Pauli, *geb. 1956, studierte Betriebswirtschaft an der Managerschmiede* INSEAD *in Frankreich. Zunächst war Pauli als Unternehmer erfolgreich, gründete und verkaufte mehrere Unternehmen in Europa. Auf Einladung der japanischen Regierung ging er 1994 nach Tokio an die United Nations University, wo er die Zero Emissions Research Initiative (*ZERI*) ins Leben rief, die gemeinsam mit der japanischen Regierung und der* UNO *Konzepte für eine Wirtschaft des Stoffstrommanagements entwickelte.*

Im Rahmen der EXPO *2000 in Hannover wurde das* ZERI*-Konzept in einem eigenen Pavillon aus Bambus präsentiert – mit 6,4 Millionen Besuchern die meistbesuchte Ausstellungsfläche der gesamten Expo.*

Gunter Pauli glaubt an den Wert von Bildung: Er ist Professor an der Politecnico in Turin und hat 36 ZERI*-Fabeln für Kinder geschrieben. Über 200 Zeitungs- und Zeitschriftenartikel entstammen Gunter Paulis Feder. Seine 16 Bücher wurden in 27 Sprachen veröffentlicht, bis heute wurden über 17 Millionen Exemplare weltweit verkauft.*

Gunter Pauli ist Mitglied des Club of Rome und wurde vom Weltwirtschaftsforum Davos zum „Global Leader of Tomorrow" gewählt.

Gunter Pauli lebt mit seiner Frau und zwei Kindern in Kapstadt, Südafrika.

Die Welt bebt. Aber es sind nicht nur natürliche Erdbeben, sondern auch Krisen, die uns Menschen immer wieder erschüttern und bestenfalls wachrütteln. Jetzt, am Beginn des dritten Jahrtausends, sehen wir uns mit Problemen konfrontiert, die uns klar vor Augen führen, wohin der einseitige Lebensstil führt, den wir besonders in den vergangenen zwei bis drei Jahrhunderten entwickelt haben. Das aber bietet uns als Menschheit zugleich auch die einzigartige Chance, zu Verhaltensweisen zu finden, die Zukunft ermöglichen, statt Leben zu zerstören. Immer mehr Menschen ist das klar, und immer mehr Handlungsmodelle tragen dem Rechnung, was als neue Welt inmitten der uns bekannten bereits entsteht.

Gunter Pauli, eines der zur Zeit 66 Mitglieder des Club of Rome, ist Unternehmer, Business-Angel, Weltbürger, aber vor allem Mutmacher für Menschen, die sich der eingetretenen Lage bewußt geworden sind und die sich darum begeistert für eine ökologisch sinnvoll gestaltete Zukunft einsetzen.

So geht es nicht weiter, aber die neuen Chancen sind bereits da

Peter Krause: Während wir jetzt miteinander reden, ist die Welt – wieder – in Sorge. Dieser Montag [08.08.11, Anm. d. Red.] droht mutmaßlich wieder ein schwarzer Montag zu werden, denn das globale Geld- und Finanzsystem ist ins Wanken geraten. Die Krise des Geldes ist eine große Herausforderung, ebenso wie die Hungerkatastrophe in Ostafrika oder die fatale Lage in Japan, die sich durch das Unglück in Fukushima ergeben hat. Das sind nur drei Beispiele für die schwierige Lage, in der wir uns gegenwärtig als Menschheit befinden. Sind wir eigentlich noch zu retten, oder gehen wir weiter und unaufhaltsam dem Abgrund entgegen?

Gunter Pauli: Ich glaube, daß der nächste Schritt darin bestehen muß, daß wir Menschen endlich mal zur Besinnung kommen und realisieren, daß es so nicht weitergehen kann. Ganz einfach! So wie wir jetzt leben und wirtschaften, wie wir Dinge herstellen lassen, verbrauchen und betreiben, geht es nicht weiter. Das hat keine Zukunft. Die Folgen des Tsunamis in Fukushima sind eben von Menschen gemacht und nicht von der Natur. Der Mensch sollte in solchen Gegenden, in denen derartige Naturereignisse alle 80 oder 100 Jahre auftreten, einfach nicht wohnen oder Atomkraftwerke betreiben.

Wir brauchen ein Umdenken. Seit der Studie des Club of Rome, *„Die Grenzen des Wachstums"*, die Anfang der 70er Jahre des vorigen Jahrhunderts erschienen ist, geht es immer wieder um das gleiche: um die Notwendigkeit umzudenken. Trotz Google und Facebook sind wir Menschen offensichtlich nicht in der Lage, die Krisen zu verstehen, in denen wir uns global befinden. Wenn wir über Krisen reden, haben wir bald eine hedonistische Reaktion, die vermittelt, daß man zu guter Letzt nochmal so richtig gut leben sollte...

> Wenn wir so intelligent sind, warum tun wir dann Dinge, die niemand will? Wer will Atommüll in seinem Garten haben? Wer möchte auf einem mit Schwermetallen verseuchten Stück Land leben? Wir Menschen sind die einzigen lebenden Wesen, die mehr Ressourcen verbrauchen als erzeugen und denen zurückgeben, von denen wir so stark abhängen. (...) Mit Hilfe einer großen Menge von Wärme und Kraft entnimmt der Mensch der Erde alles Mögliche, aber gibt der Umwelt nichts zurück.
>
> Gunter Pauli in „*Zen and the Art of Blue*", Berlin 2010, Seite 62

Meine Strategie ist, nicht immer wieder über diese Probleme zu reden, sondern über die vielen neuen Chancen, die wir haben. Ich spüre gerade jetzt in den letzten, vergangenen Tagen, daß die Menschen sehr wohl wissen, daß es so nicht weitergehen kann. Statt den Himmel oder das Nirvana vorzuspiegeln, sollten wir konkret sagen, daß die notwendigen Veränderungen hier auf der Erde auch wirklich möglich sind.

> Wenn wir das Gefühl haben, daß wir eine Antwort auf ein drängendes Problem unserer Zeit geben können, dann sollten wir niemanden bitten, geduldig zu sein und zu warten, bis andere begreifen, was auf dem Spiele steht. Wir müssen sehr ungeduldig sein und ein hohes Maß an Leidenschaft zeigen, um eine Veränderung zu bewirken. Wenn unsere Leidenschaft entfacht ist, dann können wir dieses Schiff recht schnell in eine andere Richtung steuern.
>
> Gunter Pauli in „*Zen and the Art of Blue*", Berlin 2010, Seite 148

P.K.: Wenn wir uns vor Augen führen, wie diese Welt beschaffen ist, in der wir leben, wie das alles in Jahrmillionen entstanden ist, dann ist man ja verblüfft, wie diese ganze weisheitsvolle Schönheit durch ein Verhalten und eine Lebensart gefährdet ist, die wir Menschen in den vergangenen 250 Jahren entwickelt haben. Ein solcher Zeitraum ist verschwindend klein, und doch sind die Folgen der menschlichen Entwicklung, wie sie sich in dieser Zeit ereignet hat, riesengroß.

Unser Wissen ist nur ein halbes

Peter Scholl-Latour, ein außerordentlich gebildeter Mensch und Weltbürger, sagte einmal, daß er nicht davon ausginge, daß der Mensch gut ist (vgl. **FH** 100, *„Dein Hunger ist mein Hunger“*). Er bezeichnete den Menschen sogar als das schlimmste Raubtier auf Erden. Ist das typisch Mensch, was Peter Scholl-Latour beschreibt? Mußte sich alles so entwickeln, weil wir Menschen eben so sind, wie wir sind? Oder wie sehen Sie den Menschen und seine vermeintliche Bestimmung?

G. Pauli: Mit der Meinung von Peter Scholl-Latour bin ich nicht einverstanden. Ich würde eher sagen, daß der Mensch ein sehr neues Phänomen auf der Erde ist, denn wir Menschen verstehen noch gar nicht gut, welche Einflußmöglichkeiten wir tatsächlich haben. Wir Menschen sind in dieser Hinsicht eigentlich sehr ignorant.

Mit all unseren Möglichkeiten, z.B. durch das Internet etwas erfahren und wissen zu können, bleiben bestimmte Fragen dennoch offen. Wenn Sie versuchen, im Internet herauszufinden, warum Äpfel von Bäumen fallen, werden Sie unendlich viele Informationen bekommen können. Dazu, was Schwerkraft ist, bekommen Sie Millionen Antworten. Sie finden aber nichts darüber, wie die Äpfel erstmal auf die Bäume heraufkommen. Das bedeutet, daß wir eigentlich nur eine halbe Wissenschaft haben. Wir erreichen Kenntnisse zunächst allenfalls nur zur Hälfte der Wirklichkeit. Wir sind nicht in der Lage, ausreichend Verknüpfungen herzustellen, die einzelne Fakten kombinieren, in größeren Zusammenhängen erscheinen lassen und so ein erweitertes Wissen ermöglichen. Das aber wäre nötig, um zu verstehen, was wir gegenwärtig tun.

In Schweden und Japan z.B. sind die Menschen sehr dafür engagiert, nachhaltig zu leben. Es gibt Bücher mit Tips zu nachhaltigem Leben. Dann kann man sein Waschpulver durch ein anderes Waschpulver ersetzen, aber eine wirklich nachhaltige Gesellschaft habe ich deswegen trotzdem noch nicht. Wenn ich Batterien alter Art durch neue ersetze, brauche ich trotzdem immer noch den Bergbau und damit den Verbrauch natürlicher Ressourcen.

☞

Haben Sie sich je gefragt, was der Begriff „bio" bedeutet? Bio bedeutet, daß eine unabhängige Organisation bestätigt, was in der Nahrung „nicht enthalten ist". Bio sagt überhaupt nichts darüber aus, was Sie essen. (...) Nun ist es an der Zeit zu schauen, was in der Nahrung „enthalten ist". Es reicht nicht zu wissen, daß Eiweiß, Fett, Kohlenhydrate oder Mineralien darin enthalten sind. Wir müssen das ganze System verstehen, das unsere Nahrungsmittel herstellt.

Gunter Pauli in „*Zen and the Art of Blue*", Berlin 2010, Seite 169

Wir haben diese Kommunikationsgesellschaft geschaffen, in der wir etwas wissen wollen, das dann auch gleich auf uns zukommt. Wir können alles kaufen, was wir haben wollen. Auch deswegen sind wir so blind für Zusammenhänge geworden. Wenn wir aber verstehen würden, wie alles miteinander zusammenhängt, wie es sich um Kaskaden von Zusammenhängen und Vernetzungen handelt, die letztlich dazu führen, daß wir etwas kaufen können, was wir haben wollen, dann würde das dazu beitragen, daß wir Menschen uns positiv einmischen können.

P.K.: Sie sind sehr stark für Bildungs- und Bewußtseinsfragen engagiert. In Ihrem Buch „*Zen and the Art of Blue*" wird das sehr deutlich. Sie weisen darauf hin, daß wir erst eine halbe Wissenschaft haben.

In den vergangenen 250 Jahren ist eine Naturwissenschaft entstanden, die aufgrund ganz bestimmter Blickwinkel und daraus resultierender Aussagen eine meinungsbildende Dominanz für sich beansprucht. Das naturwissenschaftliche Weltbild reicht in alle Bereiche unseres Lebens. Was muß getan werden, um die damit einhergehenden Einseitigkeiten aufzulösen? Wie kommen wir zur zweiten Hälfte der Wissenschaft?

G. Pauli: Schon als junger Mensch war ich fasziniert von Pink Floyd's „*The Wall*": „*We don't need no education. We don't need no thought control.*" Das Problem besteht darin, daß Wissenschaft heute dogmatisch vertreten wird. Ich muß aber immer wieder in der Lage sein, Arbeitshypothesen in Frage zu stellen, doch das ist von der dogmatisch vertretenen Naturwissenschaft nicht erlaubt. Der Naturwissenschaftler fragt: „*Bist du für mich oder bist du gegen mich?*"

We don't need no education.
We don't need no thought control.
No dark sarcasm in the classroom.
Teacher leave the kids alone.
Hey, teacher leave the kids alone!
All in all it's just another brick in the wall.
All in all you're just another brick in the wall
...
I don't need no arms around me.
And I don't need no drugs to calm me.
I have seen the writing on the wall.
Don't think I'll need anything at all.
No, don't think I'll need anything at all.
All in all it was just bricks in the wall.
All in all it was just bricks in the wall.

[aus *„Another Brick In The Wall"* von Pink Floyd]

Ich versuche, die Dinge auf die Gesundheit zurückzubringen, Das ist ein sehr naheliegender Bereich, in dem die Menschen schnell sehr vieles verstehen können. Wenn ich als Mensch zum Beispiel die Kenntnisse von Temperatur und von pH-Werten verbinde, wenn ich das in bezug auf meinen Körper tue, dann erkenne ich plötzlich viele Zusammenhänge, die mir vorher vollkommen unbekannt waren. Darum glaube ich, daß wir die Menschen in einem Bereich ansprechen sollten, in dem sie schnell einen Zugang zu den Fragestellungen finden und zugleich auch bereit dazu sind, etwas zu verändern. Das ist im Bereich der Gesundheit der Fall.

Kinder erfahren die Zusammenhänge des Lebens

Ich selbst und viele meiner Kollegen versuchen, soviel wie möglich mit kleinen Kindern zu arbeiten. Wenn Kinder die Zusammenhänge des Lebens erleben, verstehen sie gar nicht, wie es möglich ist, daß die Erwachsenen sich so ignorant verhalten. Sie verstehen z.B. nicht, warum man für eine einzige Toilettenspülung zehn Liter sauberes Trinkwasser verbrauchen muß. Die Konsequenz, die auf die Einsicht in die Zusammenhänge im Handeln folgt, die stellt sich bei Kindern viel schneller ein.

P.K.: Wenn man so, wie Sie es beschreiben, an Kinder und Jugendliche herantritt, ist ein Wille zu Veränderungen schnell entfacht. Das kenne ich auch gut aus meiner Arbeit. Wie gelingt es aber, daß sich dieser Veränderungswille nicht verliert, wenn die jungen Leute in die ganz normale Alltagswelt gehen, die ihnen nach der Schulzeit begegnet? Mit dieser Welt, in der sie nach der Schulzeit ihr eigenes Leben aufbauen und gestalten, sind viele Prozesse und Bedingungen verbunden, die wiederum in die unsägliche eine Richtung ziehen, aus der es auszusteigen gilt.

Wir verfügen als Menschheit über sehr viele Erkenntnisse darüber, wie unser Handeln wirkt. Wir wissen, daß bestimmte Handlungen für die Natur und für unsere Mitmenschen nicht gut sind. Allerdings ist demgegenüber der Wille zu nachhaltigen Veränderungen sehr klein. Das ist auch eine Tatsache. Woran liegt das? Wie gehen wir damit am besten um?

G. Pauli: Meine Strategie war, was meine eigenen Kinder betrifft, daß man am besten nicht zur Schule gehen sollte, denn dort lernt man eigentlich nichts mehr.

P.K.: Aha, und in welchem Land konnten Sie das umsetzen?

G. Pauli: Leider ist man in manchen Ländern der Welt dazu verpflichtet, die Kinder zur Schule zu schicken. Aber glücklicherweise gibt es als Alternative das Homeschooling, das wir für unsere Kinder nutzen.

HAUSUNTERRICHT

Hausunterricht (auch häuslicher Unterricht, Heimunterricht, Domizilunterricht oder Homeschooling) ist eine Form der Bildung und Erziehung, bei der die Kinder zu Hause von den Eltern oder Privatlehrern statt in Schulen unterrichtet werden. Die konkrete Praxis des Hausunterrichts kann sehr unterschiedlich aussehen. Das Spektrum reicht von stark strukturierten, an traditionellem Schulunterricht orientierten Formen bis zu sehr offenen wie dem Unschooling.

Quelle: Wikipedia

Sie haben vorhin den geschichtlichen Zeitraum von 250 Jahren genannt. In dieser Zeit ist die Schulpflicht entstanden, aber auch die mutualistischen Schulformen. Die heutige Bildungsart mit den Multiple-Choice-Prüfungen bringt uns keine risikobereiten und risikofreudigen Kinder. Drogen und Alkohol sind eine klare Konsequenz, denn die Kinder können im gewöhnlichen Bildungssystem nicht genug spielen. Wir müssen unsere Ausbildungssysteme grundsätzlich ändern. Das beste mir bekannte Beispiel dafür ist das brasilianische Modell von Paulo Freire, mit dem Millionen von armen Menschen erreicht werden konnten. Wir werden in der Zukunft weniger eine Mutter Teresa als einen Paulo Freire brauchen, um das Ausbildungssystem lokal ändern zu können.

Die Analyse des herrschenden Schulsystems – „The banking concept of education"

Die vorherrschende Unterrichtsmethode nennt Paulo Freire „Bankiers-Methode". (...) *„Das Bankiers-Konzept beruht auf der Voraussetzung einer Spaltung zwischen Mensch und Welt: der Mensch ist nur in der Welt, aber nicht mit der Welt oder mit anderen. Der Mensch ist Zuschauer, nicht Neuschöpfer. In dieser Sicht ist der Mensch nicht ein bewußtes Wesen, vielmehr ist er Besitzer eines Bewußtseins: eines leeren Sinnes, der dem Empfang von Einlagen an Wirklichkeit aus der Außenwelt passiv offen steht."*

In der „Bankiers-Methode" wird Erziehung zu einem Akt der Spareinlage. Der Lehrer macht Einlagen in die Köpfe der Schüler. Die Aufgabe des Lehrers ist es, die Köpfe der Schüler *„mit den Inhalten seiner Übermittlung zu füllen"* – mit Inhalten, die von der Wirklichkeit losgelöst sind, ohne Verbindung zu einem größeren Ganzen, das sie ins Leben rief und ihnen Bedeutung verleihen könnte. *„Je vollständiger er die Behälter füllt, ein desto besserer Lehrer ist er. Je williger die Behälter es zulassen, daß sie gefüllt werden, um so bessere Schüler sind sie."* Paulo Freire behauptet, daß diese „Bankiers-Methode" die Schüler passiv macht. Sie nehmen die ihnen präsentierte Welt hin und passen sich der scheinbaren Realität an. So entwickelt sich nach Paulo Freire kein kritisches Bewußtsein.

Die Alternative – „The problem-posing concept of education"

„In der Problemformulierenden Bildung entwickeln die Menschen die Kraft, kritisch die Weise zu begreifen, in der sie in der Welt existieren,

mit der und in der sie sich selbst vorfinden. Sie lernen die Welt nicht als statische Wirklichkeit, sondern als eine Wirklichkeit im Prozeß sehen, in der Umwandlung."

Wenn im Unterricht nur theoretisch reflektiert wird, fehlt die Aktion. Dies bezeichnet Paulo Freire als „Verbalismus". Wenn andererseits das Gewicht mehr auf Aktion gesetzt wird, fehlt die Reflexion. Dies bezeichnet er als „Aktionismus". Ein guter Unterricht muß also ein ausgewogenes Verhältnis zwischen Reflexion und Aktion anstreben.

Quelle: Wikipedia

P.K.: Wie sind Ihre diesbezüglichen Erfahrungen mit dem Konzept der Club of Rome-Schulen, von denen es ja bereits einige gibt?

Club of Rome

Der Club of Rome wurde 1968 gegründet. Die Idee stammt von dem italienischen Industriellen Aurelio Peccei, einem damaligen Mitglied der Firmenleitung von Fiat und Olivetti und Präsident der Unternehmensberatung Italconsult, sowie dem Schotten Alexander King, Direktor für Wissenschaft, Technologie und Erziehung bei der Pariser Organisation für wirtschaftliche Zusammenarbeit und Entwicklung (OECD).

Das gemeinsame Ziel aller Clubmitglieder wird wie folgt formuliert: „Unser Ziel ist die gemeinsame Sorge und Verantwortung um bzw. für die Zukunft der Menschheit!" Außerdem nennt der Club of Rome als Ziel „building a global society in the 21st century" und „Global Governance". Um seine Ziele in der Formung der „Global Society" zu erreichen, setzt der Club of Rome auf die Bildung der jungen Generation. So werden in vielen Ländern Ganztagsschulen gegründet, welche mit möglichst vielen außerschulischen Lernorten – Betrieben, Vereinen, Universitäten – im In- und Ausland vernetzt sind. Die neuen Schulen sollen sich mit ihrem jeweiligen Schulprofil in das Konzept der Club-of-Rome-Schulen hinein entwickeln. Dabei werden sie von einem erfahrenen Schulcoach des Club of Rome beraten und begleitet. Für einzelne Fächer werden Spezialisten hinzugezogen. Nach einer geglückten Umwandlung erhalten diese Schulen das Qualitätssiegel „Club-of-Rome-Schulen".

Quelle: Wikipedia

G. Pauli: Meine Erfahrungen diesbezüglich sind beschränkt. Ich habe selbst ein Ausbildungssystem entwickelt, das mittlerweile in sechzehn Sprachen verfügbar ist. An diesem Programm nehmen mittlerweile etwa 600.000 Kinder teil. Wir versuchen zu lernen, wie man schnell Veränderungen bewirken kann. Die von Uwe Möller im Club of Rome getragene Initiative ist sehr gut, aber sie bleibt immer noch in den gewohnten Schulen. Wir hingegen sind eher damit beschäftigt, das vorherrschende Schulsystem ganz auf den Kopf zu stellen.

P.K.: Das mutualistische Konzept, das in gewisser Weise auch das von Paulo Freire ist, öffnet den Schulunterricht für ein erfahrungsbasiertes, weltoffenes Erkunden und Lernen. Wie schätzen Sie in diesem Zusammenhang den Ansatz der Waldorfschulen ein?

G. Pauli: Ich habe die Waldorfschulen, auch die Montessori-Schulen, kennengelernt. Es hat ja viel Kraft gekostet, diese Schulen bis zur öffentlichen Anerkennung zu bringen, die ihnen heute zukommt. Wir sollten aber nicht vergessen, daß das Konzept der Waldorfschulen schon fast einhundert Jahre alt ist, obwohl sich bis heute das eine oder andere schon geändert hat. In Amerika z.B. kann man froh darüber sein, daß es Waldorfschulen gibt, aber es gibt an ihnen nur 25.000 Kinder. Das ist zuwenig.

Die Wirtschaftswissenschaften

P.K.: Hazel Henderson sagt, daß alle Krisen in unserer unzulänglichen Wahrnehmung der Wirklichkeit wurzeln. Sie überträgt das auch auf die Ökonomie und führt Beispiele dafür an, wie etwas aus alten Anschauungen geworden ist, was als Anachronismus dringend überwunden werden muß.

Hazel Henderson

Hazel Henderson (* 1933 in Bristol, Großbritannien) ist eine US-amerikanische Zukunftsforscherin und Expertin für alternative Ökonomie. Sie ist Verfasserin mehrerer Bücher und weltweit als Kolumnistin für Zeitungen und Zeitschriften tätig sowie Beraterin für Fragen der Nachhaltigen Entwicklung. Sie gehört dem Vorstand des Worldwatch Institute an. Sie ist Mitglied der Fachbeiräte des Calvert Social Investment Fund, der Cousteau Society, des Council on Economic Priorities und der New Economics Foundation und des Club of Rome.

Quelle: Wikipedia

Die alten Theorien passen nicht mehr zur neuen Welt, zur Zukunft. Sehen Sie Ansätze auf dem Gebiet der Wirtschaftswissenschaften, die bereits entwickelt sind und die für den Weg in die Zukunft tauglich sind?

> Wir riechen die verpestete Luft und das verunreinigte Wasser, sehen den Müll und die Verschmutzung, hören den stetig steigenden Geräuschpegel und spüren, wie gesellschaftliche Unordnung und gesellschaftlicher Zusammenbruch zunehmen. (...) Ob wir sie als „Energiekrise", „Umweltkrise", „Urbanisierungskrise" oder „Bevölkerungskrise" bezeichnen, wir sollten das Ausmaß erkennen, in dem sie in der umfassenderen Krise unserer unzulänglichen, engen Wahrnehmung der Wirklichkeit wurzeln.
>
> Hazel Henderson, in: „*Das neue Denken*" von Fritjof Capra, Bern/München 1987, Seiten 226 und 227

G. Pauli: Was wir heute als Wirtschaftswissenschaft haben, hat keine Zukunft mehr. Wir sind mit den alten Vorstellungen und Lehrmeinungen an ein absolutes Ende gekommen, auch wenn wir das noch nicht vollumfänglich begriffen haben. Es hat z.B. überhaupt keinen Sinn, daß eine Nation wie die USA in eine Krise gerät, nur weil sie von einer einzigen Rating-Agentur statt eines Tripel-A ein zweifaches A bekommt. Das zeigt, daß mit den falschen Parametern gearbeitet wird.

Man sollte sich, der vorherrschenden ökonomischen Theorie folgend, immer nur mit einer Geschäftsidee beschäftigen. Was man nicht selbst kann, soll man durch jemand anderen machen lassen, also outsourcen. Und so versuchen wir Menschen, auch durch die Globalisierung forciert, immer wieder mehr und mehr vom ewig Gleichen herzustellen. Das geht so aber nicht mehr. Wir untersuchen die „Small-is-beautiful-Idee" von Ernst Friedrich Schumacher wissenschaftlich und mit Fallstudien und können belegen, daß es sehr wohl die Chance und Möglichkeit dafür gibt, alle Grundbedürfnisse der Menschen ohne Ausnahme dezentral abzudecken.

Die Strategie, die Waren und Güter um die ganze Erde herumzuschicken, hat keine Zukunft.

> Die klassische Theorie wurde fast auf den Kopf gestellt. Wirtschaftswissenschaftler jeder Couleur schaffen durch ihre Vorhersagen und

ihre Wirtschaftspolitik selbst Wirtschaftszyklen, Verbraucher werden gezwungen, unfreiwillige Anleger zu werden, und der Markt wird von Aktionen der Konzerne und der Regierungen gemanagt, während neoklassische Theoretiker sich immer noch auf die unsichtbare Hand berufen.

Hazel Henderson, in: „*Das neue Denken*" von Fritjof Capra, Bern/München 1987, Seite 245

P.K.: Welche Möglichkeiten hat man denn heutzutage, mit guten, nachhaltigen Ideen den Markt zu durchdringen? Der Markt wird doch unzweifelhaft von einigen wenigen großen Global players dominiert, die die Idee der Selbstregulierung des Marktgeschehens durch Angebot und Nachfrage ständig aushebeln. Auch darauf weist Hazel Henderson ja ausdrücklich hin.

In den meisten Industriegesellschaften kontrollieren gigantische Aktiengesellschaften die Versorgung mit Waren; sie schaffen durch Werbung künstlichen Bedarf und üben entscheidenden Einfluß auf die nationale Politik aus. Die wirtschaftliche und politische Macht dieser Konzerngiganten durchdringt jede Facette des öffentlichen Lebens. Freie, von Angebot und Nachfrage ausbalancierte Märkte gibt es seit langem nicht mehr.

Hazel Henderson, in: „*Das neue Denken*" von Fritjof Capra, Bern/München 1987, Seite 242

Bedürfnisse werden durch geschickte Marketingmaßnahmen gleichsam erzeugt, und danach kann man auch das noch in großen Stückzahlen verkaufen, was eigentlich offensichtlich komplett überflüssig ist. Welche Chancen haben in diesem Raubtiergeschehen die jungen Unternehmer, die mit guten Ideen antreten, aber keine wirkliche Machtposition im Marktgeschehen innehaben?

G. Pauli: Vor zehn Jahren war es so, daß z.B. nur die Japaner sehr offen für meine Ideen waren. Sie wollten erfahren, wie man mehr materialeffizient produzieren kann. Das war im Rahmen von Ernst Ulrich von Weizsäckers Faktor-Vier-Konzept. Die Japaner waren daran immer sehr interessiert, denn sie haben keine Reserven.

FAKTOR VIER

„Faktor Vier" ist die Formel für eine neue Richtung des technischen Fortschritts („Effizienzrevolution"), die doppelten Wohlstand bei gleichzeitiger Halbierung des Naturverbrauchs verspricht. In ihrem Buch „Faktor Vier. Doppelter Wohlstand – halbierter Naturverbrauch" umschreiben die Autoren Ernst Ulrich von Weizsäcker, Amory B. Lovins und L. Hunter Lovins Nachhaltigkeit so:

„Das Konzept der Nachhaltigkeit, der ökologisch dauerhaften Entwicklung, des sustainable development, wurde nicht erst von den Diplomaten des Erdgipfels erfunden. Nachhaltigkeit ist ein uraltes Prinzip menschlicher Kulturen (...)

Die neue Sustainability-Diskussion hatte ihren Ausgang im Naturschutz genommen, und es trifft historisch zu, daß das deutsche forstwirtschaftliche Prinzip dabei mit Pate gestanden hat. Bei der mit dem internationalen WWF *(...) kooperierenden* IUCN *(...) wurde Anfang der achtziger Jahre eine Studie über nachhaltige Ressourcennutzung angefertigt (...), deren zentrales Stichwort sustainability war. Von dort fand das Konzept Eingang in die Weltkommission für Umwelt und Entwicklung, die sogenannte Brundtland-Kommission, benannt nach ihrer Vorsitzenden, der ehemaligen norwegischen Ministerpräsidentin Gro Harlem Brundtland. Deren Bericht machte die nachhaltige Entwicklung zum Eckpfeiler der heutigen Versuche, die Ziele Umwelt und Entwicklung miteinander zu versöhnen."* (S.239ff.):

Quelle: nachhaltigkeit.info/artikel/faktor_4_686.htm

Heutzutage glaube ich, daß man weltweit – vielleicht mit der einzigen Ausnahme der USA – für solche Konzepte sehr empfänglich geworden ist. Im September werde ich mit Vertretern von etwa einhundert großen Chemiekonzernen zusammensein, um genau an der Frage zu arbeiten, welche neuen Techniken es erlauben, mit der Globalisierungstendenz abzuschließen. Noch vor zwei Jahren hätte ich mir das nicht vorstellen können, daß man überhaupt in einem so großen Rahmen über diese Dinge reden würde.

Vielleicht brauchen wir noch weitere Krisen, auch tiefergehende, um zu verstehen, wie dumm das heutige System, unsere heutige Art zu leben und zu wirtschaften überhaupt ist.

Chancen für neue Unternehmen

P.K.: Wenn man das jetzt von der ganz großen Bühne herunterbricht auf die kleinen Spielflächen des Alltags: Welche Chancen bieten sich Existenzgründern heutzutage, in das Marktgeschehen hineinzukommen und auskömmliche Unternehmen aufzubauen? Sie sind ja auch jemand, der junge Unternehmen fördert und unterstützt, und können zu dieser Frage auch von daher etwas Weiterführendes sagen. Ist es nicht in den vergangenen Jahrzehnten und Jahren schwieriger geworden, mit neuen Start-ups im Marktgeschehen anzukommen?

G. Pauli: Wenn wir als kleine Unternehmer versuchen, im Markt einen Wettbewerb zu führen, wie die Großen, dann müssen wir scheitern. Wir müssen statt dessen das grundsätzliche Geschäftsmodell, also die Spielregeln der Ökonomie ändern. Das können wir tatsächlich, und es ist die große Chance der Gegenwart, daß wir einen Blick darauf haben, wie wir die Spielregeln zu ändern haben – und es auch tatsächlich tun können.

Es ist schön – und dafür habe ich viele Beispiele, die ich in meinem Buch *„Zen and the Art of Blue“* auch beschreibe –, als kleiner Unternehmer Wettbewerb gegen die großen Unternehmen, die Chinesen usw. zu machen. Das geht tatsächlich! Wir haben Modelle bezüglich des Anbaus und des Verkaufs von Kaffee geschaffen, mit denen wir in Kolumbien und Zimbabwe gestartet sind, die mittlerweile überall in der Welt, in Madrid, Berlin, San Francisco usw. erfolgreich angewendet werden. Was in dem Buch nicht beschrieben wird, ist, daß diese kleinen Unternehmen nie die Absicht haben, die großen Unternehmen anzugreifen und zu ersetzen. Sie entwickeln und vergrößern sich statt dessen parallel. Jedes dieser Unternehmen ist für sich damit zufrieden, ein oder zwei Prozent von einem Marktanteil zu bedienen, aber es gibt irgendwann zahlreiche kleine Unternehmen, die mit einem eigenen kleinen Marktanteil zufrieden sind. Das bedeutet dann die Wende. Für die großen Unternehmen ist es mittlerweile schwierig geworden, sich im Markt zu behaupten, der nach diesen neuen Regeln funktioniert. Man kann nicht immer wieder zentral große Volumina produzieren, um gegen diese vielen kleinen, dezentral agierenden Unternehmen zu arbeiten.

Vor zehn Jahren sagten sich die Absolventen der Universitäten, daß es das beste sei, gleich in große Unternehmen zu gehen. Heute wissen sie, daß es auf einem solchen Weg keine guten Chancen mehr gibt. Die Besten werden in Zukunft nicht mehr in große, etablierte Unternehmen gehen, sondern sie werden eigene Unternehmen gründen.

Diese jungen Leute sollen wissen, daß und wie sich die Spielregeln verändert haben. Aber ich gebe zu: Leider wollen die meisten einen MBA (Master of Business Administration, ein akademischer Grad. Anm. der Red.) haben, und das ist wie eine Gehirnwäsche. Da kommen keine geeigneten Unternehmer heraus.

P.K.: Sie müßten also demnach auch eigene Hochschulen schaffen, um ihre Ideen zu verbreiten. Haben Sie das vor oder gar schon getan?

G. Pauli: Es gibt ein Land, in dem es mir gelungen ist, bestehende Hochschulen entsprechend zu beeinflussen, und das ist Kolumbien. In Kolumbien haben wir schon vor langer Zeit, Ende der 70er Jahre, angefangen. Es gibt in Kolumbien eine Spitzenschule namens CESA, die ich nicht gegründet habe, aber an der ich mitarbeite. Dort hat man sich entschieden, jedes Jahr achtzig junge Leute auszubilden, deren Diplom es ist, ein eigenes Unternehmen zu gründen. Im Laufe der Jahre seit 1978 haben wir dort auf diese Weise etwa 50.000 neue Arbeitsplätze geschaffen. Und das alles in einem Land, von dem wir sagen müssen, daß dort manches sehr schwierig ist. In Chile und in Dänemark haben sich Initiativen gebildet, die vom Modell in Kolumbien sehr inspiriert sind. In Dänemark heißen sie „Chaospiloten", weil es heutzutage darauf ankommt, eben im Chaos nachhaltig und kreativ seinen Weg zu finden.

Chaospiloten

Laut Eigenwerbung gilt die „Kaos Piloterne" als „aufregendste Ausbildung in Europa". Zumindest ist es im Moment die meistbestaunte, -gefilmte und -gefeierte: Seit Elbaek das Institut vor zwei Jahren gegründet hat und die Unesco ihm kurz darauf den Titel eines weltweit „bemerkenswerten pädagogischen Konzeptes" verlieh, erlebt die kleine Schule einen Rummel, als hätte die Welt schon immer auf sie gewartet.

Knapp 60 „Chaos-Piloten" zwischen 21 und 32 Jahren sollen in den zweieinhalb Jahren dauernden Kursen die Fähigkeit erwerben, „im Wirrwarr der neunziger Jahre den Überblick zu bewahren", wie Elbaek sagt. In einer sich „rasend schnell verändernden Gesellschaft" hat er für seine Absolventen die „Schlüsselpositionen in Wirtschaft, Kultur, Medien und staatlichen Einrichtungen" ausgemacht.

Quelle: SPIEGEL-Online, 36/1993

Die Zukunft

P.K.: Nochmal zurück zu Hazel Henderson. Sie sagt, daß nach dem fossilen und industriellen Zeitalter das Solarzeitalter kommen wird. Das meint sie ausdrücklich auch metaphorisch. Ich frage mich, was sich mit und für uns Menschen verändern kann und wird. So wie die „Kindheit" zum Kind, gehört die „Menschheit" – auf Englisch eher „humankind" als „mankind" – zum Menschen. Was ist die neue Menschheit? Worin besteht die Ihrer Meinung nach?

G. Pauli: Ich habe darüber mit Hazel gesprochen. Ich sagte ihr, daß die Sonne leider nur einen halben Tag auf die Hälfte der Erde scheint. Die Sonne als Metapher ist schön, aber es gibt immer noch Besseres!

Also, wenn ich ein Problem sehe und das mit meinen Kindern bespreche, sieht es plötzlich ganz anders aus. Kinder beachten wirtschaftliche Interessen gar nicht, sie fragen nicht danach, ob irgendein Unternehmen im Wettbewerb zu stark ist. „Humankind" wird eine Menschlichkeit hervorrufen, weil wir wieder frei dafür geworden sind, von der Phantasie über die Visionen neue Realitäten zu schaffen.

Ich glaube, daß das Innere des Menschen wieder Kind werden sollte. Das ist dann ein Kind, das keine Dogmen kennt, das immer wieder bereit ist, Neues zu entdecken, und das gern mit dem spielt, was es noch nicht kennt. Ich glaube, daß wir das kreative, unbegrenzt denkende Kind brauchen, das es versteht, die Qualitäten von Phantasie, Vision und Realität zu erkennen. „Humankind" wird zum Ziel haben, sich zwischen Phantasie, Vision und Realität souverän bewegen zu können. Denn Visionen können sich nur entwickeln, wenn man ganz tief in Phantasie hereingehen und frei denken kann. Wir sind heutzutage zu sehr von dem beherrscht, was wir für möglich halten. Wir sollten also schon jetzt damit beginnen, die Welt mit den Augen unserer Kinder anzuschauen.

Wir können denken, wie die Welt sein soll

Interview mit Alfred von Euw

Alfred von Euw, *geb. 1932 in Zürich, verbrachte seine Schul- und Lehrjahre (1938–1953) in Basel. Als Veranlagung waren ihm handwerkliches Geschick sowie Liebe und Interesse für alle handwerklichen Techniken mitgegeben. Verständnisvolle Eltern ermöglichten ihm, nach dem Besuch des Gymnasiums, den Beruf des Elektromechanikers zu erlernen. Dies erfolgte in einem Kleinbetrieb im vielseitigen Bereich des Apparatebaus für wissenschaftliche Forschung, Medizin, Gewerbe und Industrie.*

Interessen bis heute: Astronomie, Mathematik, Philosophie und Kunst (insbesondere Architektur, Malerei und Bildhauerei). Aufgrund dieser Interessen erfolgte 1949 die Begegnung mit der Anthroposophie, die 1956 zum Studium der anthroposophischen Pädagogik und Heilpädagogik führte, und später, nach verschiedenen Spezialausbildungen im handwerklichen Bereich (Schmieden, Schreinern, Weben, Schneidern, Buchbinden, Kunstgewerbe), zu der mittlerweile über 50jährigen Tätigkeit auf dem Feld der Pädagogik und Sozialtherapie, einige Jahre davon verbunden mit dem Betrieb einer eigenen kleinen biologisch-dynamischen Landwirtschaft im Berggebiet.

In den Jahren 1988-1991, auf einer im Zusammenhang mit dem Gedenken an „700 Jahre Schweizerische Eidgenossenschaft" stehenden Suche nach dem Ursprung und dem Wesen des Rechts, ungewollt und zufällig auf die Spur eines wichtigen Aspektes des Geldwesens gestoßen, gilt seither eines seiner Hauptinteressen diesem entscheidendsten aller gesellschaftsbildenden oder -zerstörenden Faktoren. Alfred von Euw gehört zu den Gründern der Artabana-Gemeinschaft.

Die Welt, in der wir leben, mag uns zugleich erfreuen und bedrängen. Sie ist so strukturiert, daß gegenwärtig Ungerechtigkeiten und Gefahren auftreten, die sich als Resultate unserer eigenen Lebensart ergeben haben. Sowenig wir noch die Welt um uns herum als naturgegeben, als von uns Menschen unverändert wahrnehmen, soviel mehr umgibt uns von dem, was im eigentlichen Sinne als Menschenwerk zu gelten hat. Dazu gehören auch die Indikatoren für Leiden, Verdruß und für die Angst ums Überleben: Alles ist ein Ergebnis von Gedanken, die, einst gedacht, bis heute zu äußeren Realitäten geworden sind. Wie einst die Menschen dachten, so ist heute unsere Welt beschaffen. Wie wir Heutigen denken, uns die Welt der Zukunft vorstellen, so wird sie einstmals auch geworden sein. Es liegt in unserem Bewußtsein und in unseren Entscheidungen, wohin wir die Welt entwickeln wollen. Das macht die Einzigartigkeit und Verantwortung des Menschen im Chor der Lebewesen auf diesem Planeten aus.

Von Menschen gemacht: Abgrund und Chance

Peter Krause: Vieles in unserer Gegenwartssituation ist so, daß man schlicht traurig werden muß. Ich denke an die Bilder von Somalia, an die Ereignisse in Libyen oder daran, wie engstirnige Politiker in den Vereinigten Staaten rücksichtslos und machtgierig mit der Gefahr eines Zusammenbruchs des Geldsystems spielen usw. Immer wieder hat man den Eindruck, daß wir uns als Menschheit in einer Art Endzeit befinden, daß es so wie bisher nicht weitergehen wird. Geht unsere Entwicklung nun in den Abgrund, oder haben wir noch eine Chance?

Alfred von Euw: Das ist eine Frage, die ich oft anspreche, wenn ich irgendwo Vorträge halte. Es gibt diffuse und unbestimmte Erwartungen, wie die vom Ende der Welt im Jahr 2012. Natürlich kann man die Ängste verstehen, die die Menschen in bezug auf die Zukunft haben. Wenn ich zurückschaue, wenn ich mir klarmache, was z.B. vor hundert Jahren gedacht wurde, dann wird manches etwas bestimmter. Alles, zumindest beinah alles, was uns heute umgibt – und zunehmend mit Sorge erfüllt –, ist die Folge der zu Realitäten gewordenen Gedanken der Menschen. Stellt man alles, was *heute* gedacht wird, noch dazu – ich denke da mal an die Bereiche Gen- und Nanotechnologie oder an die Experimente zur Entwicklung des „neuen unsterblichen Menschen" –, dann muß man sich konsequenterweise ja auch sagen: Was heute gedacht wird, das wird in hundert Jahren Wirklichkeit sein. Vor diesem Hintergrund sind all die Ängste und Sorgen – und die Hoffnungen oder Illusionen der Menschen, daß es nie so weit kommen möge – heute mehr als begründet; es werden die

Verhältnisse in hundert Jahren möglicherweise noch viel schrecklicher sein, als wir es uns heute bereits vorstellen.

P.K.: Damit betrachten Sie zunächst die negativen Aspekte. Man kann aber auch die positiven Aspekte benennen, denn es wurde vor hundert Jahren auch vieles gedacht, was heute zu den positiven Entwicklungen geführt hat, die wir zweifellos auch ausmachen können.

A. von Euw: Das stelle ich auch immer so dar. Wir sollten dem Leben und der Zukunft darum auch mit Gelassenheit begegnen, eben weil auch viel Positives geschaffen wurde und wird. Die Welt, die uns umgibt, ist in jeder Beziehung von Menschen gemacht. Es gibt kaum noch etwas, was nicht irgendwie durch Menschen geformt oder eingerichtet wurde. Wir sehen, daß es uns Menschen eben auch möglich ist, eine gute und gerechte Welt zu gestalten. Wenn es doch so ist, daß aus Gedanken im Laufe von Jahrzehnten oder einem Jahrhundert äußere Realitäten werden, sind wir heute dazu aufgefordert, diejenigen Gedanken zu denken, die jene Welt formen, die wir in hundert Jahren bewohnen wollen.

P.K.: Sind Sie also persönlich zuversichtlich, daß es mit dem Leben auf diesem Planeten weitergehen wird?

A. von Euw: Es werden Schwierigkeiten und Schrecknisse auf uns zukommen, die wir uns jetzt noch kaum ausmalen können. Denken Sie z.B. an das, was gegenwärtig über den sogenannten „posthumanen Menschen" gedacht wird. Da hat man das Ziel, einen irgendwie perfekten Menschen zu schaffen, der wie ein Computer funktioniert. Man will den Menschen quasi zu einem organischen Computer entwickeln, der sein Programm auch noch vererbt. Das verstehen die Planer dann als sein unsterbliches Ich. Auch wenn es den meisten Menschen heute noch absurd erscheint: Was einmal gedacht wurde, das ist in der Welt und wird Konsequenzen haben.

POSTHUMANISMUS

Trotz aller unterschiedlichen Argumentationen der Posthumanisten vereint diese der Gedanke, daß die biologische Menschheit den Gipfel ihrer Evolution bereits erreicht hat und die nächste Entwicklung von intelligentem Leben in den Händen der künstlichen, computergestützten Intelligenz liegt, die in vielen Bereichen dem Menschen überlegen sein könnte.

Der Posthumanismus beschreibt also ein Entwicklungszeitalter nach der Menschheit. Da dies naturgemäß in der Zukunft liegt, gibt es darüber zunächst nur Spekulationen und Thesen. Allerdings versucht der Posthumanismus auch eine Beschreibung des posthumanen Menschen als hypothetisches zukünftiges Wesen, dessen Fähigkeiten die eines heutigen Menschen bei weitem übersteigt. Ein posthumanes Wesen kann also auch als Kreatur beschrieben werden, die durch eine Erweiterung der physischen und psychischen Fähigkeiten entsteht. Posthuman kann allerdings auch bedeuten, daß eine Einheit von menschlicher und künstlicher Intelligenz geschaffen wird und daß das Bewußtsein in einen fremden Körper oder Computer geladen wird. Beispiele dafür können eine Veränderung des menschlichen Organismus durch Nanotechnologie oder eine Kombination von Gentechnik, Psychopharmakologie, lebensverlängernde Maßnahmen, neurale Schnittstellen, gedächtniserweiternde Drogen und tragbare oder implantierte Computertechnologie sein.

(Quelle: Wikipedia)

Warum läßt Gott das zu?

P.K.: Aber auch schon jetzt wird an den Folgen dessen, was wir Menschen gemacht und geschaffen haben, unsäglich stark gelitten. Das ist doch ungerecht, denn für sehr viele Menschen übersteigt das Maß an Leiden eigentlich deren Fassungsvermögen und Tragekraft. Empfinden Sie das nicht als ungerecht von der Natur, von Gott oder wem auch immer, daß das so ist?

A. von Euw: Ich habe mich in meiner Jugendzeit viel mit solchen Fragen beschäftigt. Damals war das, was Sie eben gesagt haben, ein Argument, um den Gott, wie er in der Kirche gelehrt wird, abzulehnen. Ich erlebte diesen Gott als absolut ungerecht.

Mittlerweile sehe ich es so, daß Gott in und durch jeden einzelnen Menschen wirkt. Er lebt in jedem Menschen, so daß auch das anscheinend Böse eine Wirkung des Göttlichen ist, aber nicht mit dem *Ziel* des Bösen, sondern mit der Absicht, den Menschen zur Entscheidung zum Guten zu führen. Verstehen wir das sogenannte Böse doch als Anregung dazu, eine immer bessere Welt zu *wollen,* nicht nur zu wünschen.

P.K.: Nehmen wir einmal an – und das tun wir beide ja –, daß es eine geistige Welt gibt. Dann kann man ja den Eindruck haben, daß den

Engeln etwas durcheinandergeraten ist, daß sie uns Menschen zuviel zugetraut haben. Was wir heute neben dem Guten an Schrecklichem erleben, das können die Engel doch so nicht gewollt haben.

A. von Euw: Nein, der Sinn der irdischen Schöpfung – aller Natur und allen Lebens – besteht darin, daß das Gewordene, das Geschaffene wieder sterben kann und sich aus der Verwandlung des Vergehenden das Neue entwickelt auf einer neuen Stufe der Freiheit. Es wird darum nie nur eine gute oder nur eine schlechte Welt geben, sondern immer beides nebeneinander, ein Werdendes und ein Vergehendes. Den Menschen wird damit die Freiheit gegeben, nicht den Engeln – und damit auch die Verantwortung!

Wir Menschen haben die Möglichkeit, frei zu denken. Wir können uns vorstellen, was wir wollen, das schreibt uns niemand vor. In diesem Denken sind wir der Möglichkeit nach von der uns umgebenden Welt getrennt. Was wir heute unter dem intellektuellen Denken verstehen, beruht darauf, daß wir uns erstmal von der Welt distanzieren. Wir sehen die Welt als etwas, das außerhalb von uns existiert. Wir betrachten und beschreiben, was uns umgibt. Dem liegt aber eine Absonderung zugrunde, indem wir uns zunächst im Denken und dann später auch in unserem Handeln von der Welt distanzieren. Ich sehe demgemäß eine Aufgabe darin, ein neues Denken zu entwickeln, das sich nicht absondert, sondern das sich im Einklang mit der uns umgebenden Welt vollzieht und uns auf diese Weise wieder mit ihr verbindet.

Geld ist Recht, keine Ware

P.K.: Eine der kuriosen Erfindungen von uns Menschen ist das Geld. Man kann sagen, daß durch das Geld vieles erleichtert wird, aber es ist auch unzweifelhaft, daß damit dauernd auch viel Fürchterliches in die Welt kommt. Durch die Art, wie wir mit Geld umgehen, wird viel Unglück hervorgerufen. Sie sind jemand, der sich intensiv um einen neuen Umgang mit Geld kümmert, haben die Artabana und die Commende mit begründet.

Commende

Anfangs wurde (in der Commende) mit Monopoly-Geld und symbolischen Handelswaren experimentiert, um nachzuvollziehen, was passiert, wenn Geld unterschiedlich verteilt wird: nach Leistung, nach Bedarf, für alle gleich oder im Sinn eines „Werkzeugs zur Dokumentation von Rechtsansprüchen". Die Erkenntnisse waren so motivierend, daß die Idee entstand, eine reale Modell-Gesellschaft mit richtigem Geld zu bilden. Das heute allgemein vorherrschende Geldverständnis ist im wahrsten Wortsinn eigentümlich. Geld wird als Eigentum seiner Besitzer und als Äquivalent zu Wirtschaftsgütern aufgefaßt. In der Commende wird Geld jedoch nicht als Ware, sondern als gemeinsames Werkzeug betrachtet, das allen zusteht und gebraucht wird, um Bedürfnisse geltend zu machen, Fähigkeiten anzuerkennen und Rechte zuzusprechen. Die finanziellen Erträge aus den Fähigkeiten der Mitglieder bilden das Gemeinschaftsvermögen. Dieses wird so verteilt, daß jedes Mitglied seine individuellen Fähigkeiten entfalten kann, aber auch so, daß alle zu ihrem Recht kommen. Es geht nicht darum, die eigene Verantwortung an eine Gemeinschaft abzugeben, sondern im Gegenteil, es der Gemeinschaft zu ermöglichen, alle Mitglieder in ihre eigene Kraft zu bringen. Das Geld im Portemonnaie ist kein persönliches Eigentum im herkömmlichen Sinn, sondern es wird jeder und jedem anvertraut, um etwas damit zu tun. Wichtig ist auch, die Menschen nicht nur nach ihren eingebrachten Geldbeiträgen zu werten, sondern aufgrund ihres ganzen Seins, jenseits von Zahlen.

(Quelle: Zeitschrift Oya, Heft 8, 2011)

Mit der Commende-Gemeinschaft, in der Menschen als Solidargemeinschaft mit Geld umgehen, haben Sie allerdings noch nicht diesen Grad der Wirksamkeit erreicht wie mit der Artabana. Woran liegt das? Es ist doch sehr naheliegend, daß wir Menschen neue Formen im Umgang mit Geld praktizieren sollten, wo wir doch tagtäglich mit den Auswüchsen des alten Geldsystems konfrontiert sind. Warum tun sich die Menschen damit offensichtlich so schwer?

A. von Euw: Dem sind wir in den letzten Jahren auf die Spur gekommen. Am Anfang war bei der Commende die Gemeinschaftsbildung gar nicht das Thema, sondern uns ging es zunächst nur um das Verständnis des Geldes. Uns ging dabei irgendwann einmal auf, daß wir die Gemeinschaftsbildung ganz vernachlässigt hatten. Die ursprüngliche Commende ist auch heute noch keine Gemeinschaft, sondern eher eine Arbeits- und Forschungsgruppe.

P.K.: Und was ist darin Ihr eigentliches Ziel?

A. von Euw: In der Satzung haben wir beschrieben, daß der Zweck des Vereins die Entwicklung eines neuen Geldverständnisses ist. Zweitens geht es uns um das Sammeln und Erproben von Erfahrungen mit einer neuen Handhabung des Geldes. Und dann wollen wir auch Infrastrukturen entwickeln und erproben.

P.K.: Damit wurden Sie auch ganz praktisch, indem Sie ein gemeinsames Wirtschaften und Umgehen mit Geld anfänglich begonnen haben, indem Sie mit dem gemeinsam zur Verfügung stehenden Geld auch solidarisch nach eigenen Regeln und Entscheidungen umgehen.

A. von Euw: Beim Entstehen der Commende stand der Wirtschaftsgedanke zunächst gar nicht im Vordergrund. Der ist uns sozusagen zugefallen. Wir waren zunächst ein Gesprächskreis von Menschen, in dem wir erstmal gar nicht nach einem neuen Geldsystem gesucht haben. Wir suchten nach dem Ursprung und der Wirkung des Rechts. Es ging vor allem um die Frage, wer eigentlich wem Rechte erteilt, wer wem Rechte zusprechen kann und wer Rechte beanspruchen darf.

P.K.: Und was hat das alles mit dem Geld zu tun?

A. von Euw: Das war dann das eigentlich Überraschende. Rechte sind nicht einfach da. Man kann nicht von Naturrechten oder allgemeinen Menschenrechten sprechen; Rechte entstehen nur, wenn Menschen etwas miteinander vereinbaren. Rechte sind insofern von Menschen geschaffene Beziehungen. Das Werkzeug, mit dem diese Rechte geltend gemacht werden, ist dann das Geld. Das war für uns damals eine Riesenüberraschung. Wir haben erst sehr daran gezweifelt, aber je mehr wir uns damit beschäftigt haben, desto eindeutiger wurde es.

Es hat keinen Sinn, von Rechten zu sprechen, vom Recht auf Zugang zum Wasser, vom Recht auf Nahrung oder ein sorgloses Leben usw., wenn man einem Menschen nicht die Mittel gibt, diese Rechte auch geltend zu machen. Geld ist das Mittel, um Rechte geltend zu machen.

Die Artabana-Solidargemeinschaft

P.K.: Diesen Gedanken haben Sie konsequent in der Gründung der Artabana ausgeführt, wo es um das Gesundheitswesen geht. Zweifellos befinden wir uns im Gesundheitsbereich auch in einer endzeitlichen Situation, wenn man bedenkt, zu welchen Auswüchsen und Unfreiheiten die Monetarisierung dort geführt hat. Das Gesundheitswesen wird zunehmend unter Gesichtspunkten betrieben, die der herkömmlichen Ökonomie entlehnt sind, und das ist falsch, denn Gesundheitsleistungen gehören nicht zum Wirtschaftsleben, sondern zum Geistesleben, für das eben ganz andere Gesetze gelten.

ARTABANA

Artabana ist eine Solidargemeinschaft zur Gesundheitsvorsorge und Nothilfekonzept in Ergänzung zu gesetzlichen und privaten Krankenkassen, das 1987 in der Schweiz initiiert wurde und seit 1999 in Deutschland existiert. Artabana versteht sich als Solidargemeinschaft zur Absicherung im Krankheitsfall und bezweckt auf der Grundlage von Eigenverantwortung, Selbstbestimmung und Solidarität die Schaffung von rechtlichen und wirtschaftlichen Rahmenbedingungen, die eine individuelle und persönliche Gesundheitspflege sowie die freie Wahl und Durchführung eines individuellen Gesundungsweges ermöglichen. Artabana will an einem neuen, ganzheitlichen Verständnis bei der Verwirklichung von sozialer Sicherheit arbeiten. (...) Die Pro-Kopf-Rücklagen von Artabana steigen stetig (jährlich +10 %), die jährlichen Leistungen pro Kopf sind konstant mit einer üblichen Schwankungsbreite. Die Mitgliederzahlen sind in den letzten drei Jahren im Durchschnitt um mehr als 20 % gestiegen. Die Einnahmen (Solidareinlagen + Verwaltungsbeiträge) aller Gemeinschaften betrugen im Jahr 2010 1,8 Mio. €, die Hilfeleistungen 1,5 Mio., die Rücklagen 2,55 Mio. € (Stand: 31.12.2010). Die Sicherheitsmittel von Artabana reichen laut dem jährlich erstellten Aktuarsgutachten aus, um auch statistisch größtmögliche Kosten abzudecken. Sie betragen „Ende 2010 ca. 240 % der Mittel, wie für die Absicherung von Extremschäden erforderlich – das heißt solcher Schadensummen, wie sie für die Ende 2010 vorhandene Anzahl Personen bei Artabana nur alle 5.000 Jahre zu erwarten sind."

(Quelle: Wikipedia)

A. von Euw: Nicht ich habe diese Gedanken umgesetzt, sie sind aber eingeflossen in Artabana, die ja zeitlich parallel zur Commende entstanden ist. 1985 waren wir vier oder fünf Menschen. Wir wollten die stetig steigenden Kosten für die Krankenversicherung vermeiden, indem wir einen anderen Weg suchten. Ich wurde damals gefragt, ob ich an dieser Gruppe teilnehmen wolle, nachdem ich erzählt hatte, wie wir unser Haus durch einen Brand verloren hatten. Aufgrund dieser Erfahrungen sagten wir uns damals, daß die Gesundheitsvorsorge eine Angelegenheit der Solidarität, nicht der Versicherung sein solle und daß sie auf Vertrauen zu beruhen hätte. Ich hatte nach dem Hausbrand erfahren, daß Hilfe nicht von der Versicherung, sondern von konkreten Menschen kam. Dieses Prinzip der Hilfe von Mensch zu Mensch auf der Grundlage von Vertrauen wollten wir mit Artabana im Gesundheitsbereich umsetzen.

Die Vorgespräche zur Gründung der Artabana-Gemeinschaft dauerten zwei Jahre, von 1985 bis 1987. In dieser Zeit ist die Gemeinschaft auf etwa zwanzig Personen angewachsen. Zwei Mitglieder erzählten auf ihren Vortragsreisen immer wieder von Artabana, so daß sich die Gemeinschaft schließlich auch nach Deutschland ausbreitete.

P.K.: Stichwort Endzeit: Der medizinische Leistungsbereich ist heutzutage weitgehend dem Geld unterworfen. Von einer wirklich lebendigen Beziehung zwischen Patienten und Therapeuten ist oft nichts zu finden. Statt dessen geht es vor allem um Kosteneffizienz und die Erwirtschaftung von Gewinnen. Durch die Artabana-Gemeinschaft wird das Gesundheitswesen aus diesem Dilemma heraus wieder in einen neuen Freiheitsrahmen gebracht. Auch das ist eine Arbeit an einem allgemein verlorenengegangenen zwischenmenschlichen Vertrauen.

Zusammenbruch des Geldsystems und die Bedeutung des Vertrauens

A. von Euw: Auch der Vertrauensverlust, den wir heutzutage sehr weitreichend feststellen können, resultiert zu einem großen Teil aus einer falschen Einstellung dem Geld gegenüber. Geld wird fälschlicherweise als Warenäquivalent definiert, aber als Machtmittel gehandhabt, obwohl es eigentlich eine Rechtsbeziehung gestalten sollte – und vergiftet dadurch die gegenseitigen menschlichen Beziehungen.

P.K.: Das Geld gehört also zum Rechtsleben, nicht zum Bereich des Wirtschaftslebens?

A. von Euw: Natürlich dient es auch vorwiegend dem Wirtschaftsleben, insofern dieses ja auch rechtlichen Normen unterstellt sein sollte. Aber zunächst und eigentlich gehört Geld dem Rechtsleben an, weil wir Menschen mit ihm Rechte geltend machen, in Form von Ansprüchen oder Zusprüchen. Der Ursprung des Geldes liegt im Rechtsleben, erst als Rechtsdokument wird es im Wirtschaftsleben zu einer gestaltenden Kraft.

P.K.: Können Sie sich vorstellen, daß das gesamte Geldsystem in Kürze zusammenbrechen könnte?

A. von Euw: Das ist offensichtlich so. Man kann wahrnehmen, daß das Geldsystem zusammenbricht, wenn es denn nicht schon zusammengebrochen ist. Daran ändert es auch nichts, daß mit allerhand technischen Mitteln immer wieder etwas getan wird, um den Schein des Funktionierens des Geldsystems aufrechtzuerhalten.

P.K.: Was erwarten Sie bezüglich des Geldsystems in der nächsten Zukunft ganz konkret?

A. von Euw: Ob wir es wahrhaben wollen oder nicht, die unbefangene Beobachtung zeigt: Geld gibt den Rechtsverhältnissen Ausdruck, die in einer Gemeinschaft bzw. Gesellschaft bestehen. Daraus folgt, daß die Gesellschaftsstrukturen maßgeblich durch das vorherrschende Geldverständnis bestimmt werden, dieses aber seinerseits weitgehend eine Folge der bestehenden Gesellschaftsstruktur ist. Wenn sich die Menschen nicht bequemen, Geld ganz neu zu denken, wird nach dem Zusammenbruch des jetzigen Geldsystems auch nichts Neues kommen können. Es würde nur das Alte wiederholt. Es geht eben nicht darum, daß wir einfach andere Systeme anstelle des bisherigen Geldsystems hinstellen, sondern darum, daß wir umdenken und Geld als das verstehen, was es ist: ein Instrument des Rechtslebens. Die Frage des Zinseszinses wird sich dann von selber und anders lösen als durch Systemregeln und Gesetze.

P.K.: Und wo sehen Sie die Anfänge dieses neuen Denkens?

A. von Euw: Es ist mir immer wieder ein Rätsel, wie weit wir Menschen in dieser Beziehung tatsächlich bereits sind. Ich beobachte viele Bewegungen für die Bildung von Gemeinschaften, so daß ich davon ausgehe, daß es viele Menschen gibt, welche die Zeichen der Zeit erkennen. Und so entstehen kleine Gruppen, in denen manches anders gemacht wird. Aber wenn ich dann die große Masse der Menschen sehe, die sich immer nur auf sogenannte Experten verläßt, dann möchte mich die Resignation überkommen. Zum Glück sind aber für die Menschheitsentwicklung immer die wenigen entscheidend, nicht die Massen.

Neues Denken und Anthroposophie

Für die Veränderung des Denkens ist historisch schon viel vorgelebt worden. Nehmen Sie zum Beispiel Goethe, der einen ganz anderen Denkansatz vorgeschlagen hat, indem er Wege dafür aufzeigte, wie man sozusagen in den Dingen der Beobachtung sein kann. Nicht nur von außen etwas anschauen, sondern etwas auch von innen her erleben. Für Goethe kamen die Gedanken aus den Erscheinungen der Welt, er hat sich nicht einfach eine Theorie ausgedacht und diese in die Welt hineinprojiziert. Durch einen solchen Ansatz würden wir davon abgehalten, nur unsere intellektuellen Abstraktionen in die Welt zu bringen.

P.K.: Das goethesche Denken, wie Sie es beschreiben, ist in der anthroposophischen Bewegung von zentraler Bedeutung. Ist die Anthroposophie darum auch so erfolgreich? In den vergangenen hundert Jahren ist auf der Grundlage der Anthroposophie ja unendlich viel entstanden, was als sehr erfolgreich gelten kann. Liegt das daran, daß sich die Anthroposophen bemühen, die Welt im goetheschen Sinne anders wahrzunehmen? Oder woran liegt es sonst noch?

A. von Euw: Ehrlich gesagt habe ich mir diese Frage so noch nie gestellt. Ich habe bisher eher darüber nachgedacht, warum die Anthroposophie nicht viel erfolgreicher ist, als sie mir bisher erscheint. Zahlenmäßig sind die Früchte der Anthroposophie sicher ein Erfolg, aber wie steht es um die Qualität? Klar, die Waldorfschulen sind immer noch sehr gut, wenn man sie mit den anderen Schulen vergleicht. Aber vor ein paar Jahren oder Jahrzehnten lebte in den Waldorfschulen, auch in der Heilpädagogik, noch etwas anderes. Es war Pionierarbeit, was da geleistet wurde, die Menschen haben sich quasi – persönlich und als Gemeinschaft – in ihre Aufgabe geopfert.

Als Anthroposophen sind wir ja der Versuchung nicht weniger ausgesetzt, Vorstellungen und Begriffe in die Welt hineinprojizieren zu wollen, anstatt die Gedanken authentisch – wie Goethe – aus der Vielfalt sinnlicher und übersinnlicher Wahrnehmung abzulesen. Heutzutage wird vieles nur noch rezeptmäßig gemacht. Man tut die Dinge, weil Rudolf Steiner es so gesagt hat oder weil man es immer schon so gemacht hat. Dazu kommt, daß viele Konzessionen gemacht werden bezüglich Kompromissen, welche die Zeit offensichtlich zu verlangen scheint.

P.K.: Ich höre jetzt heraus, daß es wiederum um Gemeinschaftsfragen geht. Also wie stark ist eine Menschengemeinschaft, und wieviel Vertrauen lebt in ihr? Das ist ja ganz konkret so zu verstehen, daß Menschen miteinander erleben, daß sie das vermutlich Richtige tun, ohne eine Versicherung dafür zu haben. Die Sicherheit und der Mut kommen aus der Erfahrung der Gemeinschaft und nicht aus Regelwerken und Verordnungen.

A. von Euw: Wenn Sie vom Vertrauen sprechen, möchte ich hinzufügen, daß es den Menschen heute auch am Selbstvertrauen mangelt. Wie viele Menschen gibt es denn heute noch, die Vertrauen in das eigene Erleben und Denken haben? Man meint doch, man müsse erstmal diese oder jene Experten fragen, diese oder jene Theorie verstanden, diese und jene Bücher gelesen haben, diese und jene Regeln und Gesetze beachten...

P.K.: ... demgegenüber empfehlen Sie, daß man mehr seiner inneren Stimme folgen sollte. Sie sind im Alltag zuweilen ja ganz direkt.

Alfred von Euw empfindet es als widersprüchlich, wenn Menschen, die sich in ihrer eigenen Arbeit nicht genügend anerkannt fühlen, anderen nur niedrigste Preise bezahlen wollen. Er erzählt, wie er sich beim Kauf von zwei Gärtnerschürzen, die für zehn Franken angeboten wurden, an der Kasse geweigert hat, diesen Betrag zu bezahlen. „*Mindestens 30 Franken waren mir diese Schürzen wert, wenn man den Anbau der Baumwolle, das Färben, Spinnen, Weben und Nähen berücksichtigt und dann noch den Transport. Der Verkäufer war völlig irritiert, konnte den veränderten Preis auch gar nicht in die Kasse eingeben und wies mich daraufhin, daß das, was ich mehr bezahle, bei den Schürzen-Nähern doch gar nicht ankäme. Ich habe erwidert, daß es sein Problem sei, was er mit dem Geld mache.*"

(Quelle: Zeitschrift *Oya*, Heft 8, 2011)

Was kann ein Mensch tun, der an den Weltverhältnissen leidet, der traurig oder wütend ist über vieles, was ihm durch die Medien von den Menschen und der Welt berichtet wird?

A. von Euw: Ich mache dort etwas, wo ich etwas tun kann. Manchen Ereignissen gegenüber fühle ich mich aber gänzlich hilflos und suche danach, was ich konkret tun kann. Im Leben kann sich dann manchmal zeigen: Ein intensives, herzinniges Fragen ist oftmals der Keim für eine mögliche Antwort und Hilfe.

P.K.: Und was war in Ihrem Leben der größte Erfolg? Worauf sind Sie vielleicht sogar ein wenig stolz?

A. von Euw: Ich bin es nicht gewohnt, auf eine solche Frage zu antworten. Wenn ich aber auf mein Leben zurückschaue, dann ist die Einsicht, daß Geld mit dem Recht zu tun hat und aus diesem Grunde ganz anders gehandhabt werden muß, etwas sehr Bedeutendes. Es wird vielleicht noch viele Jahre und Jahrzehnte dauern, bis das allgemein erkannt wird, aber diese Einsicht ist etwas u.a., was mir allein schon mein Leben lebenswert erscheinen lassen könnte.

Der 11. September 2001

Fragen zum Schlüsselereignis des 21. Jahrhunderts

Artikel von Valentin Garbe

Haben Sie schon einmal mit dem Gasherd einen Topf zum Schmelzen gebracht? Ganz sicher nicht. Denn bei Ihnen wirken die gleichen physikalischen Gesetze wie überall auf der Erde. Diese Tatsache ist entscheidend für das Verständnis des 11. September 2001! Können Sie sich wirklich darauf verlassen, daß auch an diesem Tag die Naturgesetze gegolten haben? Das scheint offenbar nicht der Fall zu sein.

Denn wie konnte das Feuer von brennendem Flugbenzin (Kerosin) Tausende Tonnen Stahl zum Schmelzen bringen? Wir alle haben die Bilder des Flugzeugeinschlags in das World Trade Center (WTC) gesehen, die anschließende Explosion, den Brand und schließlich den plötzlichen Einsturz. Jeder Physiker weiß jedoch, daß es sich bei den schwarzen Rauchschwaden um einen Schwelbrand gehandelt haben muß, der niemals so heiß sein kann wie die blaue Flamme eines Gasherds. Der erste Feuerball war zwar riesig, dauerte aber nur wenige Sekunden und konnte schon deshalb dem Stahl nichts anhaben. Das ist derselbe Effekt, wie wenn Sie mit ihrer Hand für kurze Zeit durch eine Flamme streichen. Das Feuer wird Sie trotz hoher Temperatur nicht verletzen. Aber selbst die Eisenbügel am Herd, die der Flamme auch über längere Zeit standhalten müssen, würden niemals schmelzen. Sie würden sich nicht einmal verbiegen!

Außerdem müssen sich die Temperaturen im Turm schon nach kurzer Zeit so weit abgekühlt haben, daß sogar Menschen an der Einschlagstelle stehen und um Hilfe winken konnten! Wir haben es alle in den schockierenden Pressebildern gesehen.[1]

Zum Vergleich: Im Jahre 2005 gab es in Madrid ein Großfeuer, das über zwanzig Stunden brannte und den Windsor-Tower von innen vollständig zerstörte. Trotzdem stürzte das Hochhaus nicht ein![2]

Und haben Sie gewußt, daß die Gebäude des World Trade Center durch Ingenieurskunst so konstruiert waren, daß sogar ein möglicher Flugzeugeinschlag von Anfang an in die statische Sicherheitskonzepti-

1 Abbildung z.B. in: Eric Hufschmid: *Painful Questions.* 2003. Abb. 4.1 (S.27)

2 de.wikipedia.org/wiki/Windsor-Turm (10.10.2011)

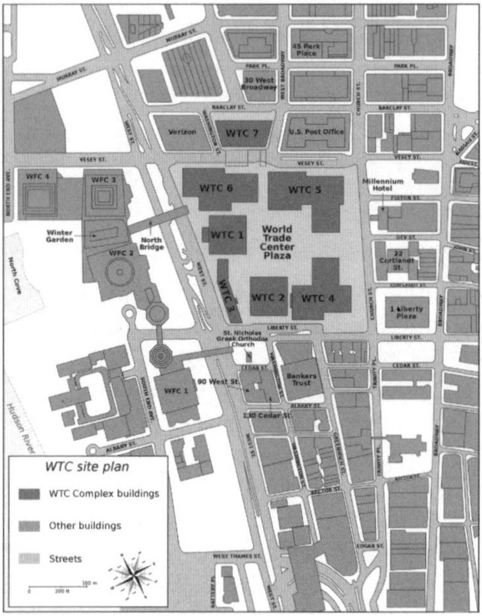

Anordnung der World Trade Center Gebäude vor 9/11

on einbezogen worden war?[3] Deshalb haben die Gebäude direkt beim Einschlag auch nicht nachgegeben.

Es handelte sich übrigens auch nicht um den ersten Einschlag eines Flugzeuges in ein Hochhaus. Mit dem nur wenige Kilometer entfernten Empire State Building kollidierte 1945 ein B-25-Bomber. Er riß in die Fassade des damals höchsten Gebäudes der Welt ein riesiges Loch. Es gab einen Großbrand und 14 Tote. Trotzdem stürzte der Turm nicht ein und konnte deshalb schon bald wieder eröffnet werden.[4] Das Gebäude steht noch heute.

Noch niemals in der Geschichte der Menschheit hat Feuer ein Hochhaus aus Stahl zu Fall gebracht. Am 11. September 2001 waren es jedoch gleich drei an einem einzigen Tag, wobei eines sogar weder von einem Flugzeug noch von einem verheerenden Feuer getroffen worden war! Ist das nicht sonderbar?

In wenigen Sekunden zu Staub zerfallen

Alle drei bestanden aus massivsten Stahlkonstruktionen und zählten zu den sichersten Gebäuden der Welt! Aber alle drei zerfielen innerhalb weniger Sekunden zu Staub. Sie stürzten, ohne sich vorher auch nur etwas zu verbiegen, ohne in Richtung der Einschlagstelle zu knicken, in freier Fallgeschwindigkeit in sich zusammen, als gäbe es von unten

3 de.wikipedia.org/wiki/World_Trade_Center#Konstruktion (10.10.2011)

4 de.wikipedia.org/wiki/Flugzeugkollision_mit_dem_Empire_State_Building (10.10.2011)

 U.S. Navy photo by Chief Photographer's Mate Eric J. Tilford. (RELEASED) Quelle: flickr® slagheap

Ground Zero, New York City, N.Y. (Sept. 17, 2001). Blick von Nord-Nord-West

keinen Widerstand. Erinnern Sie sich? – Allein diese Tatsache läßt sich physikalisch unmöglich aus einem Brand in den oberen Stockwerken herleiten. Es widerspricht unseren grundlegenden Erfahrungen und konnte bis heute auch von keinem Wissenschaftler einigermaßen schlüssig erklärt werden. Der Einsturz kam deshalb auch für die vielen erfahrenen Feuerwehrleute vor Ort völlig überraschend. Kurz zuvor noch hatten sie gemeldet, daß sie zur Einschlagstelle vorgedrungen seien und die Brände unter Kontrolle hätten.[5] Darum gab es so viele Opfer unter ihnen.

Doch diese Frage ist nur eine erste Auffälligkeit und soll hier zunächst als Beispiel dienen für die vielen, vielen ungelösten Fragen, die sich sofort stellen, wenn man anfängt, sich einmal etwas genauer mit dem 11. September zu beschäftigen.

Warum aber ist es überhaupt so entscheidend, die Wahrheit über den 11. September 2001 zu kennen? Vor allem deshalb, weil die Anschläge auf das Welthandelszentrum und das amerikanische Verteidigungsministerium das Schlüsselereignis für das beginnende

5 Andreas von Bülow: *Die CIA und der 11. September.* München 2007, S.141

21. Jahrhundert geworden sind. Sie hatten und haben größte Folgen für die internationale Politik und für nationale Sicherheitskonzepte. Sie haben ein neues Zeitalter eingeleitet: die Welt nach 9/11. Oder anders ausgedrückt: Wesentliche geopolitische Entscheidungen und Veränderungen der letzen zehn Jahre wären ohne den 11. September gar nicht möglich gewesen.

Zum einen folgten zwei entsetzliche Kriege (Afghanistan und Irak), die jeder für sich unendlich viel mehr Menschenleben kosteten als die Anschläge.[6] Trotzdem wurden sie mit den Anschlägen begründet und bis heute gerechtfertigt.[7] Überhaupt wurde die durch die Globalisierung katalysierte Annäherung zwischen arabischer und abendländischer Gesellschaft zutiefst zerstört. Statt dessen wurde schon einen Tag nach dem 11. September ein neues Feindbild geschaffen und von Präsident Bush der Kampf gegen den Terror ausgerufen. Man behauptet bis heute, sich durch die Anschläge auf einen angeblichen „Kampf der Kulturen"[8] berufen zu können, der es rechtfertigen würde, gegen schwache Staaten hochtechnisierte Angriffskriege zu führen, und das ausgerechnet in geostrategisch bedeutsamsten Regionen.

Zum anderen folgten, zunächst in den USA, schließlich auch bei uns in Deutschland, Gesetzesänderungen, die unser wichtigstes Gut gravierend einschränken: unsere Freiheit. Während der Traum dieser Freiheit noch Ansporn für den „arabischen Frühling" ist, wurde sie bei uns zielstrebig und überstürzt abgeschafft. Mit der Begründung 9/11 gilt es als legitim, stillschweigend Privatpersonen durch Onlineüberwachung auszuspionieren, selbst wenn dabei das Grundgesetz

6 Allein im Irak registrierte das Gesundheitsministerium über 87.000 Opfer gewaltsamer Auseinandersetzungen, begann die Zählung aber erst 2005. Eine Studie des wissenschaftlichen Fachmagazins *„Lancet"* kam auf der Basis von Umfragedaten bis Ende 2006 schon auf 655.000 Tote. Die Opferzahlen aller Kampfhandlungen in Folge von 9/11 gehen je nach Studie weit auseinander. Die kleinste Zahl umfaßt 250.000 Tote, man muß aber mit bis zu einer Million größtenteils ziviler Opfer rechnen. Oftmals werden nur jene Menschen einbezogen, die Kampfhandlungen zum Opfer fielen, nicht aber die Opfer der zerstörten Infrastruktur. Bei jedem Todesopfer muß man mit mindestens drei Verletzten rechnen.
The Guardian: Counting the cost of the 9/11 wars (by Jason Burke) vgl.: www.guardian.co.uk/world/2011/aug/22/9-11-wars-war-on-terror (22.08.2011)

7 Am 22. Mai 2010 sprach der damalige Bundespräsident Horst Köhler davon, daß der Afghanistankrieg auch deutschen Wirtschaftsinteressen diene: *„Meine Einschätzung ist aber, daß insgesamt wir auf dem Wege sind, doch auch in der Breite der Gesellschaft zu verstehen, daß ein Land unserer Größe mit dieser Außenhandelsorientierung und damit auch Außenhandelsabhängigkeit auch wissen muß, daß im Zweifel, im Notfall auch militärischer Einsatz notwendig ist, um unsere Interessen zu wahren."* – Nur wenige Tage später, am 31. Mai 2010, erklärte Köhler überraschend seinen sofortigen Rücktritt.

8 Das Konzept des *„Kampf der Kulturen"* ist älter und maßgeblich geprägt durch das gleichnamige Buch von Samuel P. Huntington, 1996.

mißachtet wird.[9] Es werden Trojaner[10] installiert, Telefondaten inklusive Ortskoordinaten gespeichert – ganz abgesehen von den überhandnehmenden Sicherheitskontrollen an Flughäfen, den unzähligen Überwachungskameras usw. Und das betrifft jeden einzelnen von uns! So weitreichende und langfristig wirkende Kurswechsel in der nationalen wie internationalen Politik mit einem einzigen Datum zu begründen läßt Zweifel aufkommen. Eine Aufklärung der Hintergründe des 11. September ist deshalb von grundlegender Bedeutung für die Zivilgesellschaft.

Die physikalischen Ursachen für den Einsturz der Türme waren erstmals von der Katastrophenschutzbehörde FEMA bis Mai 2002 untersucht worden. Der Bericht war jedoch so unzureichend und lückenhaft, daß kurz darauf das National Institute of Standards and Technology (NIST) einen neuen Untersuchungsauftrag erhielt. Doch auch dieser konnte den Einsturz der Türme, vor allem den des dritten Turmes (WTC 7), nicht schlüssig erklären.

Gegen erhebliche Widerstände der US-Regierung schafften es inzwischen gegründete Opfervereine im Oktober 2002, endlich eine erste umfassende parlamentarische Untersuchung der Anschläge durchzusetzen. Präsident George W. Bush beauftragte schließlich persönlich eine Kommission (9/11-Commission). Der sogenannte Commission Report[11] erschien im Juli 2004. Vor seiner Veröffentlichung wurden geheimzuhaltende Teile jedoch zensiert.[12]

In diesem Zusammenhang stellt sich die Frage, wie der Nachrichtensender CNN schon am Abend des 11. September Osama bin Laden zum Hauptschuldigen erklären konnte.[13] Warum wurde diese Aussage nicht sofort von Regierungsstellen als Spekulation dementiert? Die 9/11-Commission beendete ihre Untersuchungen doch erst drei Jahre später!

Die später auftauchenden sogenannten Bekennervideos hatten keine Beweiskraft und werden von Kennern für Fälschungen gehalten.[14] Bin Laden selbst hatte direkt nach den Anschlägen in einer

9 Die Zeit: *CCC enttarnt Bundestrojaner.* vgl.: www.zeit.de/digital/datenschutz/2011-10/ccc-bundestrojaner-onlinedurchsuchung (8.10.2011)

10 Bekannt als der sogenannte „Bundestrojaner". Als Trojaner werden Computerprogramme bezeichnet, die als nützliche Anwendung getarnt sind, im Hintergrund aber ohne Wissen des Anwenders andere Funktionen ausführen, z.B. das Ausspionieren persönlicher Daten.

11 Nachzulesen auf: www.9-11commission.gov

12 de.wikipedia.org/wiki/9/11_Commission_Report (10.10.2011)

13 Andreas von Bülow: *Die CIA und der 11. September.* München 2007, S.66

14 The Guardian: *Special Effects Experts Say Fake OBL Tape Fairly Easy To Make.* (London, 16.12.2001)

pakistanischen Zeitung die Terrortat verurteilt und jede Beteiligung von sich gewiesen.[15] Es gibt bis heute keinen einzigen Beweis für seine Täterschaft. Deshalb stand sein Name diesbezüglich auch nie auf der offiziellen Fahndungsliste des FBI.[16]

Und was war mit Mohammed Atta und den anderen Piloten, die kurz vor den Anschlägen noch Flugschulen besuchten? Abgesehen davon, daß ihre Fluglehrer sie nicht für fähig hielten, auch nur Kleinflugzeuge zu steuern, erschienen sie nicht einmal auf den noch am selben Tag veröffentlichten Passagierlisten der vier Flugzeuge.[17] Der Vater von Atta, ein Rechtsanwalt, verurteilte die Anschläge auf das Schärfste und erklärte, daß sein Sohn, falls er dafür Verantwortung trüge, ein Massenmörder sei. Aber das könne nicht sein, denn er habe noch drei Tage nach der Tat mit ihm telefoniert.[18] Außerdem meldete das BBC, daß sich mehrere der vom FBI „identifizierten" Todespiloten nach den Anschlägen als noch am Leben meldeten.[19]

Der Commission-Report mißachtet allein schon dadurch grundlegende wissenschaftliche Praktiken, daß er vielen Indizien nicht nachgeht, die dem durch die Medien sofort nach den Anschlägen geprägten Bild widersprechen. Statt dessen stützt er sich in seinem Abschlußbericht zu einem Großteil auf die Aussagen von Khalid Scheich Mohammed, der zuvor nachweislich 183mal mit Waterboarding gefoltert worden war.[20] Aus Protest gegen den Commission-Report bildeten sich in den USA viele ernstzunehmende Vereinigungen von Architekten, Ingenieuren, Piloten, Physikern, ehemaligen Militärs, Regierungsmitgliedern und Geheimdienstlern, die sich nun mit ihrer jeweiligen Fachkompetenz zu Wort melden.[21]

---

15 Andreas von Bülow: *Die CIA und der 11. September.* München 2007, S.70

16 www.fbi.gov/wanted/topten/usama-bin-laden/view (10. Oktober 2011)

17 Andreas von Bülow: *Die CIA und der 11. September.* München 2007, S.78

18 Inzwischen geht er davon aus, daß sein Sohn daraufhin entführt und ermordet worden ist. vgl.: Andreas von Bülow: *Die CIA und der 11. September.* München 2007, S.96

19 BBC News: *Hijack ‚suspects' alive and well;* vgl.: news.bbc.co.uk/2/hi/1559151.stm (23. September 2001)
Unabhängig davon ist allerdings davon auszugehen, daß Geheimdienste auch Terroristen als Ausführende einbeziehen können.

20 Der Spiegel. Nr. 18, 2009, S.106; vgl.: www.spiegel.de/spiegel/print/d-65169768.html

21 Allein der Vereinigung *Architects and Engineers For 9/11 Truth* sind heute bereits mehr als 1.600 professionelle und verifizierte Architekten und Ingenieure beigetreten, denen sich über 13.500 weitere Befürworter angeschlossen haben (ae911truth.org, Oktober 2011).
Die Vereinigung *Patriots-Question-9/11* zählt mehr als 1.500 Ingenieure und Architekten, über 220 ehemalige Militärs, Geheimdienstler, Richter und Regierungsmitglieder, 250 Piloten und Luftfahrtspezialisten, 400 Universitätsprofessoren, 300 Überlebende und deren Angehörige, außerdem 200 Künstler und Medienfachleute sowie über 400 Mediziner (www.patriotsquestion911.com, Oktober 2011)

Sie stellen unzählige Fragen, die mittlerweile dicke Bücher füllen und die nach zehn Jahren noch immer auf Antwort warten, z.B. wie es zum Einsturz der WTC-Gebäude kommen konnte, um vorerst bei einem der Tatorte der Anschläge zu bleiben.

Auf den Videoaufnahmen vom Einsturz fallen die riesigen explosionsartigen Wolken auf, in denen tonnenschwere Trümmerteile aus Stahl weit nach außen geschleudert werden, so daß sie sogar auf Dächern der umliegenden Gebäude landeten. Woher kamen diese enormen horizontalen Energien? Wären die Türme einfach zusammengebrochen, wie offiziell behauptet, hätte alles der Schwerkraft nach unten folgen müssen. Außerdem wäre der Turm in die Richtung geknickt, die am deutlichsten in ihrer Struktur geschwächt worden war. Das tat er aber nicht. Er fiel senkrecht nach unten, als gäbe es keinen Widerstand durch die darunter liegenden Etagen. Wenn man die Aufnahmen genau anschaut, kann man immer kurz vor den einstürzenden Etagen Explosionswolken sehen, die horizontal nach außen aus den Fenstern schießen. Wie ist das möglich?

Ein finnischer Militärexperte konnte sogar starke Explosionen (bis 2.5 auf der Richter-Skala) schon vor dem Einsturz der Türme nachweisen.[22] Die Pulverisierung von Stahl und Beton, das explosive Herausschleudern schwerer Stahlträger und großer Verbundträgerelemente über 100 m, die Bildung von pyroklastischen Strömen in den Straßen um das World Trade Center, der geschmolzene Stahl noch Wochen nach dem Einsturz (!), die starke Beschädigung der Fundamente, der Einsturz sämtlicher Kellergeschosse sowie die Trümmerhaufen, die trotz der Stahlkonstruktion nur ein Zehntel des ursprünglichen Gebäudes ausmachen – all das sind für ihn eindeutige Beweise einer Sprengung.

Er geht sogar noch einen Schritt weiter: Weil bei einer gewöhnlichen Sprengung die Trümmerhaufen rund 33 % der Gesamthöhe des Gebäudes ausmachen würden, es beim WTC aber nur 10 % waren, vermutet er die Verwendung eines militärischen Sprengstoffes. Und tatsächlich konnten der amerikanische Physikprofessor für Kernfusion Steven Jones[23] und der dänische Chemieprofessor der Universität Kopenhagen Niels Harrit Spuren des Sprengstoffs Nanothermit im Staub aller drei World Trade Center nachweisen. Ihre Befunde wurden im Open

---

Siehe auch: *Wissenschaftler für die Wahrheit* (www.911scholars.org) und *9/11 Physik* (www.physics911.net)

22 *Writings of a Finnish Military Expert on 9/11*, nachzulesen auf www.saunalahti.fi/WTC2001/military.htm (Oktober 2011); aus Sorge um seine Sicherheit möchte der Autor anonym bleiben.

23 de.wikipedia.org/wiki/Steven_Jones (10.10.2011)

Chemical Physics Journal veröffentlicht[24] und vom britischen Institute of Nanotechnology bestätigt. Dieser hochentwickelte Sprengstoff kann nur in technisch ausgereiften Militärlabors hergestellt werden, niemals in Höhlen Afghanistans.[25]

Auf Bildern der Trümmer findet man Stahlträger, die an bestimmten Punkten wie durch thermische Schnitte in einem Winkel von 45 Grad durchtrennt sind[26]. Auch das spricht nicht gerade für natürliches Feuer, sondern für die Arbeit von Experten. Viele Augenzeugen, darunter Feuerwehrleute und der bekannt gewordene Hausmeister William Rodriguez, der noch vielen Menschen das Leben rettete, berichteten von gewaltigen Explosionen, die schon kurz vor (!) dem Einsturz der Gebäude zu spüren waren und aus den Kellerräumen kamen.[27]

Die oben genannte große Vereinigung von Architekten und Ingenieuren sieht es als längst erwiesen an, daß alle Kriterien für eine kontrollierte Sprengung der Gebäude erfüllt sind. Kurz gesagt: Kein einziges Indiz spricht für einen durch Feuer verursachten Einsturz![28]

WTC 7

Wer sich bei den beiden WTC-Zwillingstürmen eine gezielte Sprengung nicht vorzustellen wagt, der sei auf WTC 7 verwiesen, das im Unterschied zu anderen Gebäuden relativ weit von den Zwillingstürmen entfernt stand. Nur wenigen ist bekannt, daß auch dieses Hochhaus wenige Stunden nach den Zwillingstürmen aus unerfindlichen Gründen plötzlich ebenfalls in sich zusammenfiel. Interessant ist, wer hier – neben verschiedenen Behörden – die Mieter waren: das US-Verteidigungsministerium, die US-Börsenaufsicht, außerdem die Antiterrorzentrale des Geheimdienstes CIA[29] sowie die New Yorker Noteinsatzzentrale für Katastrophen und Terroranschläge.[30] Zudem beherbergte das Gebäude den Führungsbunker des Oberbürgermeisters als Leitzentrale in einer Katastrophensituation.[31] So wird verständlich, warum das Gebäude in

24 Nachzulesen unter: http://www.benthamscience.com/open/tocpj/articles/V002/7TOCPJ.pdf (Oktober 2011)

25 Focus-Money: *9/11 – Alles gelogen? 400 Wissenschaftler gegen Bush.* Nr. 37, 2010 (S.75)

26 Eric Hufschmid: *Painful Questions.* 2003. Abb. 3.5 (S.23)

27 Website von William Rodriguez: www.william911.com

28 Architects and Engineers For 9/11 Truth: ae911truth.org

29 *„Secret C.I.A. Site in New York Was Destroyed on Sept. 11"* New York Times, 4.11.2001; vgl.: www.nytimes.com/2001/11/04/us/nation-challenged-intelligence-agency-secret-cia-site-new-york-was-destroyed.html

30 de.wikipedia.org/wiki/7_World_Trade_Center_(alt) (10.10.2011)

31 Andreas von Bülow: *Die CIA und der 11. September.* München 2007, S.203

© CC-BY-SA 3.0 Foto: Fanghong

WTC 7 (vom Südturm WTC 2 aus gesehen)

den entscheidenden Etagen mit Panzerglas gesichert war, eine eigene Wasser- und Luftversorgung sowie riesige Notstromaggregate beherbergte. Diese ermöglichten ein Arbeiten auch dann, wenn ganz New York vom Stromnetz abgeschnitten wäre.

Wie konnte ausgerechnet dieses speziell für den Katastrophenfall gerüstete Gebäude einstürzen? Ein Flugzeug hatte es nicht getroffen, und die kleinen Brände hätten niemals diesem sichersten Gebäude New Yorks etwas anhaben können! Die Videoaufnahmen des zusammenstürzenden Gebäudes entsprechen exakt einer professionellen Sprengung.[32]

Der Bericht der FEMA verkündete interessanterweise, die Einsturzursache sei vorerst unklar, man benötige weitere Beweismittel. Doch die sind längst beseitigt.[33]

Verdächtig ist ebenso ein Interview mit dem Eigentümer Larry Silverstein, dem übrigens auch die beiden Türme gehörten: „Sie trafen die Entscheidung [das WTC 7] zu sprengen" (wörtlich: to pull).[34] Erstaunlich ist außerdem, daß die BBC fast eine halbe Stunde vorher schon vom Einsturz wußte und live berichtete, obwohl das Gebäude im Hintergrund noch stand![35] Es liegt nahe, daß Kenner dieser Tatsachen in diesem Gebäude die Steuerzentrale der Anschläge vermuten. Wurde diese Zentrale, nachdem alle anderen Manöver ausgeführt waren, nun

32 Video vom Einsturz: www.youtube.com/watch?v=LDo6SAfop9A (10.10.2011)

33 Andreas von Bülow: *Die CIA und der 11. September.* München 2007, S.201

34 „*I remember getting a call from the Fire Department commander, telling me they were not sure they were gonna be able to contain the fire, and I said, you know, ‚We've had such terrible loss of life, maybe the smartest thing to do is just pull it.' And they made that decision to pull and then we watched the building collapse.*" Larry Silverstein; vgl. www.youtube.com/watch?v=7WYdAJQV100 (10.10.2011)

35 BBC am 11.9.2001 gegen 16.57 Uhr: www.youtube.com/watch?hl=en&v=4R mtXJi1M (27.2.2007)

am späten Nachmittag gezielt gesprengt, um alle Beweismittel für immer zu beseitigen?

Es mag ein Zufall sein, daß der ganze WTC-Komplex im Juli 2001 das erste Mal seit seinem Bau seinen Pächter wechselte. Erst sechs Wochen vor den Anschlägen unterschrieb Larry Silverstein einen Vertrag, der den größten Immobiliendeal in der New Yorker Geschichte darstellte.[36] Auffällig ist allerdings, daß er die Gebäude ausdrücklich gegen Terroranschläge versicherte und anschließend die doppelte Versicherungssumme verlangte, da es sich um zwei Flugzeuge gehandelt hat.[37] Im Gegensatz zur amerikanischen Regierung scheint er sehr wohl mit einem solchen Anschlag gerechnet zu haben.

Anschlag auf das Pentagon

© PD U.S. Navy photo

Luftbild: beschädigtes Pentagon

Nicht weniger Fragen stellen sich beim Anschlag auf das einige hundert Kilometer entfernte Pentagon: Die Flugrute des angeblichen Flugzeugentführers halten Piloten selbst für einen Kampfjet für ausgeschlossen, keiner der Anwohner hat ein Passagierflugzeug im Tiefflug gesehen oder gehört, das am Pentagon entstandene Loch ist viel zu klein für den Einschlag einer über 38 m breiten Boeing 757, vom Flugzeug wurden – abgesehen von einigen fragwürdigen Blechteilen – keinerlei Überreste gefunden, genausowenig von den Passagieren.[38] Als die Behauptung von einem durch ein Flugzeug verursachten Einsturz unglaubwürdig zu werden begann, veröffentlichte das Pentagon fünf Fotos, die die These bekräftigen sollten. Doch auf keinem einzigen war ein Flugzeug

36 n-tv: *Der Mann, der Zeit nicht kaufen kann.* vgl.: www.n-tv.de/politik/119/Der-Mann-der-Zeit-nicht-kaufen-kann-article4266651.html (10.9.2011)

37 Spiegel-Online: *WTC-Pächter kalkuliert Verlust auf 8,2 Milliarden Dollar.* vgl.: www.spiegel.de/panorama/0,1518,208150,00.html (4.8.2002)

38 Eric Hufschmid: *Painful Questions.* 2003

© December 2004 Freedom of Information Act request by Judicial Watch Citizen Investigation Team Quele: CIT

Flugzeug

zu erkennen! Die Bilder stammten von der Überwachungskamera einer Tankstelle gegenüber. Hat das am besten gesicherte Gebäude der Welt keine eigenen Kameras, die zudem qualitativ hochwertigere Bilder liefern konnten? Warum stimmen weder Datum noch Uhrzeit im Untertitel mit dem Anschlag überein?

Flug 93

Es gab am 11. September noch einen dritten Schauplatz. Der Absturz von Flug 93 in Shanksville wirft ebenso Fragen auf. Von heroischen Kämpfen zwischen Passagieren und Entführern wurde berichtet, weil es angeblich mehrere Handytelefonate aus diesem Flugzeug gab. Doch haben Sie schon einmal versucht, im Flugzeug mit ihrem Mobiltelefon eine Verbindung herzustellen? Es wird Ihnen schon ab einer Flughöhe von 700 m nicht mehr gelingen.[39] Und Passagierflugzeuge fliegen deutlich höher! Da man nach dem Absturz nur kleine und weit zerstreute Flugzeugteile fand – ganz anders als bei einem herkömmlichen Unglück –, muß man davon ausgehen, daß das Flugzeug schon in der Luft explodierte oder sogar abgeschossen wurde.[40]

Warum blieb der gigantische Verteidigungsapparat der Vereinigten Staaten an jenem Tag untätig? Es gibt beachtliche Hinweise auf eine Ausschaltung der Flugsicherung sowie militärischer Kontrollinstanzen. Wie konnten vier Flugzeuge gleichzeitig abseits von ihrem Kurs durch amerikanischen Luftraum fliegen? Für die Anschläge waren eindeutig umfassende technische und logistische Eingriffe notwendig. Konnte all das Osama bin Laden aus seinem

39 Andreas von Bülow: *Die CIA und der 11. September.* München 2007, S. 123.

40 London Independent: *Unanswered questions – The mystery of Flight 93* (13.8.2002) sowie Andreas von Bülow: *Die CIA und der 11. September.* München 2007, S. 111.

© PD U.S. Government

Absturzstelle Flight 93 am 17 .November 2001

Versteck in Afghanistan planen? Und kein Geheimdienst hat davon etwas mitbekommen? – Auch wenn man es nicht wahrhaben möchte: Eine so komplexe Operation scheint ohne die Beteiligung eines einflußreichen Geheimdienstes nicht vorstellbar.[41]

Osama bin Laden

Bis zur Festnahme Osama bin Ladens konnte man hoffen, daß ein anschließendes Gerichtsverfahren einige dieser Fragen klären könnte.

Aber es kam anders. Osama wurde, nachdem er zehn Jahre verschwunden war, am 2. Mai 2011 angeblich von US-Soldaten erschossen, obwohl er unbewaffnet war.[42] Warum wurde er noch am selben Tag an einem geheimen Ort im Meer versenkt?[43] Warum gibt es nicht einen einzigen Beweis für die Öffentlichkeit, nicht ein Foto, daß es überhaupt Osama war, der gefangengenommen wurde? Warum wurde seine Identität nie von unabhängiger Seite überprüft?

Die Frage nach dem Motiv

Um den 11. September aufzuklären, sollte man – wie bei jeder gerichtlichen Untersuchung – auch die Frage nach einem möglichen Motiv stellen. Wer konnte sich von den Anschlägen einen Vorteil erhoffen? Osama persönlich? Die afghanische Bevölkerung? Die arabische Welt? Ganz sicher nicht. Im Gegenteil! Es war von vornherein klar,

---

41 Andreas von Bülow: *Die CIA und der 11. September.* München 2007, S.173

42 Spiegel-Online: Der Tag, an dem Osama Bin Laden starb; vgl.: www.spiegel.de/politik/ausland/0,1518,760053,00.html (2.5.2011)

43 ABC News: *USS Carl Vinson – Osama Bin Laden's Burial at Sea;* vgl.: abcnews.go.com/Technology/uss-carl-vinson-osama-bin-ladens-burial-sea/story?id=13510831 (2.5.2011)

daß sie die hilflosen Verlierer der amerikanischen Vergeltungsschläge werden würden. Deshalb ist man gezwungen, die Frage in die andere Richtung zu stellen: Konnte die amerikanische Regierung bzw. die amerikanische Wirtschaft eventuell von den Anschlägen profitieren? Die eindeutige Antwort lautet: ja. Durch die Anschläge konnten sowohl außenpolitisch als auch innenpolitisch Interessen durchgesetzt werden, die ohne die Anschläge unmöglich gewesen wären und die zum Teil lange im voraus geplant worden sind.[44] Aufgrund all dieser Tatsachen muß die Möglichkeit einer Mittäterschaft bestimmter amerikanischer Kreise und des Geheimdienstes CIA ernsthaft in Erwägung gezogen werden.

So stößt man auf eine zentrale Frage: Gibt es in der amerikanischen Politik Interessengruppen, die solche Anschläge „unter falscher Flagge“[45] durchführen würden – mit dem Vorwand eines höheren Ziels? Solche Pläne und Denkweisen gibt es! Zwar ließen sich noch keine Dokumente offenlegen, die direkt den 11. September betreffen; das liegt an der Arbeitsweise von Geheimdiensten. Man kann aber ähnliche Pläne in der Vergangenheit finden, wie z.B. das Dokument *„Operation Northwoods“*, das nach fast vierzigjähriger (!) Geheimhaltung im Jahre 1997/98 an die Öffentlichkeit kam, als es von einem Geheimdienstexperten der *Washington Post* entdeckt wurde.

„Operation Northwoods“ wurde 1962 verfaßt. Es entstand während der Kubakrise und dokumentiert die Denkweisen und Methoden von Pentagon und CIA. Damals ging es darum, einen Kriegsvorwand gegen Kuba zu finden und sowohl die US-Bevölkerung als auch die Vereinten Nationen durch Manipulation und Täuschung auf einen Krieg einzustimmen. Dieses Geheimpapier ist heute im National Security Archive der Universität Washington für jeden nachlesbar.[46]

Das Dokument enthält bis ins Detail ausgeführte Überlegungen, z.B. ein amerikanisches Schiff zu sprengen und die Schuld den Kubanern zuzuschieben. Es war vorgesehen, kubanisch aussehende Flugzeuge mit amerikanischen Piloten Brandbombenangriffe auf amerikanische Ziele fliegen zu lassen und Angriffe Kubas auf ame-

---

44 Siehe z.B. *Project for the New American Century* www.newamericancentury.org inkl. dem Report Rebuilding Americas Defenses www.newamericancentury.org/RebuildingAmericasDefenses.pdf (September 2000)

45 Zu empfehlen ist der gleichnamige deutsche Film *„Unter falscher Flagge“*. nuoviso.tv/nuoviso-filmproduktion/unter-falscher-flagge/33-unter-falscher-flagge

46 The National Security Archive: Operation Northwoods; vgl.: www.gwu.edu/%7Ensarchiv/news/20010430/northwoods.pdf (30.4.2001)

rikanische Militärbasen vorzutäuschen.[47] Interessanterweise wurde sogar eine angeblich von der kubanischen Regierung geduldete Flugzeugentführung vorgeschlagen.[48]

Markant ist außerdem folgender Plan: Es sollte ein Vorfall inszeniert werden, *„der den überzeugenden Eindruck vermittelt, daß* [die Kubaner] *ein ziviles amerikanisches Passagierflugzeug angegriffen und abgeschossen haben. (...) In einem Luftwaffenstützpunkt (...) wird ein Flugzeug so lackiert und beschriftet, daß es eine exakte Kopie eines registrierten Zivilflugzeugs darstellt, das einer CIA-Organisation (...) gehört. Zu einem festgesetzten Zeitpunkt wird das echte Flugzeug durch das Duplikat ersetzt, die Passagiere gehen mit sorgfältig ausgewählten falschen Namen an Bord. Das echte und registrierte Flugzeug wird zu einer Drohne* [einem ferngesteuerten Flugzeug] *umgebaut.“* Die Routen der Flugzeuge sollten dann so abgestimmt werden, daß sich beide auf ihrem Flug begegnen und unbemerkt ausgetauscht werden können. Das Flugzeug mit den Passagieren sollte zurück zum Luftwaffenstützpunkt fliegen, während das ferngesteuerte Flugzeug den gemeldeten Flugplan weiterfliegt. *„Über Kuba sendet es auf der internationalen Notfrequenz einen Notruf und teilt mit, daß es von kubanischen MIG-Flugzeugen angegriffen wird. Der Funkspruch wird durch die Zerstörung des Flugzeugs unterbrochen, die über ein Funksignal ausgelöst wird. Dadurch werden die Funkstationen der ICAO [Internationale Zivil-Luftfahrtbehörde] der westlichen Hemisphäre den USA berichten, was passiert ist, und die USA müßten nicht versuchen, den Vorfall zu ‚verkaufen‘“.*[49] Das Flugzeug sollte also zunächst ferngesteuert und dann in der Luft gesprengt werden.

Präsident John F. Kennedy stoppte 1962 diese Pläne. Nur ein Jahr später wurde er ermordet – unter bis heute ungeklärten Umständen.[50]

„Rebuilding America's Defenses“[51] ist der Titel eines weiteren wichtigen Dokumentes dieser Art. Es entstand im September 2000 – genau ein

---

47 Operation Northwoods, S.7

48 Operation Northwoods, S.10.

49 Übersetzt aus dem Englischen aus: Operation Northwoods, S.10.

50 Direkt nach den tödlichen Schüssen wurde ein mutmaßlicher Attentäter (Lee Harvey Oswald) festgenommen, der allerdings in seiner Gefängniszelle erschossen wurde, bevor es zu einer Anklage oder einem Gerichtsprozeß kommen konnte. Eine Kommission, deren Unabhängigkeit allerdings bezweifelt werden muß (vor allem wegen mehrfacher Verflochtenheit mit staatlichen Institutionen) erklärte ihn trotzdem zum alleinigen Täter. Weitere Untersuchungen ergaben, daß sowohl FBI als auch CIA und Secret Service dieser Kommission erhebliche Informationen vorenthalten hatten, die zu einem vollständig anderen Ergebnis hätten führen können. Es folgten weitere Untersuchungen, die Widersprüche und sogar Fälschungen dieser Ermittlung aufdeckten. Die Akten über Kennedys Ermordung sind bis heute geheim (bis mindestens 2017). de.wikipedia.org/wiki/John_F._Kennedy#Das_Attentat (10.10.2011)

51 Das *„Project for the New American Century“* wurde veröffentlicht auf www.newamericancentury.org

Jahr vor den Anschlägen von 9/11 – aus dem Projekt für ein neues amerikanisches Jahrhundert (Project for a New American Century). Ziel der Strategen war es, die Vereinigten Staaten unverwundbar zu machen. Dazu sollte die militärische Vorherrschaft international ausgebaut und für die Zukunft gesichert werden. Dies sei nur durch eine vollständige Kontrolle und Militarisierung von Weltraum und Internet (space and cyberspace) möglich. Amerika benötige über die ganze Welt verteilte dauerhafte Militärstützpunkte sowie globale Raketenabwehrsysteme.[52] Der Prozeß dieser Umwandlung zu einem neuen amerikanischen Jahrhundert würde jedoch ein langwieriger werden, es sei denn, es käme zu einem „katastrophalen und beschleunigenden Ereignis – ähnlich einem neuen Pearl Harbor."[53]

Sind die Anschläge auf das World Trade Center dieses von Strategen erdachte „beschleunigende" Ereignis?

Dokumente wie *„Operation Northwoods"* und *„Rebuilding America's Defenses"* sind wichtig, weil man durch sie eine Ahnung von der Art des geostrategischen Denkens bestimmter amerikanischer Kreise, z.B. im Pentagon, bekommen kann. Viele offensichtliche Ungereimtheiten des 11. September lassen sich vor einem solchen Hintergrund besser verstehen.

Der amerikanische Präsident Kennedy muß gewußt haben, wovon er sprach, als er im April 1961 in einer mutigen Rede vor Zeitungsverlegern feststellte: *„Wir haben es mit einer monolithischen und ruchlosen weltweiten Verschwörung zu tun, die sich hauptsächlich auf verdeckte Mittel zur Erweiterung ihres Einflußbereiches stützt. (...) Es ist ein System, welches beträchtliche menschliche und materielle Ressourcen in den Aufbau einer eng geknüpften, hocheffizienten Maschinerie verstrickt hat, die diplomatische, geheimdienstliche, ökonomische, wissenschaftliche und politische Operationen kombiniert. Ihre Vorbereitungen werden verborgen, nicht veröffentlicht."*[54]

Worauf Kennedy aufmerksam machen möchte, wird in einer Rede zu den Studenten der Universität Yale vom Juni 1962 deutlich: *„Der größte Feind der Wahrheit ist oftmals nicht die Lüge – vorsätzlich,*

---

52 Rebuilding America's Defenses: *Creating Tomorrow's Dominant Force.* S.51; vgl.: www.newamericancentury.org/RebuildingAmericasDefenses.pdf

53 Der (angeblich überraschende) japanische Angriff auf die amerikanische Pazifikflotte in Pearl Harbor im Dezember 1941 gilt als entscheidender Wendepunkt im Zweiten Weltkrieg und war der Auslöser für den Kriegseintritt der USA.
„Further, the process of transformation, even if it brings revolutionary change, is likely to be a long one, absent some catastrophic and catalyzing event – like a new Pearl Harbor." Rebuilding America's Defenses.

54 John F. Kennedy (1917 – 1963): Von 1961 bis 1963 Präsident der Vereinigten Staaten. Zitat aus einer Rede vor Zeitungsverlegern am 27. April 1961.

künstlich, unehrlich –, sondern der Mythos – beständig, verführerisch und wirklichkeitsfremd. (...) Wir unterwerfen alle Fakten einem Satz vorgefertigter Interpretationen. Wir genießen die Bequemlichkeit, Meinungen auszuleihen, ohne die Unannehmlichkeit, nachdenken zu müssen.“ [55]

Die Medien gleichgeschaltet?

Es ist an der Zeit, in diesem Zusammenhang die Rolle der klassischen Medien genau zu untersuchen. Weitgehend gleichgeschaltet weigern sie sich hartnäckig, bestimmte grundlegende Fragen zu stellen – obwohl es ganz offensichtlichen Bedarf gibt! Ihre Strategie, die Diskussion gewaltsam in eine vorgefertigte Richtung zu lenken, ist offensichtlich. Das hat die Berichterstattung zum 11. September gezeigt.[56] Mit dem Totschlag-Argument „Verschwörungstheoretiker“ versuchen sie, jeden selbstständigen Denker mundtot zu machen, übersehen dabei jedoch, daß gerade sie selbst nichts anderes als eine Verschwörungstheorie vertreten!

So verstehen wir heute deutlicher, warum Kennedy – zwei Jahre vor dessen mysteriöser Ermordung – so eindringlich an die Zeitungsverleger appellierte: *„Es liegt nun in der Verantwortung der* [Print-]*Medien, die Taten des Menschen aufzuzeichnen, sein Gewissen zu bewahren, der Bote seiner Nachrichten zu sein; damit wir die Kraft, den Beistand und die Zuversicht finden, auf daß mit Ihrer Hilfe der Mensch zu dem werde, wozu er geboren wurde: frei und unabhängig.“* [57]

☞

---

55 *„For the great enemy of truth is very often not the lie – deliberate, contrived and dishonest – but the myth – persistent, persuasive and unrealistic. Too often we hold fast to the cliches of our forebears. We subject all facts to a prefabricated set of interpretations. We enjoy the comfort of opinions without the discomfort of thougt.“* John F. Kennedy, aus einer Rede an der Universität Yale am 11. Juni 1962.

56 Vgl. die umfangreiche Untersuchung von Marcus B. Klöckner: *9/11 – Der Kampf um die Wahrheit.* Hannover 2011.

57 *„So it is to the printing press, to the recorder of man's deeds, to the keeper of his conscience, the courier of his news that we look for strength and assistance confident that with your help man will be what he was born to be: free and independent.“* John F. Kennedy, vor Zeitungsverlegern am 27. April 1961.

Zur Vertiefung empfohlen:

- Eric Hufschmid: *Painful Questions – Eine Analyse der Attacke des 11. Septembers.* 2003.
- Andreas von Bülow: *Die CIA und der 11. September – Internationaler Terror und die Rolle der Geheimdienste.* München 2007.
- Frank Höfer: *Unter falscher Flagge* (Dokumentarfilm).
- Dylan Avery & Korey Rowe: *Loose Change, 2nd Edition – An American Coup* (Dokumentarfilm). 2005.
- Marcus B. Klöckner: *9/11 – Der Kampf um die Wahrheit.* Hannover 2011.
- Thomas Meyer: *Der 11. September 2001 – Das neue Pearl Harbor.* 2. erweiterte Auflage. Basel 2011.

Interviewer und Autoren

Leander Bindewald, geb. 1979. Studium: Neurobiologie (Diplom), Philosophie & Wirtschaft (Magister Artium) in Freiburg und Kapstadt. Mehrjährige Arbeitserfahrungen auf 4 Kontinenten, Reisen in über 70 Länder. Seit 2010 Berater für komplementäre Währungen und Werte-orientierte Organisationsentwicklung in Belgien, Deutschland und den USA.

Valentin Garbe, geb. 1987 in Templin. Er besuchte in Jena die Waldorfschule und verbrachte nach seinem Zivildienst ein Jahr in Israel. Seit 2009 ist er Student der Angewandten Naturwissenschaft an der TU Bergakademie Freiberg.

Peter Krause, geb. 1957 in Schleswig, arbeitet hauptberuflich für ein Institut für Sozial- und Kommunikationsforschung. Er ist seit vielen Jahren Autor im Flensburger Hefte Verlag. Einen Interessenschwerpunkt bilden die Anthroposophie, spirituelle Lehren und Lehrende, besonders im Zusammenhang mit Naturgeistern und Elementarwesen.

Tina Weber, geb. 1983, absolviert derzeit ein Studium zur Oberstufenlehrerin (Deutsch/Geschichte) am Waldorfpädagogischen Seminar in Jena, arbeitet als freie Lektorin und realisiert mit dem gem. Verein summerfugl e.V. die Jenaer Hörspieltage und weitere Kulturveranstaltungen. Studium der Literaturwissenschaft, Volkskunde/Kulturgeschichte und Interkulturelle Wirtschaftskommunikation.

Wolfgang Weirauch, geb. 1953 in Flensburg, Studium der Politik und Germanistik. Studium der Theologie an der Freien Hochschule der Christengemeinschaft. Herausgeber der Flensburger Hefte, Politiklehrer, Vortragsredner, Mitarbeiter beim Fernstudium Waldorfpädagogik & Coaching e.V.

Die Titelbildgestalterin

Ada Magdalena Grull, geb. 1986 in Flensburg, Studium des Kommunikationsdesigns, Schwerpunkt Typographie, an der Muthesius-Kunsthochschule Kiel. Februar 2011 Abschluß Bachelor of Arts im Fachbereich Typographie. Ab Oktober 2011 Masterstudium Typographie an der Muthesius-Kunsthochschule Kiel. Gestaltung von Printmedien, Büchern, Broschüren, Katalogen.